동아시아의 미래:
통일과 패권전쟁

동아시아의 미래: 통일과 패권전쟁

2014년 9월 20일 초판 인쇄
2014년 9월 22일 초판 발행

지은이 | 김상순
펴낸이 | 이찬규
교정교열 | 선우애림
펴낸곳 | 북코리아
등록번호 | 제03-01240호
주소 | 462-807 경기도 성남시 중원구 사기막골로 45번길 14
　　　 우림라이온스밸리2차 A동 1007호
전화 | 02-704-7840
팩스 | 02-704-7848
이메일 | sunhaksa@korea.com
홈페이지 | www.북코리아.kr
ISBN | 978-89-6324-384-9(03340)

값 18,000원

동아시아의 미래:
통일과 패권전쟁

김상순 지음

북코리아

추천사

시진핑 주석과의 서신 대화:
한중평화협력과 한반도 통일은 역사의 흐름

우리 한민족이 한반도에서 살아온 날들도 5천년이 되었다. 역사의 큰 흐름을 따라 중화문명이 다시 굴기하면서 동북아의 정세는 운명적으로 다시 급변하는 시점에 놓여 있다. 20세기의 서구시대가 21세기에는 동북아시아 시대로 오는 것은 이제 필연적인 흐름이다.

대한민국은 세계의 국가들 중에서 중국과의 무역교류가 차지하는 비중이 제일 크다. 중국은 한국의 최대 무역파트너이자, 최대 수출시장이고, 최대 수입원산지이며, 최대 투자대상국이 되었다. 1992년 수교 당시 63억 달러에 불과하던 무역 교역량은 최근 몇 년 동안 매년 2,200억 달러를 넘기고 있다. 한중 간의 무역 교역량은 이미 한미와 한일 경제교역량을 합친 것을 초월했다. 경제교류로부터 시작한 한중관계는 이제 한 차원 높은 수준으로 진보 중이다. 한중관계는 이제 금융, 과학, 문화, 예술 등 전 분야에서 더욱 심층화되고 있고, 한중관계는 이미 세계의 국제정치적 흐름에도 깊은 영향력을 줄 정도로 성장했다.

한민족의 위대한 영웅 안중근 의사께서는 중국의 여순 감옥에서 죽음을 앞두면서도 '동양평화사상'을 설파하셨다. 중국의 시진핑 주석은 이러한 안중근 의사의 뜻을 높이 받들어 안중근 의사가 이토 히로부미를 암살한 하얼빈역에 안중근 의사 기념관을 설립했다. 한중관계는 이제 경제와 문화적 관계를 넘어 미래를 위한 공동의 평화를 구상하기 시작했다는 의미이다. 우리는 안중근 의사의 말씀대로 동북아평화의 꿈과 희망을 기필코 이룩하도록 주변국과 함께 노력해야 한다.

나는 내 카카오스토리에 촬영한 사진을 올리는 과정에서 한중관계에 대한 김상순의 칼럼을 보게 되었다. 그는 좋은 직장을 버리고 뒤늦게 학문의 길을 택한 특이한 이력을 가지고 있다. 특히 신한중관계 발전을 통해 한반도 평화가 동북아시아의 평화에 크게 기여한다고 주장한다. 그는 중국학자들과 선린우호로 교류하면서 깊은 학문적인 연구에 매진하고 있으며, 통일한국을 위한 시대적 소명을 준비하고 있다. 나는 유선과 메일, 그리고 그가 귀국하였을 시의 몇 차례 면담을 통해 그와 소통하면서 이러한 그의 시대적 책임감을 준비하는 것에 대해 깊은 감명을 받았다. 쉽지 않은 선택과 쉽지 않은 길을 가는 그를 통해 통일한국에 대한 새로운 열정과 희망을 본 것이다.

북핵포기의 해법: 중국과 북한의 협력적 참여와 2단계 과정

그의 칼럼과 내 생각은 북핵포기와 동북아 평화에 대한 측면에서 몇 가지가 일치한다. 북한이 핵을 포기하여야 한반도 평화와 동북아시아 평화가 온다는 명제는 이미 보편화되어있다. 그러나 방법론에서 우리는 기존의 생각과 다르다.

첫째, 우리는 한미일 공조체제의 강조에 대해 거부한다. 그는 한미일 공조체제를 강조하면 할수록 중국과 특히 북한의 반발을 유도한다는 점을 우려한다. 한반도 평화를 위해서는 중국과 북한이 한미일 공조체제의 대립적 상대나 공조체제의 압력을 가하는 상대가 아니라 반드시 협력 파트너가 되도록 북핵 해법 전략을 구상해야 한다는 것이다.

둘째, 첫 번째에 대한 실질적인 실행 전략으로 그는 한미중 정치협력을 제시했다. 한미중 정치협력체제는 북한 핵포기의 1단계 전략으로 이 협력을 통해 중국은 북한이 핵을 포기하도록 하고, 개혁개방과 경제건설을 점진적으로 진행하도록 적극 유도해야 한다는 것이다. 나는 그와의 대화를 통해 이와 관련된 많은 생각들을 교류했고, 우리의 생각이 유사함을 발견했다.

셋째, 다음 단계는 동북아 6개국 경제협력체제의 실행이다. 즉, 북한 핵포기를 위한 2단계 전략의 시점에서 러시아와 일본의 역할이 필요하다. 한미중의 정치적인 협력이 북한과 일정 정도 진행된 뒤에, 경제적 협력의 시점에서 러시아와 일본이 참여하도록 하자는 것이다. 이 두 단계를 북한이 동의하고 이에 응하게 되면, 한반도 평화는 물론 동북아 평화가 온다는 것이다. 나도 이 구상에 대한 그의 생각에 전적으로 동감한다. 특히 아베에 의해 우경화된 일본의 대외전략이 유발하는 동북아의 정치적 갈등요소를 제거하고, 경제협력을 통한 동북아 정치안정과 평화체제 구축의 해법을 제시하는 그의 전략은 묘안이 될 수 있다는 생각이다.

결국 그가 강조하는 것은 이것이다. 즉, 북한 핵포기를 위한 핵심은 한미일 공조를 통한 북한 압박이 아니라, 한미중 정치협력을 통한 북한의 체제 불안 및 경제위기의 해소인 것이다. 즉, 한 · 미 · 중 · 북의 4개국 동북아 정치안보 협력체제의 1단계 전략과, 러시아와 일본이 참여한 동북아 6개국 경제 협력체제의 2단계 해법으로 해결하자는 것이다. 나는 그의 생각에 동의한다.

시진핑 주석과의 서신 대화: 한중 평화협력과 한반도 통일은 역사의 흐름

시진핑 주석의 방한에 앞서서 나는 시진핑 주석에게 서신을 보냈다. 서신에는 한반도 통일과 한중 평화협력의 중요성을 강조했다. 특히 한중 평화협력이 중국의 동북삼성을 발전시킬 수 있는 환경 조성이 된다는 점과, 동북아 지역이 세계 물류의 중심으로서 세계 경제의 새로운 성장동력의 축이 되는 시대가 바로 중국이 G1으로 성장할 수 있는 기틀이 된나는 점이 담겨있다.

이러한 나의 생각에 대한 시진핑 주석의 회신은 긍정적이었다. 한중 평화협력을 통해 한반도 통일을 이루고, 다시 이를 통해 동북아 지역이 세계 물류의 중심으로서, 세계 경제의 새로운 성장 동력이 되는 날은 반드시 실현되어야 한다. 시진핑 주석에게 이러한 내용의 서신을 보내는 것에 대한 김상순의 생각은 적극적이었고, 시주석의 회신에 대해서도 그는 함께 즐거워했다.

한반도 통일에 관해서도 김상순과 나는 두 가지 부분에서 생각이 유사하다.

첫째, 한반도 통일은 동북아 지역이 세계 경제의 핵심으로 변모하는 효과를 준다는 것이다. 중국의 입장에서는 선전(深圳) 경제특구, 상해 푸동(浦東) 경제특구, 그리고 천진 빈하이(濱海)에 이어 동북삼성의 경제부흥을 시도할 수 있다. 통일한국은 태평양과 대륙을 이어주는 물류 중심의 한 축을 담당할 수 있으며, 러시아 역시 유라시아 철도를 통해 동북아 상생의 평화적 발전에 참여할 수 있다. 따라서 한반도 통일은 곧 동북아 경제축 시대의 시작이고, 동북아가 세계 물류중심이 되는 것은 동북아 평화구축을 더욱 공고히 하는 것이다.

둘째, 일본은 한반도 통일보다 한반도 현상유지를 원한다는 점이다. 일본의 우경화와 아베의 방북 시도는 이러한 일본의 입장을 확실하게 보여주는 근거이다. 한미일 공조체제를 강조하는 미국의 입장을 당혹하게 만들면서 북한에 일방적으로 접근하여 자국의 납북자 문제를 주요 핵심 의제로 삼는 아베의 속셈은 한반도의 현상 유지가 숨겨진 목적이다. 한반도가 영원히 분단상태로 남는 것이 일본 우익들의 속셈인 것이다. 따라서 일본 우익정부가 참여하는 한반도 평화체제 구축은 근본적으로 문제해결을 방해한다.

통일한국 이후의 한중관계를 준비하는 출발점에 서있다는 그를 보며

한반도 통일과 한중관계, 그리고 동북아에 평화를 정착시키기 위한 연구를 진행하는 김상순의 노력은 이번에 출간되는 이 책을 통해 세상에 알려지게 될 것이다. 그런데 그는 이 책의 출간이 한반도 통일을 위한 실천운동의 일환이며, 특히 통일한국의 국가 대전략과 통일한국 이후의 한중관계를 위한 준비과정의 시작이라고 말하는 점에 대해 우리는 주의해야 한다. 그는 이미 한반도 통일을 넘어 통일한국 이후를 준비하고 있는 것이다. 그리고 그 최종 목표는 안중근 의사가 죽음을 앞두고도 당당히 세계에 펼쳤던 '동양평화사상'으로 향한다.

분명 21세기는 동북아 시대이다. 이미 세계 경제의 축이 동북아 시대를 증명하고 있고, 세계 정치의 큰 흐름이 동북아 시대를 예측하고 있다. 동북아 문명시대는 곧 평화를 기초로 이루어져야 한다. 화합과 협력을 통한 동북아 국가들의 평화협력체제 구축은 아직도 발전 중인 남미와 중동 및 아프리카의 많은 국가들에게 희망적인 모델을 제공할 수 있다.

한중수교를 준비하던 시점이 어제와도 같은데 이미 한중수교는 세계의 외교 역사에서 기적으로 불릴 만큼 성공적인 관계로 발전했다.

한국전쟁에서 서로 총을 겨누며 싸웠던 중공은 이제 중국으로 불리며 대한민국의 중요한 친구가 되었다. 어제의 적이었던 한중 양국은 이제 한반도 통일과 동북아 평화를 위해 머리를 맞대고 있다. 2013년 6월의 박근혜 대통령 방중에 이어, 2014년 7월에 시진핑 국가주석이 방한하여 한반도 평화와 북핵문제를 심도있게 논의하였다.

한중관계의 이러한 발전은 사단법인 한중우호협회 초대 사무총장으로서 90년대 초 한중수교를 위해 그리고 이후의 한중관계의 발전을 위해 애썼던 지난 시간들이 개인적으로는 더욱 보람으로 남게 한다. 그리고 김상순의 신한중관계에 대한 학문적인 연구가 한중관계와 한반도 통일은 물론 동북아의 평화와 동북아의 경제발전에 기여하기를 기대한다.

특히 한미의 정치·군사동맹과 한중의 경제협력체제의 발전을 통해 중미 간의 군사적·경제적 긴장관계를 한국이 조화롭게 조정하고, 한미중이 신뢰관계로 발전할 수 있도록 연구해주길 희망한다.

통일한국을 위한 통일실천운동이 이 책의 출간을 통해 본격적으로 시작된다는 그의 각오와 포부에 찬사를 보낸다. 더불어 이 책을 읽는 많은 독자들이 통일한국 실천운동에 본인처럼 함께 참여하기를 희망하며 이 책을 추천한다.

하민중 총장
사단법인 한중우호협회 초대사무총장

추천사

주변 강대국에 대한 현실적 판단,
통일실천의 방법론을 제시하다

통일대박론이 작금의 큰 화두이다. 이와 관련하여 오랜만에 아주 관심있는 주제의 담론집이 나왔다. 다 알다시피, 동아시아의 지정학적인 체제는 상당히 불안한 상태를 지속하고 있다. 우선, 2008년의 세계금융위기의 발발은 일방적인 미국의 시대에 대한 의구심을 불러일으키기에 충분했으며, 역내에서 2010년을 기점으로 적어도 경제규모면(물론 질적인 면은 차치하고서라도)에서는 중국이 일본을 따라잡았다. 2013년 현재 아시아 역내에서는, 중국이 일본의 근 2배(9.3조 달러대, 4.95조 달러)에 달하는 경제규모를 근간으로 시-리(習-李, 시진핑-리커창)정권이 제 목소리를 내기 시작했으며, 아베 정권, 박근혜 정부, 김정은 체제 등이 서로 고도의 전략적인 게임을 하고 있다고 생각하고 있다.

이러한 국제 및 역내질서의 격동 속에서 자연히 한반도의 통일은 우리의 미래뿐만 아니라, 대국에서 강국으로 도약하고자 하는 중국의 세계전략의 리트머스종이의 역할로서 그 중요성이 커가고 있다. 특히 필자는 늦깎이 박사생이지만 그동안 대기업의 중견간부 및 중견기업의 대표를 역임할 정도로 '현실감각을 충분히 갖추었다'는 탄탄한 바탕을 갖고, 문제를 파악하고 해법을 제시하려 하고 있다. 또한 대만에서의 공부도 작용했을 것이다. 당연히 중-대만 관계에도 관심을 가지고 정치적으로는 아직 그만큼 진전이 되지는 않았지만, 경제관계는 소위 ECFA의 출범을 통해서 제3 국공합작이 진전되고 있다는 것을 방기하지 않았을 것이다. 또한 중국의 정권교체 이후 시-리정권의 행보에 대해서도 관심을 갖게 되고, 결국은 한반도, 남북한 문제에 관심을 가질 수밖에 없게 된 것을 이해한다.

필자에게는 여하히 남북한 통일 문제에 대해서 개념을 정립해야 하고, 이를 여하히 실천에 옮길 것인가가 가장 중요한 의제가 되었다. 이러한 차원에서 적어도 경제규모 면에서 G20에 끼게 된 우리를 되돌아 보게 된다. 또한 정말 만약이지만, 남북한 통일이 성사된다면 G5정도로 가는 데는 문제가 없다는 인식을 깊게 깔고 있는 것이다. 필자는 또한 100여 년 전의 조선과 현재의 우리가 확연히 다르다는 것을 바탕에 깔고 논리를 전개하고 있다. 100여 년 전의 우리나라는 국가의 체모가 말이 아니었다. 그러나 지금은 남한만 하더라도 G20의 일원이며 10대 무역국의 일원이다. 따라서 우리의 능력은 과거와는 판이하게 다른 것이다. 그 측면에서 우리의 독립적인 통일 청사진을 갖는 것은 충분한 논리를 갖게 되는 것이다.

이러한 맥락에서 필자는 세계의 지속적인 평화·발전을 지키기 위해서 한반도 문제가 세계적인 미래 위험요인 제거와 전 세계적인 수요부족 사태 하에서 관계국가의 동참에 의한 개발기회의 부여라는 명분이 세계경제에 희망을 줄 수 있다는 논지를 펴고자한다. 경제학을 공부한 사람은 현재의 세계문제가 선진국들이 과도한 생산력에 의해서 풍요로운 삶을 누리고 있으며 현재는 다시 케인즈식 수요부족의 문제에 봉착하고 있다는 인식을 갖고 있다. 따라서 어느 지역이 되든 수요가 창출될 수만 있다면 전 세계가 반가워할 일이다. 당장 남한이 1조 달러 이상의 경제규모가 되는 만큼, 20여 년 이내에 남북한 합쳐서 2조 달러 규모의 한반도 경제를 이루는 것은 가능할 것으로 판단하고 있다.

그러나 문제는 수사의 나열에 의한 말의 성찬으로는 이를 끌어내기가 어렵다는 것이다. 필자는 이를 이미 간파하고 있다. 바로 실천으로 들어가자는 것이고 국민들의 합의가 필요하다는 점을 누구보다도 잘 알고 있다.

이 담론집은 ① 통일 실천의 방법론을 제시하고 있다. ② 중국을 비롯한 강대국들에 대해서 현실적인 판단을 하고 있다는 점에서 학계는 물론이고, 한국인이라면 일독할 충분한 가치가 있는 역작으로 적극 일독을 권하고 싶다. 다시 한번 필자의 노고에 감사를 드린다.

정영록 교수
경제학박사, 서울대학교 국제대학원 교수
(전) 주중 제2 경제공사

추천사

통일한국, 대중(對中)관계 개선에 힘을 모으자

박근혜 대통령이 2014년 신년사에서 통일은 대박이라고 강조하여 시작된 화두는 한반도 통일문제에 대한 관심을 제고시키기에 충분한 것이었고, 이와 동시에 제시한 '한반도 신뢰프로세스'와 독일 방문 시 '드레스덴선언(2014.3.28)'은 국제사회의 관심을 더 한층 고조시켰다.

우리가 추구하는 한국 주도의 통일을 위해서는 통일을 주도할 우리의 의지와 능력, 그리고 북한주민의 호응을 얻는 일 이외에 국제사회의 양해와 축복이라는 또 하나의 조건이 갖추어져야 한다. 이와 같은 세 가지 측면을 고려해 보았을 때 우리는 이미 통일능력을 갖추었고, 북한과의 체제대결에서는 확실하게 승리하였다. 따라서 앞으로 국제환경 개선만을 과제로 남기고 있는 상황이라 하겠다.

국제환경조성에 있어서도 한반도 정세에 영향을 미치고 있는 주변국은 한국 주도의 통일노력을 상당부분 호의적으로 받아들이고 있는 상황이 되었다. 그러나 최근 중국이 경제적, 군사적, 문화적으로 전 세계적인 영향력과 위상을 펼치는 국가로 부상하면서 동아시아와 한반도에 두 가지 영향을 미치게 되었다. 첫째는, 중국의 급속한 부상과 더불어 미중관계 변화가 진행 중에 있고 이러한 변화가 동아시아 안보질서에 영향을 미침으로써 동아시아 패권경쟁이라는 새로운 동아시아 안보구도의 재구축이 이루어지는 과정에 있기 때문이다. 둘째는, 미중관계의 변화가 북한의 핵 문제를 포함한 북한문제 및 한반도 통일에 이르기까지 한반도와 관련된 모든 이슈에 영향을 미치므로 한국은 미국 및 중국과의 관계를 어떻게 정립해나가야 할 것인지 전략적 선택의 문제에 직면해 있기 때문이다.

이러한 시기에 김상순 칼럼니스트가 집필한 『동아시아의 미래: 통일과 패권전쟁』이라는 제하의 출간은 시의적절하다고 하겠다. 본인은 6년 전 저자와 베이징대학 EMBA과정에 같이 수학하였다. 당시 저자는 유창한 중국어 실력으로 좌중을 압도하였으며 특히 돋보였던 것은 예리한 분석력과 미래를 향한 통찰력이었고 이러한 점은 항시 본인에게 감탄을 자아내게 하였다. 본서에 구분한 3편의 면면을 보면 동일 사안에 대해서도 한국에서 보지 못했던 종합적인 시각으로 분석함으로써 필독하면 중국을 새로운 관점에서 보는 혜안을 얻게 될 것이라 확신한다.

결론적으로 한반도 통일을 위해서는 한반도와 국경을 접하고 있는 중국의 이해를 구하는 길이다. 한국은 중국에게 한반도의 통일은 향후 중국의 미래에 번영을 가져다준다는 확신을 심어주어야 하며, 이러한 관점에서 한국의 통일외교는 중국을 상대로 힘을 모아야 한다.

중국의 부상과 동아시아

2010년 중국은 일본을 제치고 미국에 이어 세계 제2위 경제대국에 올라섰으며 중국어의 영향력 역시 영어에 이어 세계 제2위로 평가되면서 각 분야에서 전 세계적인 영향력을 행사하고 있다.

중국의 부상과 더불어 나타난 동아시아 지역의 변화는 9·11테러 이후 더욱 가속되었다. 이는 미국의 신안보전략 및 신세계질서에 대한 구상과 함께 동아시아 지역의 새로운 질서 수립과 관련해 '신형대국관계' 등 강대국 간의 관계가 활발히 조정되고 있다는 데서 잘 나타난다. 그중에서 미·중·일관계는 지역 내 핵심적인 삼각관계라 할 수 있다. 과거 세 국가는 미일동맹 대 중국이라는 적대적 관계였으나, 현재는 대결과 협력이라는 복합적인 행위 패턴을 보이고 있으며, 향후에도 동일한 패턴을 보일 것으로 예측된다.

중국식 세계질서관의 이해

중국 부상의 함의에 대해서는 여러 가지 다른 견해가 있으나 중국은 영국이나 독일 등의 서구식 식민제국이 아니라 세계관을 전혀 달리하는 '중국식 제국'으로 보아야 한다고 하고 있다. 중국은 옛날 중국의 지위를 회복하고 있을 뿐이라고 주장하고 있는데, 이것은 2천년 동안 세계중심 국가였던 중국이 지난 200여 년간은 서구열강의 도전에 시달려왔으나 이제는 힘을 회복하여 원상으로 회복하였을 뿐임을 강조하는 것이다.

'옛 중국'이란 세계질서의 중심에 중국이 있다는 중화주의 세계관을 말한다. 시진핑 국가주석이 주장한 '중국의 꿈'도 이와 같은 맥락에서 출발한다. 즉 중국은 정치적, 도덕적, 사상적, 문화적인 우위를 유지하면서 변방국가들 스스로 중국의 문화를 배우고자 중국의 질서 속으로 찾아들어오게 한다는 사고가 중화주의의 중국식 사고이다.

중국은 이미 누구도 무력으로 굴복시킬 수 없는 강대국이 되었고 변방국들은 경제적으로도 중국의 영향에서 벗어날 수 없는 존재가 되었다. 중국은 이제 견제의 대상이 아니라 협상의 대상, 협력의 대상이 된 것이다.

도전과 기회

지난 반세기 동안 한국은 이념을 공유하는 동맹국 미국과 한 편에 서서 중국의 비호를 받고 있는 북한을 상대로 통일정책을 추진해왔다. 북한의 동맹국, 우리와 이념과 체제를 달리하는 강대국, 그러면서도 이념의 차이를 넘어서서 경제협력을 확대해나가는 전략적 협력 동반국인 중국과 함께 한국 주도의 통일을 이루는 길을 협의해나가야 한다. 이것이 바로 한국이 당면한 큰 도전이다.

그러나 도전과 기회는 동전의 양면과 같다. 이러한 변화가 발생하는 이면에는 반드시 기회가 있다. 변화의 흐름을 정확히 읽고 지혜롭게 대처해나간다면 새로운 길을 찾을 수 있는 기회를 창출해낼 수 있다.

향후 동북아 지역 국제관계의 변화는 미국과 중국이 주도할 것이며 이들의 관계는 협력보다 대결을 지향할 가능성이 크다. 즉, 미국은 중국 세력의 확장을 견제하는 중국봉쇄정책을 펴나가면서 중국의 내부변화를 지켜보려 할 것이고 중국은 미국의 접근을 거부하는 반접근전략을 강화하면서 스스로의 역량을 키우는 데 주력할 것이다.

이와 같은 상황하에서 한국은 미국과 중국 모두와 경제협력 관계를 발전시켜나가고 있는 국가로서 미중협력의 매개 역할을 할 수 있는 국가이기도 하다. 이러한 특수한 지위를 기반으로 하여 한국은 중국과의 통일외교를 벌여나가야 한다. 번영을 위하여 중국을 한반도에 두고 싶어 하는 나라는 북한이 아니라 통일한국임을 확신하게 만들면 중국은 반드시 한국 주도의 통일을 용인하고 축복하리라 확신한다.

성영민 교수
국제정치학 박사/예비역 준장
한국 국방대학교 객원 교수

추천사

자강(自强)의 외침이 넓게 울려 퍼지길…….

요즘 들어 우리는 "급변하는 국제 정세", "격랑의 동북아" 등등의 말을 많이 듣고 따라한다. 하지만 이 말들은 어제도 그제도 나온 말들이고, 내일도 더 내일에도 인구(人口)에 회자(膾炙)될 것이다. 이 말들에 동의한다면, 한 나라의 생존을 위한 번영, 번영을 위한 생존의 과정에서 한순간의 방심도 허용되지 않는다는 엄중함을 지울 수가 없다.

7월 3일 시진핑 중국 국가주석이 한국을 방문한다. 물론 이 글이 독자들에게 읽힐 때쯤이면 이미 다녀갔겠지만……. 북한과 일본에 앞서 대한민국을 찾는다고 언론과 국제정치 학자들은 호들갑(?)을 떨고 있다(떨었다). 이에 대해 "평양보다 서울을 먼저 방문하는 시 주석의 행보에 취해 있기에는 한반도를 둘러싼 정세의 변화가 급박하고 심각하다"고 모 일간지의 베이징(北京) 특파원은 언급하기도 했다.

이렇듯 자칭 타칭 현자(賢者)들이 최근 세계 및 동북아와 그 속의 대한민국을 논한다. 과거에 비추어 현재를, 그리고 미래를……. 하지만 이들의 말과 글 저변에는 대체로 '긴 나라'의 한스러움과 콤플렉스가 짙게 배어 있다. 오죽하면 어떤 이는 "강대국은 하고 싶은 걸 하고, 비(非)강대국은 해야 할 일을 하는 수밖에 없다"고까지 말했겠는가?

김상순이라는 몇 살 아래의 동지를 우연히 만났다. 먼저 한중관계와 관련한 그럭저럭 괜찮은(?) 그의 글을 읽었고, 얼마 지나서 직접 만났을 때는 얼굴에 수염을 기른 예사롭지 않은 모습(지금은 말끔하게 면도를 하고 다닌다)에 당황하기도 했지만, 그가 갖고 있는 한반도 자유·평화통일에 대한 열정과 신념은 늦깎이 학자라기보다는 열혈 청년운동가에 가깝다는 느낌이었다.

"통일은 미래의 불확실한 한민족 공동위기를 예방하기 위한 준비를 하는 것이다. 한마디로 통일은 부담이 아니라, 불확실성에 대한 준비이다", "통일에 대한 당위성이 의미의 정당성을 충분히 가지긴 하나, 통일을 위한 실질적이고 구체적인 방법이 될 수는 없다." 이는 통일의 실체를 정확히 꿰뚫은 탁견(卓見)이며, 그 속성을 적확(的確)하게 짚어 냈다.

그가 풀어낸 한중관계의 오늘과 내일, 머지않아 닥칠 한반도의 통일, 그리고 동북아에서 벌어지는 여러 나라 간의 이러저러한 다툼과 악수(握手)들에 관한 글들을 읽노라면, 먼저 '쉽다'는 단어가 떠오른다. 어렵지 않게 다가오고, 현장(現場)에 있다는 느낌을 받는다.

이 책은 실천서(實踐書)가 아니다. 대부분이 현상의 의미를 분석하고, 그에 대응하는 방향을 제시한 글로 이루어져 있다. 그리고 그것들을 관통하는 가장 큰 울림은 바로 자강(自强)이다. 따라서 담론(談論)의 핵심, 즉 자강을 실천할 수 있는 구체적인 방법을 고민하는 것은 독자—특히 대한민국 독자—들의 몫이 될 것이다. 이 또한 책을 통한 저자와 독자의 소통(疏通)이라고 생각한다.

"외교는 '협상(協商)전쟁'이고, 국익(國益)이 일관된 '최우선 목표'이다", "시대의 흐름을 타고, 국민의 '민의(民意)'를 반영하라" 등등의 다소 교과서적(敎科書的)인 저자의 말이 예사롭지 않게 들리고, 프랑스 화가 조

르주 비고(Geores Ferdinand Bigot)의 한반도 '낚시질'이란 만화가 왠지 께름 칙하게 느껴지는 것은 그만큼 작금의 상황이 엄숙하다는 반증(反證)일 것이다.

물론 아무런 감정 없이 어려운 줄 모르고 살아가는 우리네 이웃들이 대부분이다. 그러나 요즘 들어 뒷머리를 한방 맞은 것 같은 묵직함이 짓누르거나, 문득 문득 기분 나쁜 소름이 돋는 이들이 있다면 이 책을 읽으라고 권하고 싶다. 그것도 단번에 말이다. 그러면 적지 않은 나이의 김상순이란 중국 유학생(留學生)이 던지는 더욱 교과서적인 말이 날카롭게 가슴 후비는 이유를 알게 될 것이다.

"근대사에서 한반도가 대국관계에서 소외되어 자신의 의지와는 상관없이 대국 간의 협상과 타협의 결과로 아직도 겪고 있는 분단의 쓰라린 과오와 경험을 다시 되풀이하지 않기 위해서라도, 변화하는 국제정세와 동북아 정세의 흐름을 제대로 파악하고 이에 대한 우리의 장기적인 대응전략을 펼쳐야 한다."

이덕기 소장
칼럼니스트
(사)충호안보연합 연구소장

추천사

중국을 꿰뚫어 보는 혜안을 갖게 하는 책

김상순 선생은 한국인으로서 중국과 동북아 정세에 정통한 학자다. 김상순 선생은 수교 전에는 대만대학교에서 사회학석사를 마쳤고, 한국 삼성그룹 삼성SDI에서 10억 불이라는 대규모 프로젝트를 기획하고 참여한 경력을 가지고 있다. 그리고 중국의 명문 베이징대학교 CEO-EMBA과정과 칭화대학교에서 CEO-EMBA과정을 마치고, 다시 뒤늦게 베이징대학교에서 국제관계학 박사과정을 수료하고, 현재 박사논문을 쓰고 있는 최고의 중국통이다. 김 선생은 이미 중국과 동북아를 공부하는 학자들에게는 널리 알려져 있는 유명인사다. 그것은 짬짬이 써서 발표하는 한중관계 및 동북아 정세에 대한 탁견을 적지 않게 접했기 때문일 것이다. 또한 김 박사는 한반도 정책을 다루는 싱크탱크인 중국인 학자들 및 전문가들과도 네트워크를 많이 가지고 있는 한국의 소중한 인적 자원이다.

이 책에는 우리가 어떤 시각과 관점으로 중국과 동북아를 바라보아야 하는지에 대한 영감을 주며 그 해결책을 제시하고 있다. 이 책은 한국, 중국, 미국, 일본 등의 국가들의 동북아 정세에 대한 정확하고 균형 잡힌 관점을 가지게 한다. 그리고 중국의 현재와 미래의 국정목표, 중국이 직면하고 있는 문제점을 이해하는 데 크게 도움이 될 것으로 생각한다. 특히, 중국의 권력구조에 얽힌 역학관계는 물론, 중국 당국이 숨기고 싶어 하는 한반도 정책에 대한 중국의 내심을 읽어낼 수 있다.

김 박사는 비교적 늦은 나이에 박사과정에 들어 공부를 시작했지만, 그동안 사회와 기업에서의 풍부한 경험은 연구하는 분야에 대한 깊이 있는 지적 사색을 하는 데 크게 도움을 주었음을 알 수 있다. 자기가 관심을 가지는 분야에 대해서 글을 쓰고 지식을 공유하는 일은 참으로 소중하고 존경받을 만한 일이라고 생각한다.

한국의 운명은 우리의 바람과 의도와는 상관없이 상당 부분 미국이나 중국에 달려 있다. 자주권을 가진 국가로서 참으로 부끄러운 일이 아닐 수 없다. 한반도가 분단되어 수많은 우리 민족이 희생과 고통을 당했으며, 현재도 이 문제들은 진행형으로 남아 있다. 주변 열강의 책임도 적지 않지만, 근본적으로 가장 큰 책임은 우리 민족에게 있다고 생각한다.

지난 60년간 한국은 남북 분단 상황 속에서도 세계에서 유례를 찾아볼 수 없을 만큼 빠르게 민주화를 이루었으며, 경제적 성공을 거두었다. 이 같은 성과는 우리 민족의 근면성실하고 부지런한 심성, 희생하는 정신, 교육에 대한 열정, 우리의 피와 땀으로 이룬 성공이라고 생각한다. 이제 우리 한국은 선진국의 문턱에 거의 도달하고 있다는 느낌이다. 그러나 조금만 냉정한 시각으로 주변을 살펴보면 위기는 지척에 도사리고 있다는 것을 금방 알 수 있다.

이 책에는 중국의 부상으로 동아시아의 정세가, 미국과 중국을 중심으로 조성되는 힘의 균형 잡기라는 새로운 위기에 직면하고 있음을 알려주고 있다. 그러나 우리 국민들은 세월호의 참사에서 드러났듯이 위기를 위기로 인식하지 못하는 집단 무관심 의식이 팽배해 있다. 조그마한 일이 불씨가 되어 한반도에 무력적 충돌이 일어나면, 자기가 가진 모든 것들이 물거품이 될 수도 있는데도 말이다. 무력적인 충돌이 아니어도, 경제적인 측면만 살펴보아도, 우리는 이미 중국에 상당히 예속되어 있고, 이해관계자들인 미국과 일본을 합치면, 경제적으로도 치명상을 입을 수 있는 가능성이 존재하고 있는 것이 아닌가?

중국의 '신형 대국관계'는 시진핑 정부의 세계를 바라보는 전략적 기본 틀이다. 이 책에는 역대 어떤 지도자보다도, 현재 시진핑 주석이 파워풀한 권력을 확보하고 있음을 분석해서 보여주고 있다. 이 책 한 권이면, 중국을 꿰뚫어 볼 수 있는 혜안을 갖게 된다. 이 책이 중국에 관심을 가진 사람뿐만 아니라, 젊은 중·고등학생, 대학생, 청년층, 직장인 등 모든 국민의 서가에 꽂혀지기를 기대한다.

조평규 회장
중국연달그룹(中国燕达集团) 수석부회장
서강대 경제학 박사수료

추천사

한반도 통일과 동아시아 패권전쟁의 태동

저자 김상순은 무한한 열정과 에너지를 가진 인물이다. 그의 경력을 살펴보면, 한 군데도 가기 힘든 중화권의 최고 명문 대학들을 두루 섭렵하고 있다. 대만의 최고 명문인 대만대에서 석사학위를 받았고, 중국의 양대 명문인 칭화대와 베이징대에서 각기 수학하였다. 베이징대와 칭화대 CEO-EMBA 과정을 거쳐, 다시 베이징대 국제관계대학원에서 박사학위를 목전에 두고 있다. 김상순은 중국 관련 경제실무 과정도 두루 섭렵하였다. 정부의 통일운동에도 적극 참여하여 중국 내 민주평통 베이징협의회 통일연구팀장을 맡고 있다. 또한 중국과 한국 인터넷 매체상에서 왕성한 글쓰기를 하고 있다. 이처럼 다양한 활동 공간과 경력을 가진 인물도 드물 것이다. 그의 에너지는 어디가 끝인지 모르겠다.

그의 모든 활동을 눈여겨보면, 모든 것이 '중국'으로 집약되고 있다는 것을 알 수 있다. 그리고 주제는 한반도 통일이다. 한반도 통일을 필생의 업으로 삼고, 통일한국을 준비하는 데 절대적으로 중요한 '중국퍼즐' 맞추기에 그는 모든 에너지를 집중하고 있다. 이 책은 그의 이러한 열정과 노력이 집약된 중간 보고서이다. 그의 글은 소설처럼 큰 재미를 유발하지도 않고, 그렇다고 철저히 학문적인 완결성을 갖춘 책도 아니다. 그렇지만 글을 읽다 보면, 그가 얼마나 이 주제에 천착(穿鑿)하고 있으며, 고뇌와 열정을 담은 혼이 서려있는 지를 느낄 수 있다. 실무에서의 풍부한 경험, 다양한 학문적 섭렵, 정부 조직에서의 적극적 활동, 매체상에서의 왕성한 교류가 이 한 권에 고스란히 담겨 있다. 독자들은 이 책을 통해 가장 값싸고 쉬운 방식으로 예사롭지 않게 걸어오면서 쌓아온 그의 지적 편린을 향유할 수 있다. 이 책을 통해 김상순이 지닌 문제의식을 나누면서 놀라운 지적 교류를 그와 나눠보기를 권한다.

이 책은 크게 세 부분으로 나뉘어 있다. 제1편은 한반도 문제에 대한 중국의 입장 변화를 중국 내 관찰자의 시각에서 설명하고 있다. 2013년이 새로운 동아시아 정세의 기원이 될 것이라 과감히 추정한다. 북한이 3대 세습단계로 들어갔고, 일본의 우경화가 본격화되었으며, 시진핑 시기 들어 중국의 꿈을 이루기 위한 도전이 본격적으로 시작된 해이다. 저자는 중국의 북한에 대한 인식도 '실용외교'에 기초하여 전략적인 자산이라기보다는 부담으로 인식하는 측면이 가중되고 있다고 보았다. 다만, 실용적인 중국의 우선순위는 우리의 기대와는 달리 중일분쟁, 미국의 동아시아전략, 북한요소로 자리매김하고 있다고 지적한다. 이러한 중국을 다루기 위해서는 논리보다는 '직접적 이익의 교환 카드'가 무엇인지를 생각해야 하고, 중국의 전통 외교의 포기라는 새로운 변화에 대비해야 한다고 조언한다.

제2편은 한국을 위요(圍繞)한 동북아 정세에 대한 분석이다. 현 정세는 미중 간 갈등과 협력이 교차하는 '패권협력'의 시대라 규정한다. 저자는 이러한 상황이 우리에게 기회이자 위기로 다가오고 있다는 인식을 보여준다. 우리는 중견 강국으로서 정세를 정확히 파악하고, 피동적인 태도에서 벗어나 미중 신형 대국관계를 긍정적으로 활용할 것을 요청한다. 또 중국과 협력하여 일본의 우경화에 적극 대응하고, 장기적인 관점

에서 남북한 주도의 한반도 평화통일 국제협력체제를 구축해야 한다고 주문한다. 주요한 기제로서 한미중 3+3전략대화를 적극 추진할 것을 제안한다.

제3편은 중국 내부의 정치상황을 분석하고 이것이 어떻게 중국의 대외정책과 연관되어 있는지를 설명한다. 중국은 그간의 개혁개방 과정에서 수많은 문제들을 안고 있는데, 시진핑 시기에 들어서 국내적인 정치개혁을 추진하기 위해 대외정책을 적극 활용하고 있다는 점을 날카롭게 지적한다. 중국의 대외정책은 흔히 대내정책의 종속적인 변수로 이해되어 왔으나, 이제는 보다 독자성을 확보하면서 주도적인 특성이 강화되고 있다는 분석이다. 시진핑 시기에 있어서 중국의 대외정책은 대내 정치개혁을 추진하기 위한 근거가 되고 있다.

이 책은 "통일은 미래의 희망을 준비하는 것"이란 명제로 마무리하면서 그의 다양한 지적 여행이 한반도 통일이라는 목표로 향하고 있음을 말해준다. 동북아 정세나 중국의 내부 정치개혁 등이 결국은 어떻게 한반도 통일에 영향을 미치는지, 어떻게 이러한 요소들을 통일을 위해 활용할 수 있는지로 초점이 모아진다. 그의 답은 아직 미완성형이고 그의 논리는 많은 논란을 불러일으킬 수 있다. 그러나 이 책이 그러한 논란을 불러오는 데 일조하고 통일에 관한 논의를 활성화할 수 있다면, 이는 저자가 그동안 지난하게 걸어온 길에 대한 중대한 보상이 될 것이다. 우리는 여기에 동참한다.

김흥규 교수
아주대 정치외교학 교수

추천사

혼돈의 동북아 시대를 읽는 지혜와 그림자 외교의 실천

　1992년, 한중수교는 양국이 선택한 운명적 경로의 출발이자 필연이었다. 양국 교류의 급증 속에서 중국은 스스로 선택한 체제를 바탕으로 굴기(崛起)하며 과거의 성세를 회복하고 있고, 미국을 위시한 서방 국가에 경도된 국가발전전략을 추구해온 인접국 한국은 중국과의 정치외교와 경제협력의 사이에서 국가의 전략적 딜레마가 갈수록 커지고 있다. 바야흐로 대한민국은 급변하는 주변 정세의 변화 속에서 혼란으로 빠져들어 별 볼일 없는 변방 국가로 추락할 것인가, 아니면 지역을 리드하는 강소국으로 거듭날 것인가의 기로에 서있다. 특히 외교안보, 한반도 통일, 경협확대를 위한 한국의 대중국전략에 대한 적합성과 실효성은 향후 반세기 동안의 미래 한국을 결정하게 될 것이다.

　요동치는 세상의 변화는 항상 호사가들의 사고를 앞선다. 지난 반세기 동안 미국의 안보, 경제의 우산 속에 살아오며 국내 이슈에 함몰되어 글로벌 전략적 사고가 퇴행해버린 한국은 아무런 준비도 없는 가운데 중국의 급작스런 부상에 당황하고 있다. 현 정부 들어 이미 양국의 지도자가 상호 방문하여 북핵문제와 한반도 통일을 논하고, 한중 FTA 협상과 함께 양국 교역량은 3,000억 달러 돌파를 눈앞에 두고 있다. 또한 한국전쟁에 참전했던 중국군 전사자들의 유해가 61년 만에 중국으로 송

환되어 전쟁 당시 교전국이었던 양국이 적대관계를 완전히 청산하고 전면적인 평화적 관계로 나아가고 있다는 것을 증명했다. 예상보다 빠르게 가까워지는 한중 관계가 좋은 방향인지 아니면 안 좋은 방향인지는 헷갈리지만 그 누군가와 조직은 작금의 현상을 진단하고 정확한 방향을 제시해야만 한다.

수교 이후 양국은 이익을 목적으로 한 경제 교류와 양적인 민간 교류만 추구하여 진정한 신뢰가 쌓일 공간은 부족했다. 지난 20여 년 동안 경제협력을 통해 양국 간의 물적 공백은 어느 정도 메웠으나 정서적 공백은 메워지지 않고 있어 상호 불신은 항상 도사리고 있다. 양국의 일시적인 밀월이 기저에 내재된 불신의 벽을 완전히 해소하지는 못한다. 진정한 상호 존중과 신뢰 기반이 없다면 양국의 전면적 협력관계는 지속되기 어렵다. 한국에 대한 존경은 확고한 국가 비전을 가지고 이를 견지하며 주변국을 설득해나가는 작업 중에 축적될 것이다. 한미동맹에 대한 맹신, 유엔의 대북제재에 동참한 중국에 대한 망상, 정권마다 달라지는 대북정책, 통일에 대한 국민적 냉소는 주변국의 존중과 신뢰는 고사하고 국제 정세 변화에 일희일비하는 대책 없는 국가이자 민족으로 치부될 것이다. 미래 생존전략이 없다면 머지않아 잔인한 선택을 해야만 하는 청구서를 받을 수 있다. 과거 중국의 명청(明淸) 왕조 교체기와 구한말 비참한 역사를 교훈 삼아 새로운 국가전략을 짜야 할 때다.

한국은 강대국 균형 외교를 통해 외교의 행동반경을 넓히지 않으면, 중간에 끼어 피동적이고 자주성을 상실한 죽은 외교밖에 할 수 없다. 특히 대중국 전략외교는 향후 한국의 안보와 실리 외교의 핵심으로 부상하고 있다. 북한에 대해 피로현상을 보임에도 여전히 체제유지의 탯줄 역할을 하고 있는 중국을 통해, 한국은 통일을 위한 결정적인 계기를 만들 수도 있을 것이다. 이를 위해 한국은 한미동맹과 한중관계를 조화시키는 외교적 수완을 발휘하고 미국과 중국이 대화할 수 있는 매개 역할을 해야 한다. 통일 한국이 지역의 외교안보 비용을 대폭 줄일 수 있고 이를 통해 엄청난 경제적 부를 창출하여 세계 평화와 발전에 기여할 수 있음을 설득해나가야 한다. 이는 중국도 자신의 안정과 발전을 위해 한국을 원하는 가운데 한국은 미래전략을 생각할 수 있는 시간과 공간을 확보할 수 있어 의지만 있다면 얼마든지 추진할 수 있다.

그러나 현실은 한국의 지중(知中) 인재가 극소수인데다 한국 정부의 문제의식과 대응역량도 턱없이 부족한 실정이다. 양국 간에 긴밀하게 소통해야 할 지역 문제가 점증하는 추세 속에, 탁월한 중국 전문가의 활동과 그림자 외교 역할이 절실한 시점에 좋은 가이드북이 한 권 나왔다. 김상순 박사는 한반도 미래를 둘러싼 주변국의 역학관계를 오랫동안 고민하고 연구해온 이 분야의 재원이자, 존경하는 동료다. 또한 그는 민주평통 해외자문위원이자 민주평통 베이징협의회 통일연구팀 팀장이며, 통일부 통일교육 위원으로 야전에서 한반도 통일에 대한 당위성을 역설하고 예리한 논거로 그 해법을 제시하고 있다. 이는 우직한 글쟁이가 펴낸 이 책에서 확인할 수 있을 것이다. 어찌 알겠는가? 우리가 이 책을 통해 혼돈의 시대를 읽어내는 한 움큼의 지혜를 얻게 될지.

우진훈 교수
중국인민대학 경제학 교수

추천사

통일 궤변자들의 논리로는 평화통일은 절대 불가능하다. 북한이 남한보다 부강하면 남한의 흡수 통일에 동참하겠는가?

한 체제가 무너지지 않는 이상 통일은 찾아오지 않는다. 북한 주민들이 장벽을 허물지 않으면 평화통일은 찾아오지 않는다. 서독의 통일은 동독이 변해서가 아니라, 망했기 때문에 동독 주민들에 의해 장벽이 허물어진 것이다.

북한 체제는 김일성을 성경에 나오는 '하느님'으로 신격화시켜 놓았기 때문에 북한이 망하기 전에는 외부 정보를 집어넣는 심리전으로는 북한을 변화시키는 데 한계가 있다. 하지만 우리는 북한에 대해 변화를 요구해야 하고 변화가 되지 않으면 변화가 될 수밖에 없도록 환경을 만들어나가도록 해야 한다.

통일은 민족의 동질성을 찾아가는 험난한 여정이다. 그러나 우리는 그 길을 찾아가야 한다. 통일은 이상이고 과정은 현실이며 현실의 길은 험난하다. 그런데 왜 우리는 평화통일을 갈망해야 하는가?

통일은 바로 대박이기 때문이다.

따라서 필자가 전략적 해법을 제시하는 이 책은 평화통일의 역사를 조망하여 한 권의 책으로 집대성한 결과물이 될 것이다. 통일의 진화와 발전, 쇠퇴와 번영의 순간들을 되짚어보는 대(大)기록물로, 세계역사 속에서 한국의 평화통일이 어떻게 진화해왔고 또 어떻게 북한 체제를 바꿔 왔는지 정리하는 이 한 권의 책이 역사 속에 남을 것으로 감히 기대한다.

진정, 평화통일을 염원하는 당신에게 이 책을 추천한다.

홍준용 박사
민주평화통일자문회의 15기 상임위원
미국동양학대학교 교수
법무법인(유한) 강남 고문
로컬파워뉴스 대표/발행인

추천사

새로운 역사의 전환점에서 통일한국의 미래를 준비하다

시진핑 체제 출범 이후 국제사회와 한반도에 대한 중국의 영향력은 갈수록 커지고 있는 상황에서, 이미 G2로 자리매김한 중국은 우리에게 국가적 사활이 걸린 매우 중요한 국가가 되었다. 남북한 통일과 지속가능한 경제발전 동력을 모색해야 하는 한국이 중국의 변화된 전략을 이해하지 못하고 국가 대전략을 추구한다는 것은 불가능하다.

중국에 대한 이론과 실무를 겸비한 중국 전문가이자 최고 전략통인 김상순 박사가 집필한 이 책은 몇 가지 주된 이유에서 추천할 만한 가치가 있다는 생각이다.

첫째, 이 책은 중국에 대해 보다 심도있는 이해와 안목을 독자들에게 제공한다는 점이다. 이 책은 중국의 대(對)한반도 정책과 전략, 중국의 대국관계(중미관계와 중일관계)와 한반도, 중국 국내정치와 한반도라는 세 부분으로 구분하여 중국의 대국굴기가 추구하는 새로운 '중국의 꿈'이 어떤 방향으로 진행되는지와, 특히 중국의 꿈이 한반도에 어떠한 영향을 미치는지에 대한 예리한 분석과 진지한 성찰이 묻어 있다.

둘째, 그의 담론은 단지 문제제기와 의혹에서 그치지 않고, 이에 대한 실천적 대안을 모색하여 정책으로 제안하고 있다. 그가 제안하는 정책 제안은 구체적이고 현실적이며 현재진행형이다. 즉 실무를 담당하는 유관 정책부서에서 능히 참고할 만한 실질적 가치를 지녔다는 것이 이 책을 추천하는 또 다른 이유이기도 하다.

셋째, 이 책은 그가 베이징에서 직접 현지의 현황과 현지 학자들과의 소통을 통해 고민하고 정제된 중요한 현장체험의 연구결과물이다. 그는 이 책을 통해 중국적 시각을 간접적으로 접하고 이해하는 기회를 제공해주고 있다. 김상순 박사는 1994년 말부터 지금까지 20년에 가까운 중국 현지 실전 경험을 가지고 있다. 게다가 베이징대학과 칭화대학에서 CEO-EMBA 과정을 수료했고, 다시 베이징대학 국제관계학 박사과정을 수료했기에 현장 체험과 이론 학습을 겸비한 그의 분석과 안목이 전달하는 시사점은 예사롭지 않다.

넷째, 그의 연구가 향하는 최종 목적점이 통일한국 이후의 국가 대전략에 있다는 사실이 매우 의미심장하다. 아울러 통일한국을 위한 통일실천 연구와 통일실천 운동이라는 구체적인 전략 전술이 체계적으로 준비되어 있다는 사실은 이 책에 대한 진정한 가치를 나타내주고 있다. 이 책에서 그가 펼친 담론에는 향후 통일한국의 미래지향적 목표에 대한 방향과 구체적인 전략 전술이 담겨있기 때문이다.

최근 한반도를 중심으로 북핵문제 악화와 일본 우경화, 그리고 중국의 민족주의적 중화주의로 요동치고 있다. 역사의 중요한 시점에서 한국의 국내는 여야가 당쟁과 대권다툼에 국제 정세의 급변하는 흐름을 놓치고 있고, 주변 강대국은 한반도를 다시 지역 패권전쟁을 역(逆)으로 이용하기 위한 계산에 몰입하기 시작하였다.

역사는 큰 흐름으로 반복되면서 발전하지만, 종속변수에 불과한 한반도의 현실은 불행한 역사의 반복에서 스스로 탈피하기 위한 노력이 필요하다. 과거의 아픈 기억을 되풀이하지 않기 위해서는 국력을 키워야 하고, 한반도의 힘은 통일한국에 있다. 중요한 시점에서 김상순 박사가 펼치는 중국퍼즐 찾기와 한반도 통일에 대한 담론은 우리에게 많은 해법을 제시하고 있다. 물론 그의 해법에 보충이 필요하고, 그가 펼치는 통일실천운동을 확장하고 동참하는 것은 어쩌면 통일한국의 시대를 갈망하는 우리 모두의 꿈을 실현하는 중요한 시작이 될 것이다.

이 책은 베이징에서 고민하는 통일한국과 한중관계의 현실적 담론을 담고 있다. 그리고 그 중심에 중국의 시각과 중국의 전략이 담겨있다. 중국의 심장인 베이징에서 체험하고 연구한 그의 분석과 고민이 참고할 가치를 지닌 충분한 이유도 여기에 있다. 베이징의 학자들과 현지에서 소통하는 그의 담론은 우리에게 한국적 시각의 사각지대를 보충할 수 있다는 점에서 큰 가치가 있다. 이것이 필자가 이 책을 추천하는 많은 이유 중에서 가장 중요하고 핵심적인 이유이다.

이 책은 통일한국과 한중관계가 핵심주제이지만, 그는 이 책이 통일한국 실천운동의 시작이라고 한다. 이 책이 출간되기도 전에 벌써부터 속편의 출간이 기대되는 것은 과장이 아니다. 추천사를 쓰기 위해 이미 탈고된 이 책의 원고를 단숨에 읽은 필자는 속편의 담론도 몹시 궁금하다. 그의 담론 전개가 벌써부터 기대가 되며, 동시에 그의 통일한국 실천운동에도 적극적인 참여와 지지를 보낸다.

정재홍 교수
경남대학교 극동문제연구소

저자서문

통일실천운동의 첫 걸음을 내딛다

이 책은 두 가지 목적에서 대한민국의 독자 및 전문가들과 소통을 시도하려고 쓰였다. 그리고 이 시도는 통일실천운동의 첫 걸음이자, 시작이다. 즉 통일한국과 통일한국 이후를 준비하는 동지들을 만나기 위해 필자가 보내는 일종의 프러포즈인 셈이다.

첫 번째 목적은 통일한국을 준비하기 위한 중국퍼즐의 완성을 독자와 전문가들에게 제안하기 위한 것이다. 이 책은 필자가 스스로에게 "통일한국을 위해 무엇을 할 것인가?"에 대한 대답을 고민한 흔적들을 모았다. 그리고 이 고민의 흔적 속에는 "통일한국을 위해 무엇을 준비할 것인가?"에 대한 처절한 고민과 실천적 노력이 담겨있다. 이제 미흡하지만 다소나마 정리된 생각들을 모아 통일한국에 대한 담론을 독자들과 나누려 한다. 이 또한 '통일한국을 위한 준비'의 한 부분이라는 생각이다.

통일한국을 준비하기 위해서는 모두 서로 다른 커다란 여섯 개의 퍼즐을 맞추어야 한다. 이 책은 그 여섯 개의 퍼즐 중에서 '중국의 한반도 전략'이라는 퍼즐, 즉 '중국퍼즐'에 맞추어져 있다. 필자가 제시하는 것은 '중국퍼즐'이고, 이것도 한 부분에 불과하다. 부족한 부분을 메꾸기 위해서 필자는 독자와의 소통, 그리고 전문가들과의 소통을 제안한다. 이것이 이 책을 내는 또 다른 목적이기도 하다.

한편, 한반도통일을 위하여 필요한 미국퍼즐 · 러시아퍼즐 · 일본퍼즐 · 북한퍼즐 · 대한민국퍼즐을 각각의 전문가들이 펼쳐주기를 제안한다. 그리하여 완성된 여섯 개의 퍼즐들이 융합되었을 때, 비로소 종합적이고 구체적인 한반도통일과 동북아 평화구축을 위한 융합전략이 완성될 것이라고 생각한다. 대한민국의 국민 개개인 간의 내부 소통과 함께, 한반도 주변국의 한반도 통일에 대한 인식이 상호 소통되는 것 또한 한반도 통일을 위한 중요한 실천적 준비가 될 것이다.

두 번째 목적은 통일한국 이후의 한중관계를 미리 준비하고 고민하기 위함이다. 중국은 미래 통일한국의 중요한 국제적 파트너가 되어야 한다. 그러기 위해서는 역사적인 대 변혁의 시기를 지나고 있는 현재의 중국을 상세히 살펴야 한다. 중국의 힘이 어떻게 변화하고 있고, 급변하는 국제 정세 속에서 중국이 무엇을 대비하고 준비하는지를 지금부터 살펴야 한다. 이것이 필자가 '중국퍼즐'을 만들기 시작한 또 하나의 목적이자, 이 책을 통해 독자 및 전문가들과 소통을 시도하는 이유이기도 하다. 물론 통일한국 이후의 퍼즐 맞추기에도 필자가 준비하는 중국퍼즐에 이어, 국내외 전문가들이 미국퍼즐 · 러시아퍼즐 · 일본퍼즐 그리고 통일한국의 퍼즐을 준비해야 한다.

통일한국을 준비하는 목적과 통일한국 이후의 한중관계를 준비하는 두 가지 목적이 담겨있는 이 '중국퍼즐'에 대해 필자는 다시 세 부분으로 나누었다. ① 중국의 한반도전략(한반도 통일준비: '新조선책략'과 '신형 대국관계'), ② 중국의 대국관계(동아시아 지역패권: 중일 패권전쟁의 부활) 그리고 ③ 중국 국내정치(중국의 패권전략: 공산당 7대 개혁과 '중국의 꿈')로 나누어 지난

2013년부터 2014년 상반기까지의 동북아 국제 정세에 대한 담론을 전개했다. 세 부분은 다시 각각 9개의 소주제로 나누었고, 모든 주제의 핵심은 결국 '한반도와 중국관계'로 연결된다. 즉, 한반도 통일을 위해 중국의 생각을 읽고, 변화하는 중국의 정세와 정책을 이해하자는 것이다. 이를 통해 한반도 통일을 위해 중국을 어떻게 활용할 것인가를 고민하는 것이 결국 이 모든 담론의 목적이다. 그리고 이러한 중국의 변화를 지금부터 세밀히 분석하고 인지하여, 미래 통일한국 이후의 한중관계를 미리 고민하려는 것이다. 통일한국 이후의 국가 대전략도 지금부터 준비해야 한다는 것이 필자의 생각이고, 그중에 '중국퍼즐'을 시작했다는 의미이다.

한반도 통일을 위해 그리고 통일한국 이후의 국가 대전략을 위해, 주변 4강과의 관계 설정과 이들에 대한 상세한 분석은 필수적인 과제이다. 필자는 이제 그 4대 과업 중에서 단지 '중국퍼즐'의 한 부분, 그리고 '중국퍼즐'에서도 극히 일부의 작은 부분을 고민하고 있을 뿐이다. 이 책은 그런 의미에서는 시작이고 출발이다. 이 작은 출발에 많은 분들이 함께 동참하여, 한반도 통일은 물론, 통일한국이 당당히 주변 4강과 어깨를 겨누고 세계의 5강, 즉 G5가 될 수 있도록 함께 소통하기를 희망한다.

필자의 통일 관련 학술적 실천운동은 현재 네 가지 측면에서 진행 중이다.

첫 번째 활동은 통일실천 연구활동이다. 대통령이 의장으로 있고, 대통령이 위촉하는 〈민주평화통일자문회의〉 제16기 '해외자문위원'으로서. 특히 민주평통 베이징협의회 통일연구팀장으로 통일연구를 종합적으로 진행하고 있다. 이 통일연구팀은 현재 6명의 박사급(박사논문과정) 연구위원과, 4명의 박사 연구위원으로 구성된 10명의 박사급 이상의 중국전문가들이 통일연구를 진행하고 있다. 이들의 전공분야는 국제관계학, 국제정치학, 외교학, 경제학, 정치언론학, 법학, 역사학으로 구성되어 있고, 박사학위(논문과정포함)의 학교별로는 모두 중국의 명문대학인 베이징대학, 칭화대학, 인민대학, 사회과학원, 정법대학, 상하이 푸단대학으로 구성되어 있다.

두 번째 활동은 통일실천 교육·홍보활동이다. 통일부에서 위촉하는 제19기 '해외통일교육위원'으로 정부의 통일정책을 홍보하고 교육하는 활동이다. 이는 통일연구팀의 연구활동을 실천적으로 연계시킬 수 있는 실제적인 활동 무대가 되는 셈이다. 정부의 정책과 연구기관의 연구를 접목하여, 국민들과 소통하고 교류하는 통일정책 교육·홍보와 국민의견 수렴의 재반영은 통일에 있어서 중요하고 필수적인 역할이 될 것이다.

세 번째 활동은 민간의 지식층과 지도층으로 구성된 '통일 100인 클럽'의 회원으로서 실질적인 통일실천 참여활동이다. 이 클럽은 올해부터 시작되어 점차 1,000인, 1만 인으로 확대될 예정이고, 통일실천을 위한 국민적 운동이 될 것으로 예상된다. 주변국의 국제 정세 변화에도 대비하고, 남북의 자주적인 통일 분위기 조성은 물론, 자주평화통일을 위한 실천적 운동으로 발전되어 통일을 앞당길 수 있기를 기대한다.

네 번째 활동은 칼럼니스트로서의 통일실천 정세분석활동이다. 2013년부터 칼럼 발표를 시작하였으며, 주로 동북아 국제정세를 기본으로 한반도와 한중관계, 중국의 대국관계(주로 중미와 중일관계)와 한국, 중국 국내정세의 세 가지 부분으로 네 군데 언론매체에 30여 편을 게재하였다. 그리고 이 책은 발표된 칼럼을 선별하여 책으로 묶은 것이고, 통일 실천운동의 구체적인 결과물이다.

"통일한국은 불확실한 미래의 위험을 예방하는 것이고,
  미래의 희망을 준비하는 것이다."

이것이 필자의 통일관이다. 이 책은 통일실천운동의 시작일 뿐이다. 또한 '중국퍼즐' 맞추기의 시작이다. 통일실천운동의 구체적인 실천방 안과 여섯 개의 퍼즐 맞추기는 이미 개인의 영역 밖이지만, 이 책의 출판 을 통해 많은 독자들, 그리고 훌륭한 소양을 갖춘 전문가들과의 소통이 기대된다. 통일실천운동은 함께한다는 의미에서 희망적이다.

2014년 9월 18일
베이징에서
김상순

차례

들어가는 말

통일한국을 위해 무엇을 준비할 것인가?

동아시아의 국제 정세가 큰 변화의 물결을 타고 있다. 미래를 예측할 수는 없지만, 2013년을 기점으로 한반도 주변국들의 변화는 먼 훗날 역사에 '동아시아의 새로운 시대'를 여는 원년으로 기록될지도 모를 일이다. 그만큼 2013년은 동아시아 역사에 있어서 중요한 전환점이 되고 있다. 이러한 동아시아의 큰 변화는 세 가지 측면으로부터 시작되고 있다.

첫째, 청년 김정은의 북한 3대 세습 체제 출현이다. 김정일의 사망과 이를 3대 세습으로 이어받은 20대 후반의 청년 김정은 체제는 불안정한 북한문제를 더욱 불확실하게 했다. 김정일 체제에서 그나마 불안정하게 유지되었던 동북아 국제 정세는 통치경험과 지지기반이 부족한 젊은 김정은 체제로 인해 북한이 앞으로 어떻게 급변할지 모른다는 불확실성을 증폭시키고 있다.

김일성과 김정일로 이어져온 세습체제가 20대 후반의 청년에게 3대 세습으로 이어지는 상황을 받아들여야 하는 대한민국과 주변 강대국들의 시선이 혼란스럽다. 2013년의 제3차 핵실험에 이어, 중국을 포함한 주변국들이 끊이지 않고 의심의 눈초리로 감시하는 제4차 핵실험 여부는 이제 동북아를 넘어 세계적인 핵심 위기로 전개되고 있다. 북한 군부의 책임자가 수시로 교체되고 있는 북한 내부의 권력구조 변화를 어떻게 볼 것인가? 어떻게 충동적인 젊은 김정은에게서 평화적으로 핵무장을 해소할 것인가? 국제정치 9단의 미국과 중국도 별다른 해법이 없어 보인다. 어디에서부터 이 문제를 풀어야 할까?

둘째, 아베 정권으로부터 시작된 일본의 우경화와 재무장이다. 아베를 선택한 일본의 정국은 신사참배를 상징적인 우경화의 결집점으로 하여 역사왜곡과 민족주의를 통해 동북아 국제사회를 자극하고 있다. 이로 인한 한중일 삼각관계는 ① 과거사 부정, ② 역사교과서 왜곡, ③ 성노예 왜곡, ④ 중일 영토분쟁 및 일본의 독도 도발, ⑤ 한중일 대륙붕 및 EEZ 분쟁, ⑥ 한중일 방공식별구역 중첩 등등으로 점차 점입가경으로 복잡하게 얽히고 있다. 과거사 부정으로부터 시작된 한중일 삼국 간의 갈등은 외교적 마찰과 영토분쟁에 이르렀고, 첨예한 대립은 이제 양자관계의 외교적 갈등을 넘어 국제정치적 대립으로 치닫고 있다.

고립된 일본은 한중 양국의 협력적인 항의와 미국의 비판과 중재 노력을 무시한 채, 나홀로 전략을 펼치고 있다. 미국의 압력에도 굴하지 않고 외골수에 빠진 아베정권의 북일 접촉은 고립된 자들만의 또 다른 관심끌기 전략으로 비판을 받고 있고, 북한과 일본은 이를 통해 각각 자신의 문제를 해결하려고 시도하고 있지만 결과는 부정적이다. 한미일 공조라는 미국의 동북아전략을 무시하면서까지 아베가 추구하는 일본의 최종 목표점은 결국 '일본 재무장'이다. 정상적인 전쟁을 하기 위한 나라를 만들기 위한 아베의 '재무장 전략'은 '우경화 전술'과 '민족주의 선동 전술'로 주변국들에게 부담을 떠넘기고 있다. 미국이 바라는 한미일 공조가 깨어질 경우, 한미중의 새로운 3각 공조가 불가능해 보이지 않을 정도로, 아베정권의 근시안적 국제감각과 이기적인 우경화 전략의 모순은 위태롭다.

잃어버린 20년의 경제적 몰락은 일본의 조바심을 부추기고 있고, G2로 성장한 중국의 대국굴기와 신형 대국관계 대외전략은 일본을 자극한다. 일본의 불안감과 조바심은 한국의 안정적인 경제성장과 국제정치에서의 위상 제고로 인해 정점으로 치닫는다. 분단된 한국과 통일한국의 위상이 다를 것이라는 상상이 일본에게 주는 충격과 공포는 절망 그 자체일 것이다.

일본의 선택은 '우경화'를 통한 내부 결속과, '재무장'을 통한 자기방어였지만, 일본의 선택은 분명 틀렸다. 자주국방과 경제성장의 목표는 올바른 전략 전술로 이루어야 한다. 일본은 목표를 이루는 방법론에 있어서 치명적인 잘못을 저지르고 있고, 문제는 일본 스스로 그 착오를 알면서도 그대로 간다는 점에 있다. 결국 일본은 실패한 진주만 전략 같은 오류를 다시 선택할 것인가?

셋째, 중국의 '신형 대국관계'와 '중국의 꿈'이다. 2013년 6월, 미국을 방문한 시진핑이 오바마에게 던진 '신형 대국관계'의 화두는 중미관계의 새로운 위상 정립을 요구하고 있다. 후진타오 시대에서 어색했던 G2에 대한 부담을 시진핑 시대에서는 확연히 떨쳐내려고 한다. 시진핑은 집권이후 이미 대외적으로는 '신형 대국관계'를, 대내적으로는 '중국의 꿈'을 제창하고 있다. 대국으로서 국제적인 책임과 역할을 하겠다는 '신형 대국관계'의 기본 출발은 결국 중미 간의 패권위상 재정립에 있다. 중국이 미국에게 요구하는 것은 '지역패권'이다. 그리고 미국이 '세계패권'을 유지하려면, 중국의 협조를 구하라는 것이 시진핑이 오바마에게 던진 '신형 대국관계'의 핵심이다.

개혁개방을 통해 급속한 경제성장을 이룬 중국은 내부의 복잡한 갈등을 해결해야 한다. 그 해결 방안으로 시진핑은 민족주의를 자극하여 내부 단결을 추구하였고, 실질적인 슬로건은 '중화민족의 부흥'과 '중국의 꿈'이다. ① 도시와 농촌의 양극화, ② 소득 간의 양극화, ③ 민족분리주의, ④ 생태환경 오염, ⑤ 불균형 발전의 후유증, ⑥ 경제발전의 구조적 불균형 해소, ⑦ 수출주도형에서 내수시장 확대의 재조정, ⑧ 정치민주화 요구, ⑨ 경제민주화 요구, ⑩ 사회계층 간 갈등 등등, 중국에는 발전의 논리에 갇힌 내부적인 문제들이 도처에 산재해있다.

　이러한 문제들의 해결을 위해 시진핑은 내부적 전략으로 '중국의 꿈'과 '중화민족의 부흥'을, 대외적 전략으로 '신형 대국관계'를 제창한 것이다. 내부 전략과 외부 전략은 상호 보완적이고 유기적이다. 결국 시진핑의 목표점은 '중국 사회주의 체제의 안정적인 유지'에 있고, 이것은 다시 '중국특색의 사회주의'로 귀결된다. 인민들의 불만을 잠재우기 위해 가장 강력하게 집행하는 것은 '부정부패 척결'과 '당원과 공무원의 근무기강 확립'이다. 부패와의 전쟁을 통해 내부 기강을 바로잡고, 법치주의를 통해 국가통치의 준거틀을 확립하며, '중국의 꿈'과 '신형 대국관계'라는 대내외적 전술로 '중국특색의 사회주의 건설'이라는 체제유지의 궁극적이고 현실적인 목표를 달성하는 것이 현 중국의 핵심 이슈인 것이다.

　평화적인 주변 국제환경의 유지는 중국이 '신형 대국관계'를 이루기 위해 필수적인 요소이다. '신형 대국관계'의 실질적인 힘을 중국이 얻을 수 있다면, 중국은 내부의 복잡한 문제들을 다소 유연하게 연착륙시킬 수 있다고 판단하고 있는 듯하다. 내부의 문제를 외부의 성과로 무마시키는 것은 국가통치의 기본적인 전략이다. 중국은 결국 '중국의 꿈'을 통해 '신형 대국관계'를 이루는 것이 아니라, '신형 대국관계'의 완성을 통해 '중국의 꿈'을 이루려는 것이다. 이것이 바로 중국이 인식하지 못하는

'중화주의'의 함정이다.

세계가 중국을 위해 존재하는 것이 아니라, 중국이 세계를 위해 존재하여야 중국이 비로소 G2 혹은 책임대국으로서 대국의 책임과 역할을 다하는 것이라는 점을 중국은 인식해야 한다. '중화주의'가 우선이 아니라, '세계주의'가 우선이고, '세계주의'에서의 중국의 역할은 G2의 위상에 걸맞게 작용되어야 한다. 중국을 위한 '신형 대국관계'가 아니라, 세계를 위한 '신형 대국관계'가 되어야 한다. 이것이 중국이 G2 혹은 미래의 G1으로서 주변국은 물론 세계에서 환영받는 진정한 책임대국이 되는 것이다. 중국은 이 말의 의미를 반영할 수 있을까?

"왜 통일을 해야 하나?"라는 화두는 매우 중요하다. 그런데 내부적으로 한반도 통일의 당위성으로 통일을 당연히 여기는 것은 설득력이 약하다. 대외적으로 한반도 통일유용론을 통해 주변국들을 설득하려는 것 또한 이기적이고 핵심과는 거리가 멀다. 통일은 당연하지만 당연한 것도 아니고, 통일은 유용하지만 그리 유용한 것도 아니다. 한반도 주변국가 간의 입장이 다르고, 대한민국 국민의 계층 간 혹은 개인 간 조건이 다르므로, 각각의 입장 차이에 따라 당위성도 무당위가 될 수 있고, 유용성은 무용해질 수 있다. 더구나 한반도 통일이 주변국의 대외정책에서 가장 우선순위가 될 수 있을까? 한반도 통일이 대한민국 국민 개개인에게 가장 시급한 문제가 될 수 있을까?

당위성과 유용성에 대한 인식의 차이는 입장의 차이에서 비롯된다. 그렇다면, 우리의 통일정책은 자아적인 이기주의에서부터 벗어나야 하지 않을까? 즉 주변국들이 생각하고 있는 각국의 대외정책 우선순위가 무엇인지, 그들이 생각하는 가장 핵심적인 국제전략이 무엇인지를 먼저 살펴야 한다는 말이다. 그리고 국민들이 생각하는 통일에 대해서도 새로운 공감대가 필요하다. "한반도 통일은 하나의 민족이 통일해야 하는 당연한 당위성이 있고, 주변국들에게도 한반도 통일은 정치경제적 측면에서도 유용하다"라는 말이 과연 당연하고 유용한 것일까? 이제 우리는 당연해보인다는 자기모순에서 벗어나서 서로 다른 입장의 차이를 고려한 새로운 공통적 논리에 대해 다시 생각해야 한다.

무엇이 문제일까?

모두의 조건과 입장이 공통의 요구를 생성해낼 수 있도록, 공동의 인식을 이룰 수 있도록 접근해야 한다. 그런데 공통의 이익과 공동의 관심사를 이끌어내는 것은 근본적으로 쉽지가 않다.

어떻게 접근해야 할까?

공통의 이익과 관심사를 이끌어내는 것은 어렵지만, 위기의 예방과 위험에 대한 경고는 상대적으로 쉽게 공통의 이익과 관심사가 될 수 있다. 생존의 위협에 대한 반응은 모두가 공감한다. 그리고 이것은 모두의 우선순위가 될 수 있다.

어떻게 해야 할까?

민족통일의 당위성도 아니고, 한반도 통일이 주변국에 유용하다는 통일유용성도 아니다. 한반도 통일은 불확실한 미래의 위험을 예방하는 것이고, 미래의 희망을 준비하는 것이다. 주변국들에게는 '통일유용론'

이 아니라 '위험예방론'을 강조하고, 대한민국 국민들에게는 '통일당위론'이 아니라 '위험예방론'과 '미래희망론'을 함께 강조해야 한다.

북핵위기와 북한 급변사태로 발생될 미래의 예상되는 위험수위는 주변국들이 감당하기 어려운 불행을 예측하게 한다. 대국굴기를 계속해서 진행해야 하는 중국, 대국굴기를 다시 시작해야 하는 러시아, 잃어버린 20년의 경제불황에서 다시 일어서야 하는 일본, 세계 도처에 산재해 있는 북핵위기급 전 지구적 규모의 지역적 위기들을 관리해야 하는 미국 등은 모두 한반도의 평화적 안정을 요구한다. 서로 다른 목적의, 같은 목표는 한반도의 평화적 안정과 발전이다.

그렇다면, 우리는 어떻게 할 것인가? 어떻게 평화적인 한반도 통일을 이룰 것인가? 어떻게 주변국들이 평화적인 한반도 통일에 적극적으로 참여할 수 있도록 할 것인가? 이 질문들은 곧 하나의 질문으로 통합된다.

"통일한국을 위해 무엇을 할 것인가?"

이 질문을 다시 곰곰이 생각하다 보면, 다음의 질문으로 이어질 것이다.

"통일한국을 위해 무엇을 준비할 것인가?"

이 책은 통일한국을 위해 준비되어야 할 여섯 개의 퍼즐 중에서 '중국퍼즐'에 초점이 맞추어져 있다. 그리고 이 책은 '중국퍼즐'은 완성이 아니라, 이제부터가 시작임을 강조한다. 세 부분으로 나뉜 '중국퍼즐' 맞추기는 이 책을 읽는 독자들은 물론, 각계 각층에서 활약하고 있는 전문가들의 동참을 필요로 한다. 자주적이고 평화적인 한반도 통일을 위해서라도, 주변국 퍼즐 맞추기는 중요하고, 특히 '미국퍼즐'과 '중국퍼즐'은 현실적인 준비의 핵심이다.

필자가 이 책의 서문에서 밝혔듯이, 통일한국을 준비하기 위한 목적과 통일한국 이후의 한중관계를 준비하기 위한 목적, 이 두 가지 목적이 바로 이 책의 의미이다. 이 책에 담겨 있는 '중국퍼즐'에 대해 필자는 다시 세 부분으로 나누었다. ① 중국의 한반도전략(한반도 통일준비: '新조선책략'과 '신형 대국관계'), ② 중국의 대국관계(동아시아 지역패권: 중일 패권전쟁의 부활) 그리고 ③ 중국 국내정치(중국의 패권전략: 공산당 7대 개혁과 '중국의 꿈')로 나누어 지난 2013년부터 2014년 상반기까지의 동북아 국제 정세에 대한 담론을 전개했다. 세 부분은 다시 각각 9개의 소주제로 분류했지만, 모든 주제의 핵심은 결국 '한반도와 중국관계'로 연결된다. 즉, 한반도 통일을 위해 중국의 생각을, 중국의 변화되는 정세와 정책을 이해하자는 것이다. 이를 통해 한반도 통일을 위해 중국을 어떻게 활용할 것인가를 고민하는 것이 결국 이 모든 담론의 목적이다. 그리고 이러한 중국의 변화를 지금부터 세밀히 분석하고 인지하여, 미래 통일한국 이후의 한중관계를 미리 고민하려는 것이다. 통일한국 이후의 국가 대전략도 지금부터 준비해야 한다는 것이 필자의 생각이다. 또한 이 책을 통해 '중국퍼즐'을 시작하는 것이다.

제1편

한반도 통일준비:
'新조선책략'과 '신형 대국관계'

시진핑 중국 국가주석이 2014년 7월 3일과 4일에 한국을 국빈방문했다. 중국의 전통적인 외교 관례와는 달리, 시진핑 주석은 북한보다 한국을 먼저 방문하는 파격을 보였고, 일정도 한국을 거쳐 다른 나라를 방문하지 않고 귀국하는 한국의 단독 방문으로 끝났다. 한국만을 위한 한국의 방문이 된 이번 시진핑 주석의 국빈방문의 의미는 무엇일까? 북한의 노골적인 불만과 일본의 초조한 긴장감은 동북아 국제정세의 현주소를 그대로 반영한다.

이러한 새로운 변화는 이미 2013년 6월에 시작되었다. 대한민국 대통령이 미국에 이어 일본을 방문하는 것이 관례였으나, 6월 27일 박근혜 대통령은 미국에 이어 중국을 국빈방문했다. 한국의 파격적인 외교 행보에 중국의 만족과 북한의 불만, 그리고 일본의 초조감은 이제 1년여 시간이 흐른 2014년 7월에 재현된 셈이다.

시진핑 시대에 한반도는 중국에게 어떠한 전략적 가치를 가질 것인가? 혈맹관계라는 북중관계는 시진핑 시대에도 유효한 것일까? 중국은 북한을 포기할 수 있을까? 미국이 의심되는 북한 핵무기 보유 시설을 무력으로 선제 제압하려고 할 경우, 중국은 이에 대해 어떻게 반응할 것인가? 북한이 4차 핵실험을 강행하고, 이어서 5차와 6차 핵실험을 통해 핵보유를 기정사실화하려 한다면, 중국은 북한의 이어지는 핵실험에 대해 어떻게 반응할 것인가? 북한의 핵보유로 인해 동북아에 핵보유 도미노 현상이 일어난다면 동북아의 평화는 유지될 수 있는가?

냉전시대에는 소설과도 같은 이러한 의문점들이 냉전이 끝난 지 20여년이 흐른 지금은 현실적인 상상이 되고 있다. 분명 중국의 한반도 전략은 바뀌었고, 한중관계를 기점으로 이러한 변화는 확실하다. 북중동맹은 단지 문서에 불과하다거나, 과거에 있었던 일이라거나, 중국의 의

무가 불투명해졌다는 반응은 중국의 학자들 사이에서 공공연하게 거론된다. 북중동맹은 이미 사문서화되었다는 것이 학자들의 중론이다. 물론 중국 정부는 이에 대해 긍정도 부정도 하지 않고 있다. 굳이 그럴 필요도 없지만, 아무런 대가도 없이 중국 정부의 변화를 내보일 필요가 없기 때문일 것이다. 좀 더 정확히 표현하자면, 이러한 현상을 대외적으로 명확하게 인정하기에는 정확한 계산이 끝나지 않았다는 말이기도 하다.

특히 젊은 김정은 체제가 중국에게 주는 부담, 즉 북한에 대한 중국의 부담은 현실화되고 있다. 중국이 이제 북한을 한반도와 동북아의 지정학적인 전략적 가치로 보기보다는, 오히려 전략적인 부담으로 느끼기 시작했음이 곳곳에서 감지되고 있다. 한중관계는 이로 인하여 더욱 강화되고 있고, 일본 아베정권의 우경화와 재무장에 대한 조급한 시도로 인해, 중국의 한국에 대한 협력적 자세는 부단히 적극적이다. 중국 학계와 시민사회의 반응은 더욱 전향적이어서 이미 한반도 통일에 대한 담론은 한국의 편으로 기울어도 한참을 기울어져 있다. 분명 북한은 이제 중국의 부담이 되었다.

제1편에서 다룰 "한반도 통일준비: '新조선책략'과 '신형 대국관계'"는 9개의 다른 주제로 중국과 북한의 관계변화, 중국과 한국의 관계변화를 분석했다. 이 시도를 통해 중국이 한중수교를 이룬 이후부터 지금까지 중국의 한반도 정책과 전략이 어떻게 변화하고 있는지를 개괄적으로 살펴보았다. 그리고 한반도 통일을 위한 우리의 준비를 고민해보았다. 제1편에서 다룬 이 9가지 담론들은 각기 나름대로의 주제를 통해 한반도 통일과 한중관계에 대한 미래지향적 접근과 분석을 시도하였지만, 완성의 단계에 이른 것은 아니다. 중국의 변화는 계속되고 있고, 북한의 불확실성은 더욱 심화되고 있다. 동북아 주변국들의 변화는 커다란 파

도로 너울거리고, 동북아의 커다란 위기는 이제 북핵문제와 일본문제로 분류될 정도로 동북아 국제 정세의 변화는 폭풍전야의 시대로 접어들고 있다.

한반도 통일을 위해 무엇을 준비할 것인가? 이 화두에 대한 해답 찾기는 이제 시작일 뿐이다. 이 책은 그 시작의 출발점을 알리는 통일실천 운동의 실천적 결과물이다. 시진핑 시대의 한반도 전략은 어떻게 변화할 것인가? 그리고 우리는 자주평화적 통일을 위해 무엇을 준비할 것인가? 이제 준비된 담론을 통해 함께 해법 찾기를 제안한다.

1 시진핑 시대의
　　동북아안보와 한중관계

2013년 동북아의 새 시대가 밝았다. 동북아 5개국의 지도자가 모두 바뀌고, 미국도 오바마 집권 2기를 맞이했으니, 동북아안보와 연관된 6개국 모두 새로운 국가전략과 국내정치를 준비하고, 관련국의 신정부와 국제정치에 대한 새로운 관계전략을 모색해야 하는 공통의 과제를 안게 된 것이다.

이 글은 새로운 동북아 시대에 동북아안보는 어떻게 변할 것이며, 어떤 관점에서 한중관계를 볼 것인가에 대한 개인적인 견해를 밝히고, 박근혜 신정부에게 한중관계의 발전을 위한 정책을 제안하는 것이 목적이다. 특히 동북아안보의 환경분석은 중국의 입장에서 관찰하여, 중국의 입장에서 보는 중국의 한반도정책과 한중관계를 통해, 우리가 한중관계를 어떻게 설계할 것인가에 대한 정책을 제안하고 이를 함께 고민해보자는 것이 구체적인 논점의 취지이다.

G2로 도약한 중국의 정치환경

중국은 공산당이 정부를 이끌고 정치를 주도하는 당정체제로 권력이 유지되는 국가이다. 공산당 내부에 사회주의 국가이념을 기초로 방법론 적용에 대한 인식을 달리하는 계파가 존재하지만, 중국에서의 정치는 당 내부에서의 상호 경쟁과 협의에 의해 비교적 큰 충돌 없이 진행되는 것이 특징이다. 즉 중국에는 정치가들이 없고, 정치행정가들만이 존재한다는 말과 같다.

중국의 중산층 형성이 비교적 빠른 추세로 늘어나고 있지만, 이들은 현 체제에서 자신들의 경제적 위치가 상승된 것이므로 체제 불만족도가 낮고, 이들의 정치적 참여욕구나 의식수준 또한 개별적이거나 저조한 편이다. 젊은 신세대와 지식인들은 사회주의의 이념에 대한 지지도가 아직 높은 편이고, '중국특색의 사회주의체제'에 대한 정치개혁의 요구와 기대를 보이기 시작하였으나, 아직은 긍정적이다. 급속한 발전으로 양극화 현상이 심화되는 중국이 중진국 딜레마에 진입한 것은 확실한데, 다른 나라들의 성장과정에서 출현했던 조직적 '노동운동'이나 '농민운동'이 아직 나타나지 않았고, 전국은커녕 단위나 개체의 조직구성조차도 없다. 결국 중국의 정치적 현상은 공산당의 영도하에 G2의 대열에 올라선 신중국의 현 성과에 대해 긍정적 평가와 지지를 받고 있으며, 이에 대해 불만을 가진 세력의 출현이 없는 것이 특징이다.

중국의 자신감과 대외전략에 대한 인식변화

2012년 9월 25일, 중국 정부가 '댜오위다오는 중국의 고유영토'라는 제목의 백서를 발간하였고, 28일에는 중 · 영 · 일 3개 언어로 대외에 발표하였다. 이것은 중국이 영토문제에 관한 첫 백서 발간으로, 영토문제에 대한 '핵심이익'의 선언과 '주권확립'에 대한 의지를 대외에 선포한 점에서, 매우 중요한 의의를 가진다. 이는 일본의 중국 어선 나포, 난징대학살과 위안부 문제 등에 대한 일본의 그릇된 역사인식 및 '댜오위다오(센카쿠열도)' 충돌에 대해 중국이 실질적인 행동을 보여준 대일 제재의 진전된 행동이라는 추가적인 의미 또한 내포하고 있다.

중국 양스왕핑(央视网评)의 2013년 10월 1일자 사설에는, 중국이 대외적인 목소리를 낼 때가 되었다는 취지로, '댜오위다오(센카쿠열도)' 백서는 일본 정부가 1972년 3월 8일에 "센카쿠열도 영유권에 대한 기본견해"를 선포하면서 일본의 입장을 표명한 이래, 국제사회에서는 약 40여 년간 일본의 허점투성이에 잘못된 입장 표명이 정설로 받아들여지고, 중국의 영유권 주장이 오히려 잘못된 주장으로 인식되는 것을 바꾸는 계기가 되어야 하며, 중국 정부는 '댜오위다오(센카쿠열도)'에 대한 올바른 역사 의식을 국제사회에 적극 알려야 한다고 주장하고 있다. 사설은 계속해서 이러한 중국 정부의 적극적인 입장 표명과 국제사회에 대한 설득은 서사군도와 남사군도의 분쟁에도 적용되어야 하며, 베트남도 1975년과 1979년 및 1982년 등 세 차례나 서사군도와 남사군도에 대한 백서가 있었던 바, 중국도 서사군도와 남사군도의 백서 발간도 해야 한다고 주장하고 있다.

매년 12월 13일은 중국이 난징대학살에 희생된 약 30만 명의 인민들을 추모하는 날이다. 이런 역사적 배경이 있는 날, 2012년 12월 13일, 건국이래 처음으로 중국 항공기가 '댜오위다오(센카쿠열도)' 영공순찰을 강행하였고, 일본은 전투기 발진으로 대응하였다. 이는 중국이 국공내전과 2차대전 종결의 혼란 중에 미처 대응하지 못한 '댜오위다오(센카쿠열도)'에 대한 영토회복과 주권수호의 강력한 의지를 대외에 천명함과 동시에, 일본의 그릇된 역사인식에 대한 강력한 추궁의 의사표시로 보아야 한다. 전투기를 동원한 일본의 대응에 대해 중국은 마침내 2013년 1월 12일, 군의 중형 수송선 '윈8'기로 항공순찰을 하였고, 이를 감시하는 일본의 전투기에 대응하기 위하여 중국은 신형 전투기인 젠-10을 출격시켰다. 일본은 신호탄 사격을 검토하겠다고 경고했고, 중국은 신호탄 발사는 전쟁을 각오해야 할 것이라고 맞받아쳤다.

영토문제에 대한 백서의 대외공표와 전투기가 동원되는 영토갈등의 전개과정을 통해 우리는 다음과 같은 중국의 변화를 알 수 있다. 과거와는 달리, 중국이 대외에 자신의 목소리를 내겠다는 것을 공식 표명한 것이며, 핵심이익의 양보는 없다는 의지를 보였다는 것이다. 즉, 중국이 무엇을 원하고, 중국이 왜 그것을 원하는지를 국제사회가 이해하는 노력을 해야 하며, 왜 중국이 원하는 것을 국제사회가 수용해야 하는가를 대외에 적극적으로 알리겠다는 것이다. 이것은 중국이 선포한 핵심이익에 대해 중국에 협조할 것을 국제사회에 당당히 요구하겠다는 자신감의 표현인 것이다.

동북아안보 키워드의 변화

냉전시대의 동북아안보의 주요 분쟁요소는 소련 · 중국 · 북한의 '북방3각동맹'과 이에 대비되는 한국 · 미국 · 일본의 '남방3각동맹' 간 집단적 체제대립이 핵심이었고, 이러한 기본 조건에서 북한의 도발에 의한 남북한의 국지적인 충돌과 갈등이 동북아안보의 실질적인 분쟁요소로 존재하였다.

소련과 동구 공산권의 몰락은 냉전시대를 종결하였고, 한국의 적극적인 북방외교의 종결점인 한중수교는 동북아 안보환경 변화의 중요한 전환점이 되었다. 소련과 동구권의 붕괴가 자신의 체제붕괴로 이어질 가능성에 대한 공포감에서 벗어나지 못한 상황에서, 한중수교 과정에서 철저하게 자신들을 소외시킨 중국이 체제유지에 도움이 되지 못할 수 있다는 불안감이 더욱 북한을 충격에 빠뜨렸고, 북한은 불안해진 체제유지를 위한 수단으로 비밀리에 '핵무기 개발'을 진행했다. 결과적으로 한러수교에 이은 한중수교는 지난 20년간 '북핵문제'를 포함한 '북한문제'를 동북아안보의 핵심 분쟁요소로 만든 결정적 요인이 되었다.

미국발 경제위기는 미국이 패권유지의 재정압박으로 인한 전략적 중동철수와 아시아 회귀전략 선회를 선택하게 했고, 세계경제위기를 비교적 성공적으로 이겨낸 중국은 이를 안보환경의 위협요소로 받아들였다. 일본은 경제위기와 자연재해 등으로 인한 사회불안에, 잃어버린 20년의 정치적 불신감과 하락하는 국제지위에 대한 불만감이 가중되어 변혁의 요구에 직면하게 되었고, 우경화와 대외문제를 국내문제의 출구전략으로 선택한 일본의 전략은 동북아의 또 다른 안보불안을 유발했다. 일본의 정치적 선택은 한일 독도분쟁과 중일 '댜오위다오(센카쿠열도)' 분쟁을 야기하였고, 미국의 아시아전략과 한미일 협력체제에 대한 압력으로 중일 '댜오위다오(센카쿠열도)' 분쟁이 결국 동북아안보의 중요한 분쟁요소로 등장하게 된 것이다.

시진핑과 박근혜 시대가 시작된 2013년 이후의 동북아안보 분쟁요소는 세 가지 형태로 새롭게 구성될 것이다. 한국의 입장에서 우선순위를 먼저 정리해보자.

첫째, '북한요소'이다. 한중수교 이후 북한의 체제유지 전략으로 출현한 '북핵문제'와 북한의 도발 및 급변사태로 축약되는 '북한문제'가 그것이다.

둘째, '중일 영토분쟁'이다. 한일 및 중일 간 갈등의 근본은 일본의 그릇된 역사인식과, 혼란시대의 불분명한 과거사 정리로 인한 영토분쟁이 그것이다. 중일 영토분쟁은 중국의 핵심이익인 영토보존과 주권수호에 해당하는 양보할 수 없는 문제이고, 일본 역시 같은 생각이다 보니,

과거와는 달리 중일 간의 국지전 발생 가능성이 매우 높아졌고, 확전 가능성 또한 미약하나마 존재한다.

셋째, '미국의 동아시아전략'이다. 중국은 미국의 동아시아전략이 중국을 겨냥한 포위망 구축으로 인식하고 있으며, 미국의 TPP(Trans-Pacific Strategic Economic Partnership: 환태평양 전략적 경제 동반자 협정) 역시 중국을 겨냥한 실질적인 실행전략으로 인식한다. 동아시아 각국에 배치되는 미군과 군사시설들에 대해, 에둘러 표현하던 과거와는 달리 중국이 불편함을 바로 표현하는 것은 자국의 안보에 심각한 위협으로 작용된다고 인식하기 때문이다. 미국의 동아시아전략을 기반으로 전개되는 '미일 연합훈련'과 최근에 진행된 '미일 섬탈환 연합훈련', 미국과 동남아 국가 간의 기지사용을 포함한 군사협력, 일본과 동남아 국가들 간의 군사협력, 한미일 3국의 동맹 강화 및 군사적 협력체제 강화 자체가 중국에게는 불편한 압력으로 받아들일 수밖에 없는 새로운 안보환경의 변화이다. 한국은 북한요소의 직접적인 당사자가 되겠지만, 중일분쟁과 미국의 동아시아전략에서 발생되는 동북아 안보위기에서 자유로울 수 없는 딜레마에 빠져있다.

중국의 안보인식과 중국 실용외교 상식

중국의 우선순위는 ① 중일분쟁, ② 미국의 동아시아전략, ③ '북한요소'로 우리의 생각과는 다르다. 또한 중국은 '북한요소'에서도 '북핵문제'와 '북한문제'를 분리하여 다루어야 한다는 내부적인 논의가 진행 중이라는 점도 중요한 차이이다. '북핵문제'는 한미의 인식과 같이 핵확산과 주변국의 핵무장화로 발전하는 원인이 되고, 중국에게 장기적인 측면에서 안보위협으로 연결된다는 점에서 철저하게 관리하여야 한다는 것이나, '북한문제'는 한미의 입장과는 달리 가급적 느슨하게 다루어야 한다는 입장이다. 중국은 6자회담을 통한 북핵문제의 장기적인 해결이 중국에 유리하다는 입장이며, 북한문제는 기존의 중북경협과 이의 확대를 통해 점진적인 북한의 개방을 유도하되, 북한에 대한 중국의 영향력 확대와 경제적 이익 확보가 중국의 최대 관심사이므로 이를 만족시킬 수 있도록 관리되어야 한다는 것이다.

북한제재를 통해 북핵문제와 북한문제의 해결을 시도하는 한미의 전략과는 달리, 중국은 북한의 '은하3호 로켓발사'에 대해서 북한의 입장을 대변하듯 '위성발사'로 표현하고 있으며, 북한제재에는 일관되게 대화를 통한 해결이 유일한 방안이라는 입장을 되풀이하면서, "대북제재에 대한 실효성에 의구심이 있다"고 주장하는 점도 다른 점이다. 중국의 이러한 입장표명은 대북제재에 중국이 참여하는 것이 명확하게 중국의 이익에 부합하지 않는다는 자국의 내부적 합의에 근거한 것이고, 중국의 이익을 취할 수 있는 중북경협 카드를 아무런 대가없이 버릴 이유가 없다는 속마음을 숨긴 표현일 뿐이다. 중국이 참여하지 않거나 소극적인 참여로는 대북제재의 실효성이 없고, 그 이유가 중국의 소극적 참여나 불참이라고 한미 양국이 아무리 중국을 압박한다 해도, 중국은 자국의 이익에 위배되는 대북제재에 참여하지 않는 전략이 더 실용적인 선택이기 때문에, 자신들의 참여 여부에 대한 언급은 제외한 채, '대북제재에 대한 실효성이 의심된다'는 논리를 되풀이하여 강조할 뿐이다. 상대가 실제로는 의도를 잘 알고 있으면서 반복되는 동문서답으로 대응할 때는 달리 설득할 방법이 없다.

결국 중국과의 협상에서 우리가 생각해야 할 것은 두 가지로 요약된다. 첫째, 중국외교의 기본원칙은 '실용외교'이다. 가장 기본적인 원칙을 한미 양국은 깊이 생각해야 한다. 논리 전개와 설득보다 '실용적'이고 '직접적'인 이익 교환 카드가 필요하다. 즉 "중국이 강조하는 기본원칙에 바로 그들이 원하는 답이 있다"는 말이다. 실용적 이익 추구를 위해 이념이 다른 미국과 협력하여 소련과 대립했고, 혈맹이라는 북한을 소외시키면서 한국과 수교했으며, 이념적 적대국인 한미일과의 국교정상화에 대만고립 카드를 관철시키는 등, 중국 실용외교 전략의 중요한 사례들을 주시해야 한다. 북핵문제나 북한문제 역시 중국은 자국의 실용적 이익추구가 우선이라는 기본 원칙하에서 판단하고 움직인다는 점을 생각해야 한다. 북한과의 전통적인 혈맹관계의 유지보다 한국과의 수교이익이 상식적인 판단이었듯이, 같은 논리로 중국 스스로 움직일 수 있는 카드를 만들어야 한다. 이것이 중국의 입장에서 보면 상식적인 것이다.

둘째, 동북아안보는 중국 안보전략의 최우선 순위가 아니다. 중국 안보전략의 우선 순위는 '핵심이익의 수행과 전개과정'이 한 축이고, 중미·중일·중러·중인도 등의 '대국관계'가 다른 한 축이다. 현재의 우선순위는 진행형인 중일분쟁과 남중국해의 서사군도와 남사군도 영토분쟁이며, 대국관계에 있어서의 중미관계와 중일갈등이 동북아안보의 우선순위를 뒤로 밀쳐낸다. 동북아안보의 현상유지 및 관리가 중국의 입장에서는 가장 훌륭한 답인 이유가 바로 여기에 있는 것이다.

한국과 중국의 서로 다른 동북아안보에 대한 시각 차이의 해결에 대해서는 중국의 기본 외교원칙과 안보 우선순위를 고려한 한중관계의 틀에서 그 해답을 찾을 수 있다. 즉, '실용외교'에 중국이 원하는 답이 있고, '안보 우선순위'에 그들의 고민이 있다. 이는 곧 두 요인의 융합에 한국이 원하는 답을 찾을 수 있다는 의미이다.

한중관계 정책제안: 박근혜 신정부에게 바란다

박근혜와 시진핑 시대, 신한중관계 발전을 위해 네 가지를 제안한다.

첫째, '한중 정기 복합 전략·소통기제'의 신제도 수립이 필요하다. 이는 한중관계의 이해와 소통의 강화, 일부의 갈등으로 전체 소통단절의 방지 등을 위한 것으로, 핵심은 ① 외교·국방·경제 분야의 '3+3정기 복합 전략·소통체제' 수립, ② 총리/차관급의 '고위 실무급 이행체제' 구축, ③ 양국 정부의 전략적 협력체계를 학술과 민간분야까지 확산하는 '전략·소통 확산체제'에 있다.

표 1 "한중 정기 복합 전략·소통체제"로의 전환

변경 전			"한중 정기 복합 전략·소통체제"로 변경 후	
정상	한중 정상회담	정상급	한중 정기 정상회담: 핵심의제/방향 설정	
			한중 정기 국무총리급 회담: 정상회담결과 실무진행	
의회	한중 정기 의회교류	의회 정당	한중 정기 의회 전략교류: 목표 설정/이행	
			한중 정기 정당 전략교류: 목표 설정/이행	
외교	한중 외교장관회의	3+3 외교 국방 경제	한중 3+3 장관급 정기 전략대화: 양국 외교, 국방, 경제부문 장관급 간 정기 전략회의	
	한중 고위급 전략대화: 차관급			
	한중 외교 핫라인		한중 3+3 차관급 정기 전략실무대화: 양국 외교, 국방, 경제부문 차관급 정기전략 실무회의	
국방	한중 국방 전략대화			
	한중 국방 학술회의, 군사 체육교류		한중 3+3 국장급 정기 전략실무 이행대화: 양국 외교, 국방, 경제부 국장급 전략실무 이행회의	
경제	한중 어업협력협의회(신설) 등…			
학술	한중 안보 전략대화 등…	학술	한중 3+3 정기 학술교류·대화 추진	
			'한중 공동 미래전략연구센터' 설립	
		민간	경제·문화협력 및 NGO 협력대화 추진	

둘째, 실무조직과 전문인력의 장기적 운영이다. 중국전문가 영입과 소통기제의 운영 구성원들이 한 자리에 오래 배치되어, 능력이 한층 강화된 중국전문가 집단이 중국의 각계각층과 '일대일 심층교류'를 하는 것이 항시 가능하도록 해야 한다.

셋째, 대중국전략의 '창조적 발상'이 필요하다. 중국화된 전략수립은 실질적인 중국 경험을 가진 중국전문가들로 구성된 중국전략연구소의 설립으로 가능하고, 중국을 연구하는 타 연구소들과의 연대로 통합된 중국전략을 연구해야 한다.

넷째, '한중 공동 미래전략 연구센터'를 건립하고, 한중 공동연구를 추진해야 한다. 이 연구센터는 네 단계를 통해 협력공생의 미래전략을 준비해야 한다. 즉, ① 상호 이해와 갈등해소 연구, ② 현존 문제해결의 출구전략 수립, ③ 전략협력을 통한 협력공생 방안연구, ④ 한중 중장기 미래전략 수립이다. 마지막 단계에서는 통일한국과 한미동맹 등의 민감한 이슈들도 공동연구되어, 미래의 불확실성에 대해 조기에 논의되는 것도 중요하다. 연구센터는 서울과 베이징에 각각 두고, 각 지역의 연구센터에 양국 전문가들이 함께 근무하면서 상호 이해와 소통을 바탕으로 양국에 필요한 미래전략을 공동으로 연구하도록 하여야 한다.

결론: 어떻게 한중관계를 발전시킬 것인가?

어떻게 한중관계를 발전시킬 것인가의 문제는 한중 양국 모두에게 두 가지의 전제를 요구한다.

첫째, 어떻게 상대를 먼저 이해하고 소통할 것인가의 문제부터 우선적으로 고민해야 한다. 상호 이해와 소통이 원활하지 못한 상태에서의 논의는 각자 자신의 주장만을 되풀이하는 소모적 논쟁에 불과하고, 이러한 관계의 지속은 결국 불신의 폭을 넓히는 부작용을 야기할 것이다.

둘째, 상호 간의 원칙과 우려에 대한 부분을 먼저 존중해야 한다. 이것이 상호 간의 신뢰를 쌓고 진정한 전략적 동반자관계로 모든 것을 전략적으로 협의하고 함께할 수 있는 기본이다.

본 연구에서 제시된 내용들은 구체적인 분석기준과 실행전략 및 정책대안의 방향을 제시했다는 점에서 함께 검토해볼 만한 충분한 가치가 있다고 할 것이다.

2 　중국 對한반도전략,
　　선택의 시간이 다가오다

　　암울했던 한반도에 희망의 시대가 도래하고 있다. 이미 눈부신 발전으로 G10~15로 발전한 대한민국에 있어서 통일은 다시 도약할 수 있는 새로운 성장 동력의 약속이다. 통일의 길목에서 주변국 협조는 필수요소이고, 특히 중국에 대한 이해는 그만큼 우리의 자율적인 선택의 폭을 넓힐 수 있는 전략 수립에도 필수요소이다.

　　가까이 있으면서도 알 수 없는 중국이라는 벽. 이해를 위한 노력과 연구로 그 벽을 넘어야 한다.

혈맹으로 맺어진 북중관계

　　중국과 북한의 혈맹관계는 항일투쟁에서부터 그 연결의 끈을 찾을 수 있다.

1) 한·중 민족주의 동맹

　　대한제국이 1910년 경술국치로 나라를 잃자, 신규식은 이듬해 상해로 망명했다. 신규식은 조선인으로는 처음으로 쑨중산(孫中山)이 이끄는 동맹회에 가입하고, 1911년 10월의 신해혁명에 참여했으며, 후한민(胡汉民)이 중국혁명당의 『민권보(民權報)』라는 잡지 발행 시 자신이 가진

대부분의 자산을 기부한다. 그가 동제사라는 교민단체를 조직하여 조선의 독립운동에 참여하자, 쑨중산은 이를 적극 지지하여 그에게 화답하였다. 신규식은 또 중국혁명당 인사들과 함께 신아공제사(新亞共濟社)를 조직하여 300여 명이 넘는 조직원들과 조선독립과 항일운동을 전개할 인재들을 양성한다. 천펑쥔(陳峰君)은 그의 연구에서 신아공제사의 건립이 중·북 혁명가들의 연결을 강화시키고, 향후 양국의 발전에 지대한 작용을 하는 계기가 되었다고 평가한다.

신규식의 이러한 활동은 쑨중산으로 하여금 조선독립운동을 적극적으로 지지하고 협력하게 했다. 이들의 만남은 항일투쟁과 봉건시대의 종말이라는 공통의 목표를 위해 양국 민족주의 지도자들이 협력하게 하는 중요한 역사적 의의를 갖는다.

불행하게도 신규식은 1922년 상해임시정부 내부의 분열에 25일간 단식하다 사망했고, 1925년 쑨중산 역시 북벌을 준비하는 중에 간암으로 사망했다. 후일 대한민국은 독립운동가인 신규식과 임시정부를 지원한 쑨중산에게 1962년과 1968년에 각각 건국훈장 수여로 존경을 표했다.

2) 북·중 공산당 협력사

1921년 3월 마오쩌둥과 이우민 등의 중조호조사(中韓互助社) 설립을 계기로 중국의 각지에서 북·중 협력조직들이 생겨났다. 1927년 7월 중국공산당이 설립된 뒤, 북·중 인사들과 이를 지지하는 양국의 인민들이 항일투쟁은 물론 두 차례의 국공내전에서도 단결하여 함께 전쟁에 참여하였으며, 이러한 전쟁참여로 북한 측의 적지 않은 전사자들이 속출했다.

중국은 1949년 건국 이후 항일투쟁과 두 차례의 공산혁명에서 전사한 북한계 전우들을 위해 광동성 광주에 중조혈의정(中朝血谊亭)을 세워 이들의 희생을 추모하고 있다.

중국공산당은 만주에서 활동하던 조선조국광복회와 항일부대의 김일성 · 최용건 · 김책, 조선독립동맹의 김과봉 · 최창익 · 한무, 조선의용군의 무정 · 박효삼 · 박일우 등과 연계하여, 항일투쟁과 공산혁명 전투에 함께 참여한다. 동북항일연합군에 중 · 북 공산 혁명가들이 함께 참여하였고, 두 차례의 국공내전에도 북한이 전우로 참여한 것이다.

3) 억지로 맺은 북중동맹: 中朝友好合作互助條約

1950년 한국전쟁이 발발하자, 중국은 '인민의용군'이라는 명칭으로 병참지원을 포함하여 100만여 명의 대군을 전쟁에 파병했고, 35만여 명의 사상자 손실을 보았다. 특히 마오쩌둥의 아들인 마오안잉(毛岸英)은 1950년 11월 25일 미군의 후방 폭격에 사망하여 북한에 묻혔고, 북중관계의 상징적 의미를 갖게 되었다.

1953년 7월 27일 정전협정 이후, 한미는 8월 8일 '한미상호방위조약'으로 동맹관계를 수립한다. 조급한 북한의 요구를 묵살하던 중국은 중소분열을 틈타 1961년 7월 6일 북소동맹이 체결되자, 7월 11일 북한과 동맹을 맺는다.

1965년부터 시작된 소련의 대북 군사원조 증가 등의 친북정책과, 1966년부터 시작된 중국의 문화대혁명으로 북 · 중은 1965~1969년의 단절기를 거치나, 이후 한중수교 이전까지 혈맹관계를 유지한다.

한중수교와 중북관계

1) 한중수교 과정

1992년 7월12일, 아프리카 외교를 마치고 온 양상쿤 주석과 첸치천(钱其琛)을 맞이한 장쩌민(江泽民) 총서기는 한중수교의 마지막 문제해결을 지시했고, 북의 방북동의를 받은 첸치천은 7월 15일 평양으로 향했다. 첸치천의 회고록을 보자.

> 북한방문은 여러 번이나, 북한이 우리 입장을 이해할지 알 수 없어 이번처럼 마음이 편치 않은 경우는 없었다. 김일성 주석 접견 시 우리 통지 내용이 갑작스러워 어떤 반응을 보일는지……

거리가 짧아 생각을 정리할 틈도 없이 평양에 도착했다는 그는 헬기로 김일성 별장으로 이동한다. 그가 안부인사와 한중수교에 대한 장쩌민의 의사를 전달하자, 잠시 침묵에 잠겼던 김일성은 이렇게 회답했다고 한다.

> 장 총서기의 뜻을 잘 들었다. 우리는 중국이 독립적이고 자주적이며 평등하게 자신의 외교정책을 결정했음을 이해한다. 우리는 어쨌든 계속해서 중국과 우호관계 증진에 노력할 것이다. 조선은 모든 어려움을 극복하고, 계속해서 사회주의를 지키고 건설할 것이다.

말을 마친 김일성은 특사단이 선물로 가져온 옥 조각품 구룡희주(九龙戏珠)와 리즈(荔枝) 과일을 잠시 보고는 서둘러 회담을 끝냈다. 첸치천은 이전의 관례와는 달리 연회나 다른 일정이 없는 북한의 냉담한 반응에 김영남 외교부장과의 간단한 점심 후, 당일로 베이징에 돌아왔다. 첸의 보고를 기다렸던 장쩌민은 만족해 했고, 첸은 이로써 어쨌든 한중수교에서 가장 마지막 관문을 통과했다고 회고했다.

1992년 8월 24일 오전 9시, 한·중 양국 외무부장관인 첸치천과 이상옥은 베이징에서 역사적인 한중수교를 선포했다.

2) 한중수교 선결문제들

한중수교가 성공할 수 있도록 사전에 해결된 중요 문제들을 살펴보자.

- 서울 88올림픽의 성공적 개최: 소련과 동구권의 참여로 중국의 올림픽참여 명분확보.
- 노태우의 북방정책: 1989년 1월 헝가리를 시작으로 동구권, 몽고, 소련(1990.9)과 수교 성공. 중국을 제외한 모든 유라시아 사회주의 국가와 수교.
- 남북한 유엔 동시가입(1991.9.17): 이전의 미중소 남북한 단독가입 거부권 행사와는 달리 한중협력으로 중국이 북한을 설득하여 동시가입.
- 중국의 APEC 가입: 1991년 3차 회의 서울 개최 시, 호칭문제에 대한 한국의 적극적인 협조로 중국이 원하는 중국, 중국타이베이, 중국홍콩의 명칭으로 가입과 참여 확정. 이에 중국은 한국전쟁 후 처음으로 외교부와 경제무역부 장관 첸치천과 리란칭(李嵐清)을 파견.
- 소련연방 붕괴(1991.12.25): 냉전종식으로 경제협력 중요성 부각.
- 한국 타이완 단교 동의: 아시아 유일 타이완 수교국인 한국에게 '하나의 중국' 원칙 동의와 타이완과의 단교 요구에 한국은 이를 수용했다. 한중수교는 이러한 국제적 정치경제 정세변화의 흐름을 타고 자연스럽게 무르익었고, 중국이 북한에게 한중수교를 통지함으로 역사적인 화해와 평화적인 공동번영의 동북아 시대를 열게 되었다.

3) 한중수교 후유증

(1) 북한 체제위협의 충격

한중수교는 북한에게 소련과 동구권이 무너져 북소동맹과 동구권 시장이 사라진 것보다 더 큰 충격을 주었을 것이다. 북한에게 한중수교는 자신들의 안보위협이고, 적국인 한국과의 경협까지 이른 중국의 개혁개방정책은 북한체제의 본질적 위협요소이다. 셰이셴(謝益显)은 그의 연구에서, 북한의 냉담함에 중국이 달래는 식의 관계가 1999년 이후 회복되었다고 주장한다.

(2) 타이완의 메아리 없는 분노

일방적 단교의 수모를 당한 대만의 분노는 예상보다 오래갔지만, 냉전종식과 경협시대의 새 물결을 거스를 힘이 없는 타이완의 함성은 메아리조차 만들지 못했다.

4) 한중수교의 의의

예상되는 후유증에도, 양국은 수교로 얻을 수 있는 전략적 이익을 선택하였다.

- 냉전 후의 신 국제환경에 적극 대응
- 국내외 정치요소 고려
- 경제협력으로 신 성장동력 확보
- 평화적 안보환경 조성

전략적 동반자관계에 이른 한중수교의 성과는 세계 외교역사상 '기적'으로 추앙된다. 평화공존의 모범 해법을 보인 것이다.

변화하는 북중관계

1) 한중 정상화 핵심의제: 중국의 북한 통보

중국은 한중관계의 중요사안을 북한과 긴밀하게 사전에 협의하는 형식을 취했으나, 내막을 보면 이미 결심한 내용 통보이다. 대표적인 사안을 보자.

(1) 한중 무역대표부 설치건

1988년 11월 북한 외교부 부장 김영남이 베이징을 방문하자, 첸치천은 중국이 한중 무역대표부 설치를 고려하고 있음을 처음 알린다. 1989년 6월 천안문사태로 자오쯔양(趙紫陽)을 끌어내린 덩샤오핑은 장쩌민을 총서기로 발탁했고, 북중수교 40주년을 기념하여 베이징을 방문한 김일성에게 장쩌민을 소개하자 장쩌민은 한중 무역대표부 설치를 김일성에게 전달했다.

1990년 하반기에 선양에서 다시 만난 장쩌민이 재차 이 문제를 거론하자, 김일성은 "충분히 중국의 입장을 이해했다"고 사실상 동의한다.

그해 10월 20일 중국 국제상회와 대한무역진흥공사는 무역대표부 설치에 합의하고, 1991년 1월 30일 베이징과 서울에 각각 대표부가 설치되었다.

(2) 남북 유엔 동시가입 안건

1991년 5월, 이붕 총리는 평양에서 김일성을 만나 남북 동시 유엔가입을 협의한다. 동년 6월 첸치천은 평양에서 김영남 외교부장과 실무협의를 진행했다. 그는 당시 김일성의 의미심장한 말을 회고록에 남긴다.

유엔 남북 동시가입은 한 건으로 일괄 처리해야 한다. 안건의 분리 처리 시, 북조선 핵사찰 조건으로 미국이 부결권 행사를 내세우면, 우리가 더욱 곤경에 처하게 된다. 북조선도 이 문제로 중국을 곤란하게 만들지 않겠으니, 중국도 우리 입장을 어렵게 만들지 말아 달라.

1991년 9월 17일, 남북은 동시에 유엔 회원국이 되었다.

(3) 한중수교건

1992년 4월, 양상쿤(楊尚昆) 주석이 김일성의 80세 잔치에 참석하여 중국이 한중수교를 고려하고 있다고 하자, 김일성은 이렇게 대답했다.

한반도 정세가 미묘한 시점인데, 중국이 중한관계와 북미관계를 잘 조절해주길 희망하며, 중국이 이점을 다시 더 고려하길 바란다.

7월 15일, 장쩌민은 첸치천을 평양에 보내 김일성에게 한중수교를 최종 통보하고, 8월 24일 베이징에서 한중수교를 선포했다.

2) 북한의 실망과 냉각된 북중관계

한중수교에서 중국의 적극적인 행보를 막을 수 없었던 북한의 고민과 불안은 현실로 나타났다. 즉 김일성의 바람과는 달리 북미관계의 진전은 없었고, 한중수교만큼 북미관계를 위해 중국이 노력한 흔적도 없었다.

북한은 사실 한중수교 진행과정에서 대만과의 수교를 거론하며 중국에 반발했으나, 대만과 수교 시 북한과 단교하겠다는 중국의 강력한 경고에 직면했다. 김일성의 반응을 유심히 보면, 이미 한중수교가 거스를 수 없는 흐름이므로, 남북 유엔 동시가입처럼 한중수교가 북미수교와 연관되어 진행되도록 중국이 힘써주기를 내심 바랐음을 알 수 있다. 그러나 중국은 북한을 배려하지 않았다.

3) 중국의 실용외교와 약해진 중북혈맹

황위린(黃玉林)은 중국이 북한을 배려하지 않았고, 중북관계 악화의 책임은 중국에게 있다고 주장한다.

- 북한 타이완 수교반대
- 빈번한 한중 정상회담 vs 김정일 집권 17년간 중국정상 겨우 2회 방북
- 상하이협력기구(SCO)에 몽고까지 참여시킨 중국, 북한은 초청대상 제외
- 북한의 원조요청에 겨우 반응하는 중국, 약속된 원조도 차일피일, 혹은 취소
- 북핵 안보리제재에 중국 찬성표
- 동북아 무역보호협정에 북한 배제, 중국은 한일 입장만 고려
- 동아시아 체육대회에만 북한 참여
- 이어지는 중국 공무원 학자들의 북한 공개비판과 북중혈맹 무용론

북중관계는 그렇게 멀어져갔다. 중국은 왜 그랬을까?

4) 중국의 북한에 대한 근원적 불만

1978년 12월 개혁개방을 선포한 덩샤오핑은 1979년 평양에서 김일성의 황금조각상을 보자 대노했다.

우리의 원조로 이걸 만들다니, 뭐하는 것인가……?

덩샤오핑은 귀국 후 결국 원조를 중단했고, 80년대 중반 오진우가 베이징에서 군사원조를 청하자 일언지하에 거절한다.

사회주의는 인민이 우선이다.

이 일로 덩샤오핑은 지도자의 원칙 · 존엄 · 품격을 보였으며, 후세 인들이 배워야 한다고 칭송되었다.

중국, 선택의 시간

1) 덩샤오핑의 동맹무용론

1991년 10월 5일, 덩샤오핑은 일생의 마지막 외국귀빈을 영접했는데, 그는 김일성이었다. 고령인 덩샤오핑이 더 이상 외빈접견을 하지 않는다는 중국 외교부의 말에 김일성은 매우 불쾌해하며 오랜 우정을 나눈 혁명동지로서 반드시 만나야 한다고 우겼고, 결국 덩샤오핑이 이에 응했다.

당시 신문사 사장(新闻司 司长)이던 전 프랑스대사 우젠민(吴建民)은 2013년 5월 8일 펑황(凤凰)TV에서 이 회담을 이렇게 회상했다.

외교부는 김일성의 요구에 예의상 약 10~15분의 가벼운 환담을 준비했으나, 결국 한 시간 넘게 진행되었다.

사진을 찍자, 덩샤오핑(邓)은 나에게 회담 비공개를 지시했다.

이 회담에서 덩샤오핑은 김일성에게 "중북관계는 평화공존 5대 원칙을 기초로 건설되어야 한다", "무슨 동맹이니, 견고하여 깰 수 없는 관계니 이런 말을 믿을 수 없음은 역사가 증명하지 않는가!" 등 북중동맹의 무용론을 설파했다.

김일성의 마지막 베이징 방문이자, 덩샤오핑의 마지막 국제무대는 이렇게 끝났다. 몇 개월 뒤 덩샤오핑은 한중수교 추진을 지시한다.

2) 평화공존 5대 원칙과 북중관계

이 원칙은 1954년 저우언라이 총리가 주창하였고, 지금까지도 중국 외교의 기본원칙이다. 필자는 이 원칙에서 현존하는 중국의 내부고민과 과거사의 뼈아픈 경험 탈출심리의 이중 딜레마를 느낀다.

평화공존 5대 원칙은 주권과 영토보전의 상호존중, 상호 불가침, 상호 내정 불간섭, 평등호혜, 평화공존을 의미한다.

이미 1979년 평양방문에서 김일성의 개인우상화에 대노하여 "인민이 우선"이라고 질책하였고, 원조마저 중단시켰던 중국 제일의 전략가 덩샤오핑. 88세로 기력이 다해가는 그가 개인 왕조를 굳건히 세운 김일성에게 동맹무용론과 평화공존 5대 원칙을 강조하면서 마지막으로 어떤 의미를 전달하고자 했을까?

3) '동맹'에서 '정상적인 북중관계'로

2013년 3월 8일, 중국외교부 대변인 화춘잉(华春莹)의 기자회견을 보자. "북한 외무성 대변인이 제2차 조선전쟁을 피할 수 없으며, 북한은 한미의 선제공격에 대한 핵타격 권리를 가진다는 성명을 발표했다. 중국의 한반도 정세 평가는?"이라는 질문에 화 대변인은 "대화로 해결해야 하고, 6자회담을 통해 비핵화를 논의해야 한다"고 답했다.

또한 "안보리 북핵결의안 표결이 중북관계에 어떤 영향을 미치는가?"라는 질문에는 "중국과 북한은 '정상적인 국가관계'이다. 중국은 북한의 핵실험을 반대하며, 비핵화를 주장한다"고 답했다.

북중관계에서 일관적으로 주장했던 '혈맹', '순망치한'의 미사여구는 이미 오래전부터 퇴색되었다.

4) 중국, 선택의 딜레마에 빠지다

우리의 국회의원급인 중국 정협 상무위원이자 베이징대 국제관계 대학원 부원장인 자칭궈(贾庆国)는 지난 4월 29일 서울에서 중앙일보 인터뷰에서 달라진 중북관계를 "북한의 3차 핵실험은 중국에도 큰 위협이다. 중국은 북한이 중국에 피해만 준다는 인식이다", "논제가 바뀌었다. 과거엔 북한을 어디까지 도울까 였다면, 지금은 중국이 북한에 얼마나 더 세게 할지 고민한다", "과거엔 북한을 특수국가로 대우했지만, 지금은 보통의 국가관계이다" 등으로 설명했다.

그는 북한에 대한 중국의 태도 변화는 "북한이 중국의 국가이익을 존중하느냐에 달려있다"고 강조했다. 그의 설명은 북한에 대한 중국의 현재 인식을 그대로 대변한다.

결론: 중국의 고심 속에 우리의 답이 있다

우젠민은 왜 이 시점에서 덩샤오핑의 비사를 공개했을까? "북한의 안전은 백성을 배불리는 경제발전에 있다. 그렇게 많은 핵무기도 소련을 무너뜨렸다", "백성이 배고픈데 국가가 안전할 수 있는가?" 우젠민의 이러한 질문은 북한을 향하고 있고, 덩샤오핑 비사를 공개한 의도는 한미동맹으로 향한다.

중국의 고심은 실용외교와 평화공존 5대 원칙에 숨어 있고, 중국의 약점은 중국의 핵심이익에 있다. 이 세 가지 안에 우리가 원하는 답이 있고, 미래 한중관계와 통일한국이 있다.

한미는 한미동맹에 던진 우젠민의 화두를 받을 수 있는가? 중국의 고심을 읽을 수는 있는가?

3 자칭궈 교수와의 대화:
"중국, 북한을 포기할 수 있는가?"

서울의 진검승부 일합: "중국은 북한을 포기할 수 있나?"

지난 2013년 4월 30일자 중앙일보 기사를 읽던 필자는 낯익은 이름들을 발견했다. 베이징 특파원을 하고 귀국한 장세정 기자가 베이징대 국제관계대학원 부원장인 자칭궈 교수와 서울에서 인터뷰한 내용이 중앙일보에 실렸다.

기사는 "북한, 중국에 짐: 이미 다른 이념의 길"이라는 제목으로 중국의 북한에 대한 시각을 조명한 내용이었고, 자 교수는 "김정은이 스스로를 조정할 시간이 필요할 것이며, 박 대통령이 조급해 하지 말고 기다려야 한다"고 조언했다는 내용이다.

장 기자의 질문은 매우 직설적이었고, 의외로 자 교수의 대답도 속내를 감추지 않고 솔직했다.

장 기자: 북한에 대한 중국의 태도변화를 결정할 변수는 뭔가?
자 교수: 북한이 중국의 국가이익을 존중하느냐에 달려있다.

자 교수는 "시진핑과 중국 지도자들이 '더 이상 문제를 일으키지 말라'고 북한에 수차례 신호를 보낸 상황에서 북한이 중국의 이익을 존중하지 않고 해를 끼친다면 중국도 과도하게 북한에 끌려가지는 않을 것이다"라며 경고성 발언을 했다. 자 교수를 통해 중국 지도부의 고민을 파악한 노련한 장 기자는 이 틈을 놓치지 않았다.

장 기자: 중국은 진짜 북한을 포기할 수 있나?

노련한 장 기자의 태클이 자 교수를 향했다. 백전노장의 자 교수는 어떤 마음이었을까?

일년 반 전의 베이징 전초전

1) 진검승부를 위한 사전준비

2011년 10월 27일, 박사생들을 위한 자칭궈 교수의 연구방법론 강의가 베이징대에서 있었다. 외교학과 국제관계학 전공의 박사생들 20여 명에, 베이징대는 물론 칭화대 등의 박사생들이 청강하여 강의실은 서른 명이 넘었다. 평소에도 국제관계학과 외교학 간의 실전토론이 매우 격렬하여 다음 강의에서 복수혈전을 다짐하는 등, 강의는 매번 활기찼다.

특히 이 날은 지난 주에 이어 몇 명의 박사생이 자신의 연구계획을 발표하는 날이었고, 강의실의 긴장도는 이미 시작 전부터 뜨거웠다. 이미 상대 편(?) 발표에 대해 강렬한 공격준비가 있고, 우리 편(?)을 보호하기 위한 반격의 준비도 나름대로 형성되어 있었기에, 분위기를 눈치챈 자 교수도 우리들의 전의를 자극했다.

내가 준비한 제목은 "변화하는 중북관계와 한중미 신평화통일체제 연구"였다. 어차피 격렬한 토론이 예상되는지라 이럴 경우 중국인들의 속마음을 알 수 있는 좋은 기회라고 생각해 정공법으로 중국 소장학자들을 자극하기로 했다.

사전에 한국과 인도 국제관계학 박사생들과 작전(?)을 짜서 분위기를 돋우거나 진정시키는 임무를 부여했고, 각각 강약의 질문을 준비시키고 약속된 내 신호에 따라 질문이나 발언을 하게 했다. 원래대로 외교학 박사생 공격뿐 아니라, 아예 중국 박사생들과 특히 자 교수를 자극해보기로 했다.

2) 자극적 문제제기로 상대 감정 흩트리기

대화나 토론에서 가장 금기되는 것이 '흥분'과 '편견'이다. 흥분 상태에 이르면 말이 많아지고, 결국 상대에게 속내를 보이거나 들키게 되는 법이다. 상대의 속내가 궁금할 때는 감정을 자극시켜 흥분하게 만들면 효과적이다. 나는 이 방법을 토론의 도입에서부터 실행하기로 했다. 그 뒤에도 몇 번의 자극적인 시도를 준비해둔 것은 물론이다.

"누가 먼저 할까?"하는 자 교수의 말이 끝나자마자 자리에서 일어나 앞으로 향했다. 대부분 지적을 받고 마지못해 연구계획을 발표하던 분위기였기에 나는 아예 처음부터 공격적이고 적극적인 전술을 택했다.

칠판에 제목과 문제제기를 쓴 사람도 내가 처음이었다. 서른 명이 넘는 사람들의 시선이 내가 던진 문제에 집중했다. 그들을 집중하게 만든 질문은 이랬다.

어떻게 하면 중국이 북한을 포기할 것인가?

미국의 한일전략 vs 중국의 북한, 대만전략

1) 핵심이익과 차선이익

이날 나의 문제제기는 중국 학자들에게 매우 충격이었다. "어떻게 하면 중국이 북한을 포기할 것인가?"라는 질문이 갖는 흡입력은 내가 연구계획을 발표하는 내내 그들을 옭아맸다. 어떤 이는 칠판에 써 놓은 내 글만 쳐다보며 빈틈을 찾으려 애쓰는 표정이 역력했다. 내 발표의 핵심만 요약하면 이렇다.

> 미국의 동북아시아 전략에서 일본은 미국의 핵심이익이라 할 수 있으므로, 미국은 절대로 일본을 포기하지 못한다.

그들은 별 반응이 없었다.

> 그러나, 미국은 한국을 포기할 수 있다.

나는 이 말을 일부러 또박또박 느릿느릿 말했다. 반응은 뒷좌석에서 옆 사람과 급히 토론하는 소리부터 시작되었다. 말을 멈추자, 긴장된 눈빛들이 쏟아졌다.

> 단, 한국을 포기하는 아주 충분한 대가를 받을 수 있다면…….
> 이 말은 나는 미국과 한미동맹을 믿지 않는다는 말과도 같다.

반응이 빨라지기 시작한다. 그들은 눈빛으로 다음에 전개될 이야기를 재촉했다.

> 마찬가지로…….

말을 잠시 끊고, 주위를 둘러보았다. 그들의 집중과 나의 의도된 '만만디' 발언이 그들을 자극했다. 나는 속으로 외쳤다. '여기서 틈새를 보이면 당한다. 차분하게……'

강의실은 침을 넘기는 소리까지도 들릴 정도였다. 모두 강한 집중력을 보였다. 토론에 참석한 서른서너 명의 구성을 잠시 설명하면, 총 4개 국적에, 6개국 언어를 쓰고, 8개국에서 학교를 다닌 박사급들이 모인 자리였다. 이들 모두는 최소한 3개 언어를 할 수 있고 정부의 외교관, 공무원, 군인, 전현직 기자, 전직 교사, NGO 등 다양한 경력의 소유자들이었다. 이 같은 구성으로, 특히 베이징대의 토론은 비교적 학술적 자유를 보장해주기 때문에 토론이 지루하지도 않았고, 토론 내용도 수준이 매우 높은 편이었다. 토론의 내용이 공산당이나 판에 박힌 관변 일색이라면 무슨 학술적 의미가 있겠는가?

> 중국이 대만을 포기할 수는 없겠지만……, 같은 논리로, 북한을 포기할 수는 있지 않겠나? 물론 그렇게 중국이 선택할 충분한 대가가 있다면 … (중략) … 내 연구의 요점은 국가 간의 '핵심이익'에 대한 분석이 때로는 난해한 문제들을 오히려 쉽게 풀 수 있는 키워드라는 점을 분석하고 싶은 것이다.

칠판의 절반이 설명을 위해 내가 적은 요점들로 채워졌고, 발표가 끝나자 강의실은 소란스러워지기 시작했다. 질문을 받겠다는 말이 끝나기가 무섭게 공세가 시작됐다.

2) 전통적 북중관계의 위력

북중관계에 대해 충분한 이해를 했다면 이런 연구계획은 없었을 것이라는 지적을 시작으로 불쾌한 어투와 표정으로 내가 사용한 단어 하나하나를 모두 공격하기 시작한 사람은 국제관계학을 전공하는 나의 동료였다.

그의 소속을 떠올리는 순간, 나는 그가 왜 그렇게 흥분하게 되었는지를 알 수 있었다. 그는 공산당 대외연락부 소속의 당 간부였고, 그는 '당 vs 당' 간의 외교업무를 담당한다. 중국은 정부 간 외교는 외교부에서, 정당 간 외교는 대외연락부에서 담당하고 있다. 당연히 대외연락부가 외교부보다 높다.

그가 칠판을 보며 지적한 내용을 칠판에 표시해가며 그와 논쟁을 이어갔다. 흥분하여 점점 높아지고 빨라지는 그의 목소리와는 달리, 나는 미소를 지으며 더 느릿하지만 분명한 목소리로 받아쳤다.

자 교수와 내 눈이 아주 잠깐 동안 마주쳤다. 내가 평정심을 잃지 않고 미소를 보이자, 그도 우려하는 표정을 걷고, 내게 미소로 답했다.

토론에서 시작부터 대어를 낚은 것이었다. 평소와 달리 고음으로 쏟아내는 그의 말은 이미 토론의 수위를 벗어났고, 곧 책상을 내리칠 기세에 이르렀을 때, 자 교수가 그를 제지했다.

자 교수: 그만! 내가 질문한다.

평소에도 자신의 신분에 의한 자신감으로 겁(?)이 없던 그가 자 교수의 제지에 움찔하더니 승복한다.

자 교수: 하나만 묻겠다. 미국이 한국을 포기할 수 있다고 생각하나?

자 교수의 빈틈을 찾는 중저음의 질문에 나는 바로 대답했다.

김상순: 예. 조건만족이 따른다면…

자 교수: 너의 생각인가?

김상순: 예.

자 교수도 생각에 잠기고, 2차 공세가 시작되었다.

흔들리는 북중관계 vs 진화하는 한중관계

1) 북한은 중국의 핵심이익인가?

자 교수는 내가 제출한 10페이지 분량의 보고서를 훑기 시작했고, 2차 공세가 시작되자, 이미 1차 토론에서 제기돼 칠판에 썼던 내용들은 더이상 거론되지 않았다. 그들은 비교적 전향적인 사고로 내가 제기한 문제를 토론했다. 질문이 공격형에서 '개방토론형'으로 바뀌었고, 질문의화살도 전체에게로 향했다. 원래대로 패거리(?) 토론이 시작된 것이다.

질문에 대한 대답은커녕 토론을 주재할 필요도 없이, 나는 중요 핵심 논쟁들을 칠판에 기록하면서 상호 간의 관계를 화살표나 대립 등으로표시하는 역할만으로도 그들은 내 판서 내용을 활용하여 질문과 역공을주고받았다. 역공에 역공을 펼치던 중, 한쪽 편에서 침묵이 흘렀고, 판서를 마치고 뒤돌아보니 역공에 밀린 우리 편(?)이 나를 쳐다본다.

우리 편을 침묵하게 한 상대편의 질문은 이랬다.

중국이 왜 북한을 포기해야 하는가?

준비된 나의 두 번째 올가미를 당길 차례였다. 나의 역공에 오히려상대편이 말이 없다.

북한은 중국의 핵심이익인가?

내 보고서를 읽던 자 교수가 보고서를 내려놓고 나를 쳐다본다. 흘러가는 상대편의 침묵과 함께 우리 편의 미소가 번졌고, 정답은 찾았다. '북한은 중국의 핵심이익이 아니다.' 세 번째 카드를 던질 차례. 나는 준비된 신호를 던졌고, 준비된 질문이 또박또박 강의실에 퍼졌다.

2) 전략적 협력 동반자관계로 성장한 한중관계

어떻게 하면 한중 양국이 실질적인 전략적 협력 동반자관계로 발전할 수 있는가?, 또, 실패한 6자회담의 대안은 있는가?

이번엔 모두가 내 대답을 기다렸다.

국가 간의 핵심이익 존중과 공통이익 추구가 나의 답이다. 6자회담의 실패는 예견된 것인데, 가장 큰 원인은 공통의 이익조차도 달랐기 때문이다.

실제로 일본은 북핵문제를 해결하기 위한 회담에서 결정적일 때마다 일본인 납북문제로 분위기를 깨거나 아예 엎어버렸다.

중국과 한국의 핵심이익에는 구체적인 대상의 차이가 있으나 추구하는 방향, 즉 공통목표가 일치한다. 북한 비핵화와 평화적인 경제발전이 그 것이다.

나는 다시 도표로 설명했다. ① 통일문제는 남북 간 '1+1', 즉 남북

대화로, ② 북핵문제와 평화협정은 중미를 더한 '2+2' 즉 4자회담으로, ③ 동북아 공동 평화체제는 '4+2', 즉 남북미중에 러일이 참여한 공동 경제평화 단지 조성이며, ④ 이 세 가지 다른 체제들은 다시 순환성을 가져야 효과를 발휘한다고 주장했다. 숫자와 도표가 나머지 칠판의 공간들을 채웠고, 아무도 말이 없다.

결론: 북중 혈맹관계는 계륵이다

자 교수는 내 발표에 만족을 표했고, 나는 참석자들의 뜨거운 박수 속에 준비한 보람을 즐겼다. 흔들리지 않고 차분하고 노련하게 발표와 토론을 이끌어간 점이 높은 평가를 받았다. 반면에 자 교수는 열린 강의실 앞문을 닫으며 이렇게 말했다.

학문적 토론에 대해서는 자유롭게 말할 수 있다. 그것이 베이징대의 전통이다.

그는 내 보고서와 문제제기에 대해 모두 열 가지의 지적을 쏟아냈다. 정신없이 그가 지적하는 사항을 받아 적었고, 그의 날카로운 지적들은 20개월이 지난 오늘도 생각해보니 유효하다. 그중에 몇 가지만 살펴보자.

- 문제제기가 너무 크면 주제를 나누어야 한다.
- 연구할 가치가 있다고 생각되는 문제라도 반드시 연구의 대상이 될 수는 없다. 즉 이런 문제는 기밀문서에 접근하지 못하면 연구가 아니라 상상이 된다.
- 정부의 언론발표도 믿을 수 없다. 소위 '간보기 정보'를 흘릴 수 있다.

- 이미 대부분 그렇게 생각하는 추세에 있는 사안을 연구하는 건 의미가 있을까?
- 이 연구를 통해 어떤 새로운 관점을 증명할 수 있나? 즉 연구공헌도는 뭔가?

이제 와서 생각해보니, 자 교수의 질책들 속에 내 문제제기에 대한 그의 답이 숨어 있었다.

에필로그

토론 한 달 뒤인 2011년 11월경, 베이징의 커피숍에서 본사 발령이 난 장세정 기자를 만났다. 자 교수와의 토론에 대해 장 기자가 아주 흥미를 보였고, 우리는 헤어지는 길에 서서도 한참을 이야기했다. 2013년 4월 말 자 교수가 한국에 갔고, 장 기자는 그를 취재했다.

자 교수의 강의가 있던 2011년 10월로부터 20여 개월이 지난 지금, 이 문제에 대한 한국의 관심은 아직도 높다. 특히 북한의 3차 핵실험 여파로 북한에 대한 중국의 불만이 고조되고, '중국통'인 박근혜 대통령의 방중으로 한중관계가 급속히 가까워지는 이때 한국에서는 더더욱 큰 관심일 것이라는 생각이다.

하지만 정작 질문을 던진 나 스스로 지금에 와서 생각해보니, 생각이 깊어질수록 우문현답(愚問賢答)의 전형이라는 생각이다. 전형적인 우문에 현답으로 화답한 자칭궈 교수의 미소 짓는 얼굴이 떠올랐다. 역시 고수와 하수는 '호흡의 길이'와 '내공의 깊이'가 다름을 느끼는 순간, 퍼져가는 내 미소를 스스로도 막을 수가 없었다.

4 한중관계의 새 도약, '한중 미래비전 공동성명' 해석

6월 27일, 시진핑 중국 국가주석의 초청으로 박근혜 대통령이 중국을 국빈방문, 한중 미래비전을 공동성명으로 발표했다. 이 성명에는 한중수교 21년 역사의 새로운 도약을 선언한 중대한 의미가 있다. 새로운 20년의 설계가 구체적으로 담긴 중대한 의미를 읽어보자.

공동성명 요약

1) 한중 발전 방향과 원칙

(1) 발전 평가

- 역사적 수교와 성공적 발전

(2) 발전 방향

- 전략적 협력 동반자관계 강화
- 정치안보 · 경제통상 · 사회문화 협력 대폭 발전

(3) 발전 원칙

- 상호 이해 · 신뢰 제고
- 미래지향적 호혜 협력 강화
- 평등 · 국제규범 존중

- 지역·국제사회 평화공동번영 기여

2) 전략적 협력 동반자관계 내실화

(1) 중점 추진 방안

- 정치안보 전략소통 강화
- 경제사회 협력확대
- 인문 유대 강화

(2) 세부 이행계획

- 정상·지도자 간 상시소통체제 추진
- 거시경제정책·국제 금융위기 공동 대처
- 인문유대 강화: 한중 인문교류 공동위원회 설치
- 양국민교류 영사협력 강화
- 지역·국제무대 협력 강화

3) 한반도

- 한반도 신뢰 프로세스론, 중국 지지 표명
- 북핵불용에 한반도 비핵화 실현 공동인식
- 한반도 평화 한중 공동이익 선포
- 평화통일 중국 지지 표명

4) 타이완(臺灣)

- 하나의 중국 강조, 한국 이해·존중 표명

5) 지역·국제무대 협력 강화

(1) 한중일 3국 협력

(2) 동북아 평화협력 구상

(3) 지역 · 국제이슈 협력

- 개방적 지역협력 확대
- 국제사회 평화 공동번영 협력
- 국제 경제협력체제 협력 강화

공동성명을 어떻게 읽을 것인가?

냉전종식 후에도 동북아에는 끝나지 않은 냉전의 잔재가 존재하고, 북핵문제로 압축되는 동북아 안보불안은 한중 간의 미래 동반성장에 가장 불편한 장벽이다. G2로 성장한 중국은 '중국의 꿈'을 주창한 시진핑이 태평양은 G1 · G2가 나누어 쓰기에 충분히 넓다고 오바마에게 속삭였고, 이 신형 대국관계의 모호한 의미를 파악하지 못한 오바마는 '평등'한 대국관계에 고개를 끄덕였다.

시진핑 · 오바마 정상회담(2013.6.8~9)에서 역사적인 신형 대국관계를 선포한 중국의 위상이 수직상승하는 이 시점에서, 박근혜 · 오바마의 정상회담(2013.5.7)에 이은 박근혜 · 시진핑의 정상회담(2013.6.27)과 영부인이 참석한 한중정상 깜짝오찬(2013.6.28)의 의미는 막중하다.

자유이념의 가치동맹인 한미관계에, '국민행복'과 '인민행복'의 동일한 통치철학으로 미래 비전을 꿈꾸는 한중 지도자들의 공동성명은 그래서 지금 더 빛난다. 적어도 국제관계와 국제정치에서는 국내정치의 보수와 진보, 즉 성장과 분배의 국내정치 이념보다 국민행복과 인민행복이 우선이다.

보수와 진보를 대표하는 두 국가가 같은 꿈을 꾸고 있다. 방법은 달라도 목표가 같다. 한중정상은 이렇게 인식했다. "국가가 우선이고, 그

국가를 지탱하는 국민이 최우선이다." 이 공동의 목표를 위해 전략적으로 한중협력을 강화하자는 것이 이번 공동성명의 핵심이다.

공동성명의 의미

이번 공동성명은 다음의 중요한 네 가지 전략적 의미를 내포한다.

1) 정치외교에서 안보외교로

2008년 11월 한중관계는 전략적 협력 동반자관계로 발전했으나 실질적인 전략적 관계를 이루지 못했고, 그 중심에 "안보문제 대화부족"이 있다.

전략적 관계의 실질적 심화를 위해 '정치안보분야 협력'이 이번 공동성명의 서두에 출현한 점에 유의해야 한다. 북중 혈맹관계가 보통 국가관계로 변화했음을 대외에 알리면서, 중국이 특히 세 가지 의미를 강조한 것이다.

- 북핵에 대한 중국의 강한 경고 메시지
- 중국의 한미일 3각동맹 불필요 주장
- 한미중 전략대화로 일본 질책 공조

세 화살은 결국 북한과 일본을 향해 날아갔고, 한국은 미중관계에 있어서 일본보다 국제 영향력 가치상승이라는 부가적 선물을 받은 셈이다.

2) 지역 · 국제협력 공조강화

동북아 정치 · 안보 · 외교 · 경제 · 문화의 종합적인 한중협력으로 북핵문제와 일본 우경화에 공동협력하고, 국제문제에 있어서도 공동협력에 인식을 같이했다.

3) 한중 FTA와 국제경제협력

한중 양국이 양국의 내수시장을 새로운 성장동력으로 활용할 수 있는 방안을 추진하는 데 합의한 것이다. 내수시장 규모가 작은 한국과, 내수시장이 활성화되지 못한 중국이 양국의 내수시장을 큰 틀에 놓고 한중 FTA를 통한 새로운 성장동력을 함께 고민할 뿐 아니라, 한중 양국이 거시적 측면에서의 국제경제 협력체제에 공조하고 협력하자는 공동번영의 의지가 담겨있다.

4) 인적 교류 확대

인문교류를 통한 양국민의 화합으로 양국 간의 갈등을 해소하고 마찰을 사전에 예방하여, 미래지향적인 전략적 동반자관계의 실질적인 심화와 확대에 동의한 것이다.

이 중에서 무엇보다 중요한 것은 정치안보의 고위층 상시 협의체제를 구축하였다는 데 있다. 안보협력을 논하게 된 한중관계는 비로소 실질적인 전략적 협력동반자관계로 진입했다. "평화통일을 위한 큰 산"을 하나 넘은 셈이다.

5 정전 60주년, 한반도와 중국의 미래: '동북아 평화번영 협력체계'를 위한 제언

2013년 5월 22일, 시진핑 중국 국가주석에게 친서를 전달할 목적으로 북한 인민군 총정치국장 최룡해가 김정은의 특사자격으로 군복을 입고 베이징에 나타났지만, 시 주석은 21일 이미 베이징을 떠나 사천성의 지진피해 복구 현장에 있었다. 2013년 7월 27은 북중혈맹이 항미 제국주의 전쟁에서 승리했다고 자평하는 한국전쟁 정전 60주년이다. 두 달여밖에 남지 않은 기간이니, 대대적인 행사준비를 위한 협의가 한창이어야 할 시점에서, 특사 형식의 대화 자체가 말 그대로 특별하고, 혈맹을 자랑하며 돈독하던 북중관계에 특사는 낯설다.

이번 최룡해 방중의 성패는 시 주석을 만날 수 있는가에 있었다. 친서를 들고 이틀을 군복차림으로 베이징 이곳저곳을 두리번거리던 최룡해의 초조함은 표정에서부터 읽혔다. 귀국 예정보다 7시간을 넘기고 간신히(?) 시진핑 주석에게 친서를 전달한 최룡해의 긴장된 표정이 바로 현존하는 북중 간의 미묘한 현실이다.

최룡해는 왜 이틀 동안 입었던 군복을 벗고 인민복으로 시 주석을 접견했을까? 시 주석이 민생현안을 살피고 돌아온 점과, 중국이 이틀간 일관되게 북한에게 보낸 신호에서 북한은 비핵화와 대화를 통한 평화분위기 조성을 강조하는 중국의 강경한 입장을 읽었을 것이다. 따라서 더 이상 군사혈맹과 정전 60주년의 공감대 형성을 통한 국면전환에 대한 기대감이 어려울 것을 직감하였기 때문이 아니었을까?

북중관계에서 특별하게 특사를 보내야 하는 북중 간의 정세변화도 그렇지만, 시 주석이 특사 방중을 알면서도 베이징을 비우고, 최룡해의 예정된 귀국 일정을 고려하지 않은 채 오후 5시가 넘어서야 사전 통지 없이 만나주는 행보를 보인 것에는 중요한 의미가 있다. 2009년 9월, 후진타오 주석이 외교를 담당하는 중국의 국무위원인 다이빙궈를 특사로 파견하였으나, 김정일은 대담하게도 지방 시찰을 이유로 특사의 귀국일정에 맞추어 마지막에 마치 선심을 쓰는 듯이 다이빙궈를 만났다. 이것은 '김정일의 2차 핵실험'에 대해 중국이 대북제재에 동참한 것에 대한 김정일 식의 불만 표시였던 것이고, 시진핑 주석은 인민군 총정치국장의 신분인 최룡해에게 같은 방식으로 '김정은의 3차 핵실험'에 대한 명확한 경고와 이전의 수모를 되돌려준 것으로 봐야한다. "중일수교 40주년 기념식을 성대하게 준비해가던 양국이 댜오위다오(센카쿠열도) 분쟁으로 결국 단 한번뿐인 40주년 기념행사조차 포기했던 사례가 북중 간의 정전 60주년 기념에도 적용될 것인가"라는 생각은 지나치게 앞서간 것일까?

민족의 비극이 되어 매년 어김없이 찾아오는 정전협정은 올해에는 회갑이 되어 우리 앞에 있다. 이제 우리가 네 가지 문제를 생각할 때다.

누가 먼저 쏘았는가?: 전쟁 책임론과 정의론

매년 한국전쟁의 발발과 정전협정 시점이 되면 되풀이되는 논쟁은 아직도 유효하다. "누가 먼저 쏘았는가?"의 문제는 결국 한국전쟁이 "누구의 잘못이었나?"와 "누가 정의의 전쟁을 하였는가?"의 전쟁 책임론과

정의론의 문제다. 초기 전쟁 당사자인 남북 모두 이 문제에서 자유로울 수 없으며, 이후에 참여한 미국 주도의 연합군과 중소 공산진영에서도 간과할 수 없는 중요한 문제인 것이다.

중국의 한국전쟁 발발에 대한 지금까지의 논의는 세 가지로 요약된다.

첫째, 북침론이다. 중국의 교과서에서는 오랫동안 북한의 주장대로 남한이 삼팔선을 침공하여 북한 인민군의 반격으로 전쟁이 발발했다고 되어있다. 그 근거로는 1950년 6월 25일 당일의 해외 신문에 한국군이 옹진반도에서 북한의 해주시를 공격하여 점령했으며, 한국전쟁이 발발하기 세 시간 전인 당일 새벽 1시에 이미 한국군대가 삼팔선을 넘었다는 것이다. 최근 연구에는 "한국군이 이러한 대규모 전쟁을 당시에 준비할 수 있었을까?"에 대한 의구심을 제기한다. 특히 "북한이 남한에 보낸 유격대를 소탕하기 위해서 당시 한국군 전체 8개 사단에서 절반인 4개 사단이 이 유격대 토벌을 위해 남한의 후방에서 접전을 벌이는 상황에서 어떻게 전면전을 벌일 수 있겠는가?"라는 주장으로 북침론에 대한 의구심을 표현하고 있다.

둘째, 남침설이다. 북한은 이미 중국으로부터 항일전쟁과 중국 내전에 참여하여 전투에 숙달된 중국의 조선인 군대를 전쟁 발발 이전에 인계받았고, 그 인원은 5만에 달하여 개전 시의 절반에 육박하는 인민군의 주력군을 형성했다. 소련으로부터는 탱크와 무기를 지원받는 등 전면전을 준비했으며, 유격대를 남파하여 한국군의 전력을 분산시켰다. 김일성은 마오쩌둥과 스탈린에게 남침에 대한 계획을 수차례 상의했고, 최종적으로는 스탈린의 동의에 따른 마오쩌둥의 암묵적 지지를 바탕으로 만일에 있을 개전 이후의 중소 지원에 대해서도 미리 논의했다는 것이다.

셋째, 침략 무용론이다. 초기 한국전쟁은 같은 민족 간의 내전이다.

따라서 내전에 대해 '침략'이라는 용어를 사용하는 것은 타당하지 않다는 주장이다. 더구나 1949년 1월부터 한국전쟁이 발발하는 시점까지 약 18개월의 기간 동안 삼팔선에서의 충돌이 874차례나 있었고, 남북한 모두 이러한 충돌에 대한 보복으로 상호 간 적진에 침투하여 유격전을 벌이는 등, 삼팔선을 포함한 한반도 전역에서 남북의 무장충돌이 끊이지 않았음을 지적한다. "6월 25일 새벽 4시 이전에는 그럼 누가 먼저 쏘았는가?", 혹은 "24일에는 그럼 누가 먼저인가?"라는 질문은 미묘하다.

침략 무용론은 오히려 전쟁발발의 원인을 강조한다. 남북분단을 결정한 미소 위주의 극동전략이 외부요소이고, 이로 인하여 외부적으로 분단된 하나의 민족이 '통일'을 이루려는 것이 내부요소라는 것이다. 결국 이는 남북한 모두 이념과 냉전을 대표하는 미소의 극동전략에 의해 희생된 피해자라는 것이며, 이는 다시 일본을 포함한 서구 제국주의 침략에 대한 중국 근대사의 아픈 기억과도 연동된다.

누가 먼저 쏘았는가에 대한 논쟁은 반드시 필요하다. 그러나 이는 전쟁발발에 대한 책임공방보다, 자칫 정의를 앞세운 집권체제의 정당성을 추구하는 소모적인 정치논쟁일 수 있고, 과거 지향적이다. 60여 년이 지난 이 시점에서, 다시는 불행한 역사를 되풀이하지 않기 위해서는 미래 지향점을 설정해야 한다. 과거에 대한 책임논쟁은 잠시 덮어둘 수도 있으나, 미래 지향적인 설계는 더 이상 미룰 수 없기 때문이다. 충분히 미래의 발전을 공동으로 이룬 뒤에 적당한 시점에 과거의 책임론을 논하는 것도 늦지 않지 않겠는가? 그렇다고 역사적 사실을 잊자는 말은 결코 아니며, 잊어서도 안 된다. 실패한 역사를 잊으면, 실패의 반복을 피할 수 없다. 미래를 먼저 준비하되, 과거의 실패를 시간을 두고 철저히 분석하자.

무엇을 위한 전쟁인가?: 무력통일론 vs 평화통일론

한국전쟁은 초기의 '남북 내전'에서 미군과 연합군의 참전을 계기로 '국제전'으로 변모했고, 중공군의 대규모 참전과 소련의 일부 참여로 자유주의와 사회주의 간의 '이념전'으로 변모했다. 제3차 세계대전으로의 확전을 두려워한 미중소의 암묵적 확전금지 인식으로 인해, 투입된 쌍방의 전체 전력규모와는 달리 '국지전'으로 정전에 이른 것도 중요한 의미를 갖는다. 남북 당사자에게는 '통일전쟁'이었으나, 자유진영과 공산진영 모두 '정의의 전쟁'이라는 아이러니도 특이하다. 둘 다 정의라면, 결국 정의는 힘의 논리에 움직이는 역사의 궤적과 같은 것인가?

철학적 난제에서 벗어나, 지금 시점에서 우리의 고민은 무엇을 위한 전쟁이었는가에 있어야 한다. 특히 가장 큰 피해자로서 60여 년이 지난 오늘까지도 그 아픔과 후유증이 가슴을 짓누르는 우리 한민족에게는 통일이 목적이다. 이 고민의 정점에는 통일의 방법론으로 실패한 무력통일론의 종말과 평화통일론에 대한 민족적 공감과 실천이 있어야 한다. 이제는 반드시 남북한 국민의 행복이 최우선이어야 한다.

무엇을 잃고 무엇을 얻었는가?: 과거반성과 미래지향적인 손익계산

이 질문은 지금의 동북아 정세에 있어서 매우 적절하다. 먼저 한국전쟁으로 이득을 본 사례들을 짚어보자.

첫째, 일본이다. 가장 최대의 수혜국이며, 이 전쟁으로 인하여 ① 정치적으로 태평양전쟁 패배의 전후처리가 신속하게 처리되었고, ② 경제적으로 연합국 병참 보급기지로서의 역할을 통해 신속하게 폐허에서 부흥으로 탈바꿈하였으며, ③ 군사안보 면에서도 미일동맹을 통해 안보문제와 자위대 창설을 이룰 수 있었다.

둘째, 독일이다. 한국전쟁에 집중하기 위해 미국은 소련으로부터의 유럽안보를 위해 독일을 재무장시켰고, 이를 위한 경제부흥을 지원했다.

셋째, 대만이다. 미국은 전쟁발발 이틀 뒤인 6월 27일에 제7함대를 대만해협으로 파견하여 대만의 공산화를 막았고, 대륙에서 패전한 국민당은 안보문제를 해결했다.

넷째, 소련이다. 중국과 북한을 뒤에서 조정하여 항미전쟁에 대신 활용하는 성공적인 전략적 성과를 거두었다.

다섯째, 미국이다. 유럽과 극동에서 2차대전 상대국이었던 독일과 일본을 활용하여 소련을 효율적으로 방어하며 패권국 지위를 공고히 하였으며, 이와 연관된 안보산업을 통해 경제대국의 성과를 거두었다.

이와는 달리, 엄청난 손실을 감수해야 하는 경우를 보자.

첫째, 남북한이다. 막대한 인적 손실과 경제적 손실은 물론이고, 이를 통한 기회손실과 분단고착화로 인한 손실은 천문학적이라 산정조차 불가능하다. 게다가 남북 내전으로 시작된 한국전쟁으로 근원적인 분단 원인 제공자인 일본이 최대수혜국이 되는 억울한 결과도 받아들이기 힘들지만, 항일전쟁 승전국으로서의 지위조차 인정받지 못한 채, 한국전쟁으로 전쟁 배상과 영토문제를 포함한 역사적 사실 왜곡이 현재에 이르기까지 청산되지 못하는 가중손실은 산정조차 불가한 앞의 손실보다도 더 상상할 수 없이 크다.

둘째, 중국이다. 남북한과 마찬가지로 인적손실과 경제적 손실은 물론이고, 전쟁의 결과로 미국으로부터의 경제제재와 금수조치, 연합국 가입 무산, 대만통일 무산 등의 실질적인 피해 역시 오랫동안 중국을 억눌렀다. 물론 중국은 내부적으로는 서구 제국주의에 승리한 전쟁으로서 중국은 ① 서구 제국주의에 대한 항미전쟁 승리로 중국 공산당의 체제 정당성과 민족 자존심을 회복했고, ② 대륙에 잔재한 100만여 명의 국민당 잔당을 효과적으로 소탕했으며, ③ 청대의 영토인 티벳과 위그루 지역을 수복했고, ④ 마오쩌둥의 정적인 친소련파인 만주군벌을 숙청하는 내부적인 성공을 거두었다고 자평하고 있지만, 이러한 점들이 한국전쟁의 결과라고 연결짓는 데는 무리가 있다. 결국 최대의 피해자는 한반도와 중국이다.

한반도와 중국의 미래지향적인 협력으로 과거의 손실을 함께 회복하자

한반도와 중국은 근대사의 과정에서 동병상련의 많은 아픔을 공유하고 있다. 따라서 이제부터라도 공동의 아픔을 되풀이하는 실수를 금해야 하고, 이를 극복할 수 있는 한반도와 중국의 평화번영 협력체계를 미래 지향적으로 설계해야 한다.

표 2 '동북아 평화번영 협력체계'의 협력목표와 단계별 협력방안

협력단계	협력 목표	구체적 협력 방안
1단계	한반도 전쟁/충돌 방지 프로그램 (한중 1+1 체제)	한미동맹과 북중동맹을 기반으로 한 한중 전략적 협력동반자 관계 구체화
2단계	한반도 비핵화 평화체제 구축 프로그램 (남북 + 미중, 2+2 체제)	4개국 3개 양자회담과 4자회담 동시진행: • 남북대화 재개와 평화통일 협의 • 북중관계 회복과 비핵화 소통 • 북미대화 진행(북미정상화) • 한반도와 미중 4자 비핵화 평화회담 • 정전협정 폐기와 평화협정 체결
3단계	동북아 평화번영 협력 프로그램 (남북미중 + 러일, 4+2체제)	4자 평화회담국에 러시아와 일본을 참여시켜 6자 경제협력체계를 통해 동북아 평화번영 경제협력 체제를 완성

첫째, 한반도에서의 전쟁과 대립관계를 끊어야 한다. 둘째, 한반도 비핵화 평화체제 구축을 주도해야 한다. 셋째, 한·중이 동북아 경제발전에 대한 핵심체가 되어 동북아 평화번영 협력체계를 완성해야 한다.

이러한 '동북아 평화번영 협력체계'의 절차로 보면, 우선 한중 간의 '전략적 협력 동반자관계'의 실질적인 협력체계가 재구성되어야 한다. 둘째, 이를 기반으로 한중미북의 4개국 간에 3개의 양자관계와 1개의 4자관계를 동시에 진행해야 한다. 즉 ① 남북대화 재개와 평화통일 협의, ② 북중관계 회복과 비핵화 소통, ③ 북미정상화를 위한 북미대화가 동시에 진행되고, 이 3개의 양자관계를 통해 ④ 한·미·중·북의 4자 비핵화 평화회담을 진행하고, ⑤ 정전협정을 평화협정으로 대체해야 한다. 셋째, 동북아 평화발전과 경제협력을 위해 러시아와 일본이 참여하는 6자 협력체계로 '동북아 평화번영 협력체계'를 최종적으로 완성해야 한다.

한중 양국은 어려운 근대사를 동병상련의 아픔을 이기는 과정을 통해 평화적 발전과 공동번영에 대한 가치를 충분히 인지하고 공감하는 공통점을 가지고 있다. 이러한 공통의 인식과 경험이 이념대립의 장벽을 넘어 불과 20년 만에 세계 외교사에 유래가 없는 평화공존의 한중관계를 만들었고, 성공적인 발전을 이룩하였다. 과거사의 추궁은 더 뒤로 미루어도 늦지 않나 공동번영을 위한 미래 지향적인 평화협력체계의 구축은 시급하다.

정전 60주년은 그런 의미에서 좋은 전환점이 될 수 있다. 정전 60주년의 기념식을 판문점에서 전쟁당사자인 남북한과 미중이 함께 치루는 것은 어떨까? 혹은 한발 더 나아가, 한국전쟁에 직간접적으로 참여했던 모든 관련국들이 개성공단에서 함께 성대하게 정전 60주년을 기념하는

것은 어떨까? 이는 정전협정이 평화협정으로 전환될 수 있는 시발점이
될 수도 있지 않겠는가?

6 한국전쟁 정전 60주년, 베이징에서 평화를 묻다

2013 한중 평화통일 포럼, 베이징에서 "꿈같은 논의를 하다"

2013년 7월 27일은 한국전쟁 정전 60주년 기념일이다. 대통령 자문 헌법기관인 민주평화통일자문회의(이하 민주평통) 베이징협의회가 7월 24일 베이징 쿤룬호텔에서 정전 60주년(7·27)을 맞아 "한국전쟁 정전 60주년—평화를 묻는다"라는 주제로 '한중 평화통일 포럼'을 개최하였다. 양국의 한반도 전문가, 대학(원)생, 일반인 등 중국인 70여 명을 포함, 한중 양국에서 약 250여 명이 참여한 대규모 포럼이었다.

더욱 특이한 점은, 오전 10시에 시작한 포럼이 오후 6시에 종료될 때에도 약 220여 명이 자리를 지켰다는 것이다. 포럼에 참가한 한중 학자들 모두 총평에서 "청중들의 높은 포럼 관심도와 참여도에 매우 놀랐다. 그만큼 한중관계의 발전과 변화를 증명하는 중요한 포럼이었다"고 입을 모았고, 한중관계의 변화하는 과정을 직접 체험하는 중요한 현장이었다고 평가했다.

행사 규모나 전체 진행뿐 아니라, 학술적인 토론에서도 성공적으로 치러진 이번 포럼에서 양국의 학자들은 때로는 부분적인 인식의 차이를 보이기도 하였지만, 대체적으로 한국전쟁과 정전체제에 대한 과거의 대립과 갈등의 의미보다는, 지난 21년간의 성공적인 한중관계에 대한 긍정적 평가와, 지난 정전체제 60여 년간 동북아 국가들의 시대적 변화가 동북아에서 평화적인 환경을 조성하는 데 크게 기여했음에 의견의 일치를 보였다.

평화체제를 위한 이러한 긍정적 변화에도 불구하고, 아직도 변화를 거부하는 북한이 핵실험을 통한 국면해결의 그릇된 전략에 대해 한중이 함께 협력해야 한다는 공동의 인식을 상호 확인할 수 있었다는 점도 큰 수확이었다.

한국 학자들이 보는 정전협정과 한중관계의 미래

서울대 이근관 법학교수는 주제 발표에서 "평화협정이 한반도 평화체제 수립에 필수적이고, 중국을 포함한 주변국들에게 한반도 통일이 그들에게 이익이 된다는 것을 적극적으로 설명해야한다"고 하였다.

통일연구원의 박영호 선임연구위원은 "한국전쟁에 참여한 국가 중 현재 변하지 않은 국가는 북한뿐이다. 한국은 8대 경제무역대국, OECD 회원국 등에서 보듯이 이미 선진국 대열에 진입하였다. 중국은 G2로 평가받고, 중미 전략경제대화를 하며, 세계질서를 논하는 수준으로 발전하였다. 적대적 관계에 있던 한중이 변했다. 미국과 러시아도 변하였다. 일본도 70년대 중일 국교를 수립함으로써 변했다. 그러나 동북아 평화와 안정을 수립하기 위한 여러 가지 노력에도 지금까지 변화하지 않은 국가는 오직 북한뿐이다"라며, 북한의 변화를 촉구했다.

세종연구소의 이태환 중국연구센터장은 "3차 북핵실험 때도 언론 등에서 강하게 북한 비판을 했지만 중국 정부의 정책은 변하지 않았다. 한반도의 평화구축을 위해 중국은 단순한 교량역할만 할 것이 아니라 보다 적극적으로 추진할 필요가 있으며, 한국과 더욱 협력하여 북핵문제의 해결이 우선되어야 한다"고 주장했다.

국가안보전략연구소의 박병광 연구위원 역시 북한의 변화를 전제로, "종전체제 종결과 평화체제 구축을 위해서는 북한의 변화가 전제되어야 한다. 북한의 비핵화가 가장 중요하다. 두 번째로 주변국의 변화가 중요하다"고 강조하며, 특히 한국과 중국의 협력이 중요함을 강조했다.

"그렇다면 한·중이 어떻게 협력해야 하나?"에 대한 문제제기에서, "우선 한·중 전략적 소통강화를 통해 신뢰를 강화해야 한다. 둘째, 상호 선입견에 대한 이해가 필요하다. 중국의 시각으로 보면 한국은 미국에 붙어있는 하나의 세력으로 보고 있다는 것이다. 우리는 중국이 북한을 전략적 자산이기보다 전략적 부담이라는 인식을 갖도록 노력해야 한다"는 해결방안을 제시했다.

성균관대 이희옥 교수는 이번 한중 평화통일포럼이 "중국에서 평화라는 주제를 가지고 이야기를 한다는 것 자체가 매우 의미가 있으며, 중국이 대북제재에 참여하는 다섯 가지 이유로는, 미국의 아시아회귀 전략, 중미 간 중일 영토문제에 대한 갈등회피, 북한의 지속적인 핵실험에 대한 피로감 누적, 김정일과는 달리 예측불가인 김정은 체제에 대한 불만, 북한이 핵실험으로 핵보유국 주장에 대한 안보우려 때문이다"라고 설명했다.

주중대사를 역임했던 동아대학의 정종욱 석좌교수는 "미래를 위한 새로운 평화체제가 필요하지만, 북한 핵문제를 그냥 두고서는 '새로운 평화의 집'을 지을 수 없다. 결국 북한이 변해야 하고, 북한이 경제 건설에 매진할 수 있도록 중국, 한국 등 관련 국가들이 모두 노력해야 한다"고 강조했다.

서강대 전성흥 교수는 "북·중관계가 악화되면 북한문제 해결이 매우 어려워진다. 핵포기에 대한 비용만 계속 높아지고 있다. 기존의 해결방식이 제대로 작동되지 않는다면 어떠한 새로운 방법이 있겠는가?"라는 문제제기와, "중국의 대북정책의 '정책의 모호성'은 단기적으로는 효과적일 수 있으나, 장기적·지역적으로는 문제가 될 수 있다. 북한으로 하여금 오해의 소지를 남겨두는 것이다. 즉, 중국은 이 정책에 대한 재고가 필요한 것 같다"고 중국을 향한 정책을 제언했다.

성공회대 이남주 중어중국학과 교수는 "역사적으로 볼 때, 동북아 질서의 변화와 한반도와의 관계는 매우 밀접하다. 한반도의 변화가 동북아 질서의 재편을 초래했다. 한반도의 변화는 중국에게도 매우 중요한 의미를 지니고 있다. 따라서 중국은 한반도 문제 해결에 더욱 적극적일 필요가 있는 것 같다"고 한중관계의 역사적 의미를 강조했다.

성신여대 김흥규 교수는 네 가지 중국의 대북정책 조정 이유로, "첫째, 개발도상국이라는 정체성에서 강대국이라는 정체성 정립과정에 있다. 둘째, 미·중관계가 과거의 냉전시대와 달리 고도의 관계변화를 이루고 있다. 셋째, 3차 핵실험을 통해 김정은 체제의 불확실성을 중국이 인식하고 있고, 북한의 전략적 판단에 대한 불신이 증가되고 있다. 넷째, 한국의 국내적인 변화이다. 중국의 중요성이 더욱 부각되고 있다"고 요약하였다.

김흥규 교수는 정책제안을 통해, "우리는 세 가지 요인을 극복해야 한다. 첫째, 한중관계에 있어서 중미관계, 북한문제의 요소가 너무 중시되고 있다. 이것을 극복하고, 독립변수로 작용하게 만들어야 한다. 둘째, 한중 간 전략적 신뢰를 어떻게 구축할 수 있을까? 한국은 한미관계 고려 시 중국요소를, 중국은 북중관계 고려 시 한국요소를 더욱 고려해야 한다. 셋째, 북핵문제의 본질은 중미 간의 전략적 갈등과 경쟁에 있다고 생각한다. 이를 극복해야 한다"고 강조했다.

중국 학자들이 보는 정전협정과 한중관계의 미래

베이징대학 국제관계학원의 뉴쥔(牛軍) 교수는 세계의 문제를 이야기할 때 사고의 전환이 필요하며, "냉전시대의 주요 요인인 소련이 이미 없어졌으나 냉전의 상징인 휴전선은 여진히 존재한다. 예전에 한중 학자들이 한반도 정전에 대해 중국에서 토론한 적이 있었지만 아주 작은 규모였다. 오늘 대규모로 한중 학자들이 정전에 대해 논하는 것은 아주 큰 변화라고 본다. 중한관계의 변화로 인해 중국에서 이러한 주제로 중한 양국 전문가들이 같이 한반도 평화에 대해 이야기를 한다는 것은 매우 의의가 크다"며 한중관계의 변화에 대한 의의를 강조했다.

뉴쥔 교수는 추가하여 "역사 연구를 통해 변화의 의미를 알 수가 있고, 과정을 이해할 수 있다. 정전협정 체결 배경에는 스탈린의 사망과 밀접한 관계가 있다. 이렇듯 역사의 진행은 돌발적인 작은 사건이 큰 영향을 줄 수 있다. 휴전협정 체결 과정에서 양 진영 간의 의견 충돌도 하나의 문제였지만, 그보다는 각 진영 동맹 간 모순을 어떻게 처리하느냐가 중요한 변수였다"라며, 역사연구의 의미와 역사의 돌발적 사건이 주는 영향에 대해 언급했다.

군사과학원 아시아아프리카 군사연구실의 왕이성(王宜勝) 주임은 한국전쟁 정전협정의 의미에 대해, "한국전쟁이 끝났고, 한반도 인민에게 안정을 가져다주었으며, 한반도에 비교적 긴 평화를 가져다주었다. 또한 중한관계의 평화적인 관계에 기초를 제공했다"고 정의했다. 한반도의 평화와 안정이 중국에게 있어서 매우 중요하다며, "한반도의 평화적 안정, 비핵화, 대화를 통한 해결, 대화를 통한 평화통일 이것이 중국의 생각이다. 먼 시각으로 과거의 전쟁역사를 관찰하고, 미래를 생각해야 한다. 평화실현을 위해 협력해야 한다. 평화가 어디에 있는가? 모든 사람의 마음속에 있다"라고 언급하며, 한중관계의 평화협력을 주장했다.

인민대학 국제관계학과의 청샤오허(成曉河) 부교수는 최근 6~8개월 사이에 중국의 북한에 대한 태도와 정책에 대해, 크게 '3개의 변화'와 '3개의 불변(不變)'이 있다고 주장했다. "먼저, '3개의 변화'는 첫째, 한반도 비핵화를 위해 중국 정부의 대북 압력이 점차 강화되고 있다. 둘째, 중국의 공공 여론이 변하였다. 북한을 포기해야 한다는 여론이 고개를 들고 있다. 셋째, 중국은 국제협력의 중요성에 대해 더욱 명확하게 인식하고 있다", "다음으로 '3개의 불변(不變)'은 첫째, 북한의 전략적 가치는 여전히 변하지 않았다. 둘째, 북한에 대한 '최저선'은 변하지 않았다. 중국은 북한을 포기하지 않을 것이다. 셋째, 한반도 비핵화를 통한 평화기제 구축이라는 입장 역시 변하지 않았다"라고 중국의 입장을 설명했다.

중국 국제문제연구소의 시용밍(時勇明) 교수는 "한국전쟁은 한국과 북한에게 있어서 민족통일에 관한 것이고, 중국에 있어서는 미국과의 전쟁이다. 한국전쟁에 한중 간의 복수심이 없었고, 단지 국제정세에 의해 피동적으로 싸우게 된 것뿐이다. 이것은 지금에서 보면 희망적이다"라며, 새로운 시대에 개방적 사고로 과거의 책임 여부에 종속되지 말고, 역사적인 맥락에서 장기적인 긴 호흡으로 미래를 고려할 것을 제안했다.

중국 중앙당교 국제전략연구소의 장롄구이(張璉瑰) 교수는, "평화체제가 정전체제를 대체해야 한다는 주장은 매우 좋아 보인다. 하지만 북한의 핵문제와 핵국가로 변한 북한과의 평화체제 구축은 매우 어렵다. 만약에 미국이 평화협정을 체결한다면, 그것은 북한이 핵보유국가임을 인정하는 것이나 마찬가지이다. 그렇기 때문에 비현실적이다"라며, 평화협정 체결의 선결조건으로 "한반도와 관련된 모든 국가가 참여해야하고, 북한이 핵을 포기해야 한다"는 점을 강조했다.

인민대학 국제관계학원 진찬룽(金灿荣) 부원장은, "우선 중국의 대북정책과 태도에 변화가 생겼다. 변화는 전술적 변화이다. 과도한 기대는 하지 말아야 한다. 둘째, 미중 간 신형 대국관계를 건설 중이다. 한국은 미국, 중국과 관계가 모두 좋다. 한국의 이러한 태도는 미중뿐 아니라 한국에도 유리하게 작용한다. 셋째, 동북아에는 2개의 트러블 메이커가 존재한다. 바로 북한과 일본이다. 일본은 공업화, 현대화, 문화에 대한 우월감이 존재한다. 이러한 우월감은 협력을 추진하는 데 장애로 작용한다"며 중국의 전술적 변화가 있었음을 강조했다.

진찬룽 부원장은 한중관계의 미래를 위해, "한국은 첫째, 기대치를 높게 잡지 말라. 둘째, 미-중 사이에서 창의적인 공간을 만들어라. 셋째, 동북아 경제협력을 고려하라. 한국은 더 많이 고민해야 한다. 중국과 미국 양국 관계에 어떠한 역할을 할 수 있을지 고민해야 하며 이를 위해 노력해야 한다"고 주문했다.

한중 평화통일포럼과 한중관계의 현주소

성신여대 김흥규 교수는 토론을 마무리하면서 "민감한 시기에 베이징에서 '한국전쟁 정전 60주년과 평화통일을 주제로 한중 간의 미래'를 논하는 것은 큰 변화이고, 1년 전이었다면 상상하기 힘든 일이며, 아주 성공적인 포럼이었다. 우리는 새로운 희망을 보았다. 한중이 함께 '동아시아의 꿈'을 만들기를 희망한다"고 높게 평가했다.

베이징대학 뉴쥔(牛軍) 교수를 포함, 중국의 학자들 역시 베이징에서 한중 평화통일 포럼을 이렇게 대규모로 진행하고 있다는 것 자체가 최근의 한중관계가 얼마나 변화했는지를 알 수 있는 것이며, 한중관계의 밀접한 관계변화를 증명하는 큰 의의를 가진다고 평가했다.

이렇게 긍정적인 측면과는 달리, 일부에서는 한중관계에 오해를 살 만한 몇 가지 사실들이 공존한다. 보도에 따르면, 중국 대외연락부에서 '김정일 밀랍인형'을 제작하여 북한에 제공하였다거나, 북한의 '7·27 전승기념일'에 중국 고위급 인사를 파견하겠다는 보도들이 그것이다. 또한, 이번 '2013 한중 평화통일포럼' 행사에 공동주최자인 '인민대학'을 행사 이틀 전에 공동주최자 명단에서 제외시키는 조치를 취하여 행사 관계자들을 잠시 당혹스럽게 했던 점과, 행사관련 보도자료를 제한하는 등, 중국의 이러한 일련의 행보에 대해 어떻게 판단해야 할지 혼란스러운 점들이 존재한다.

미래 '신흥대국' 도약을 준비하자

이러한 중국의 일련의 조치와 행동에 대해 필자는 비교적 긍정적이다. 즉, 중국 정부는 한중 미래비전 공동성명의 실질적인 이행을 위해 북한과의 대화국면에 돌입한 것으로 보인다는 판단이다. '한반도 비핵화'의 핵심의제는 사실상 '북한의 비핵화'이고, '북한의 비핵화'와 '대화'를 통한 문제해결이 한미중의 공통된 인식이다. 중국은 이제 북한에게 일종의 출구전략으로 대화에 나올 수 있는 체면과 명분을 제공하고 있다고 봐야 한다는 것이다.

2013년 6월 27일과 28일 제주도에서 반관반민의 1.5트랙 비공개 한미중 전략회의가 열렸고, 7월 22일 서울에서 북핵문제 해결을 위한 반관반민의 1.5트랙 한미중 회의가 열렸다. 올해 '한미정상회담·미중정상회담·한중정상회담'이 연이어 열렸고, 한미중 1.5트랙 전략회의가 두 차례 이루어졌다.

박근혜 대통령과 시진핑 주석이 '한중 미래비전 공동성명'을 발표한지 한 달도 채 안 되어 베이징에서 '2013 한중 평화통일포럼'이 성공적으로 끝났다. 미중 간에 수평적 '패권협력'을 논하였고, 한미중은 이제 한미관계와 한중관계의 모순을 넘어 한미중 3국협력을 전략적으로 논하고 있다.

시대의 흐름이 변화를 요구하고 있고, 창의적이고 새로운 전략적 협력관계가 새로운 '미중 패권협력시대'의 핵심이다. 지금이 바로 대한민국이 '중등강국'에서 '신형대국' 도약을 위한 미래 대전략을 준비할 때다.

7 '통일준비위원회'에 '3·4·6 국제협력 통일준비전략' 제안

새내기 대학생 국인(國人)의 질문: "통일은 왜 해야 하나?"

2014년 1월 13일, 한국에서 반가운 손님들이 베이징을 방문했다. 봄이 되면 새내기 대학생이 되는 40명의 11기 '국인'들은 먼저 한국에서 5일간의 다양한 산업시찰과 강연을 거쳤고, 국제적 감각을 익히기 위한 4박 5일의 중국 연수를 온 것이다.

사단법인 한국청소년문화연구소가 국내 우수 예비대학생들의 글로벌 리더십 향상을 위해 2004년 1기 32명으로 시작된 '국인' 프로그램은 올해 11기 40명을 포함해 총 572명을 배출했다고 한다.

국인은 '국가적 인재'와 '국제적 인재'의 줄임말로, 국제적 안목을 갖춘 미래 인재를 양성한다는 의미라고 한다. 이 프로그램에 참여하기 위해서는 다시 치열한 경쟁을 뚫어야 했다는 설명을 하는 한 학생의 눈빛이 신선했다.

필자는 민주평통 해외자문위원과 베이징협의회 통일연구팀장이라는 역할로 인해, 주최측으로부터 '국인'을 위한 베이징특강을 한달 전에 의뢰받았다. 그리고 1월 14일 베이징 주중한국문화원에서 필자는 이들을 위해 '통일 한국과 중국의 꿈: 국인 11기와의 대화'라는 제목으로 강연을 했다.

필자의 강연이 끝나자, 한 학생이 조심스럽게 질문을 던져왔다. "통일은 왜 해야 하나요?"라는 것이 질문의 요지였다. 이 질문에는 한국에서 회자되는 '통일의 당위성'에 대한 필자의 생각을 묻는 내용도 포함되어 있었다.

통일은 해야만 하는 것일까? 혹은, 통일은 왜 해야 하는 것일까? 이런 질문에 대한 대답은 매우 중요하다. 이것은 바로 '통일'에 대한 본질적 문제와 근본적 문제를 고민하게 하기 때문이다.

통일은 한민족의 불확실한 미래 공동위기에 대해 미리 준비하는 것

한국에서 회자되는 '통일에 대한 당위성'의 논란은 분단 당사자의 입장에서는 필수적인 고민이라고 할 것이다. '통일에 대한 당위성'이 의미의 정당성을 충분히 가지긴 하나, 통일을 위한 실질적이고 구체적인 방법이 될 수는 없다.

통일 당위성 논란은 논란의 전개 과정에서 통일비용에 대한 부담으로 연결되고, 통일비용 부담에 대한 논란은 결국 개인을 포함한 대한민국 전체의 손익 계산으로 연결된다. 당연히 자신의 부담이 남들보다 가중될 것으로 여겨지는 사람들의 부분적 '저항'이 발생하기 마련이다.

어렵게 대한민국의 '국민적 합의'를 이뤄도, 남북한 한민족의 '민족적 합의'라는 더 큰 산을 넘어야 한다. 더욱 중요한 것은 한반도의 통일이 주변국들의 우호적인 협력이 없이는 쉽지가 않다는 것이다. 강력한 외부적 변수의 존재는 또 다른 태산이다.

한반도 통일은 통일비용 부담으로 각자가 부담해야 하는 손익의 개념으로 접근되어서는 국민적 합의를 이루기 힘들다. 게다가 주변국들의 이해득실도 중요한 장애변수이다. 즉 당위성을 강조하다보면, 오히려 손익계산으로 인해 국민적·국제적 화합과는 멀어진다. 이것이 필자가 '통일의 당위성'에 대해 언급하지 않는 이유이다.

통일은 당연히 되어야 한다. 통일의 당위성은 한민족의 숙원이자 소원이며, 이 가치는 어떠한 경우에도 변하지 않아야 한다. 가족과 핏줄이 분단되는 것이 정당화될 수 없기 때문이다. 이 점에 대한 필자의 생각도 물론 확고하다.

강조할 점은, 실질적인 통일을 위한 담론의 핵심은 '국민적 합의'를 이루는 것에 있어야 한다는 것이다. 국민들이 통일비용을 부담해야 한다는 개개인의 손익관점은 국민적 분열을 조장한다. 국민적 합의를 위해, 모두의 손해를 미연에 방지할 수 있는 불확실한 미래 공동위기에 대한 '예방'을 강조하는 것이 더 확실하지 않겠는가?

통일은 미래의 불확실한 한민족 공동위기를 예방하기 위한 준비를 하는 것이다. 한마디로 "통일은 부담이 아니라, 불확실성에 대한 준비이다." 이것이 질문에 대한 필자의 대답이었다.

한반도 통일에 어떻게 주변국들이 참여하게 할 것인가?

통일 당위성 강조는 국내적인 '국민적 합의' 도출에도 문제가 있지만, 주변국들의 우호적 협력 조성에도 결정적인 문제가 된다. 한반도 통일을 통해 자국의 손익을 끊임없이 계산하고 있는 주변국들이 '당위성'이라는 추상적인 개념에 동의할 것인가?

주변국들의 반복되는 '외교적 수사법'은 통일의 방향과 진전에 모두 걸림돌이다. 그들의 속내를 감추고 대외적 수사법으로 일관하는 주변 강대국들을 어떻게 한반도 통일에 참여시킬 것인가?

주변국에 대한 한국의 담론은 '통일한국 유용론'이다. 통일한국이 주변국들에게 '유용하다'는 것을 설득하자는 말인데, 이 '유용론' 역시 '당위성'처럼 통일 실현을 위한 방법론에 있어서는 본질과 멀어도 한참 이나 멀다는 것이 필자의 생각이다.

국내적 담론인 '통일한국 당위성'이나, 주변국과의 국제적 담론인 '통일한국 유용론'은 모두 결정적인 약점을 가지고 있다. 그리고 이 약점 은 공통점을 지닌다. 이것은 바로 참여자들이 '손익계산 접근법'이라는 딜레마에 빠지게 한다는 것이다.

여기까지 이야기가 되면, 필자가 강조할 다음의 답이 연상될 것이 다. 바로 그것이다. 주변국의 참여를 유도할 수 있는 접근법은 '공동위기 에 대한 예방준비'가 답이라는 말이다.

남북 당사자의 직접적인 피해는 거론할 여지조차 없이 심각할 것이 다. 중국과 러시아는 북한의 돌발변수로 인한 급변사태의 심각한 실질 적인 피해자가 될 수 있다. 몰려드는 난민과 북핵 사고의 피해는 산정조 차 쉽지 않고, 완전한 차단도 불가능하다.

일본은 말할 것도 없고, 비교적 지리적으로 유리한 미국의 경우도 북한의 돌발변수와 급변사태에 대한 피해는 피해갈 수 없다. 북한 핵무 기나 대량 살상무기의 국제적 유출·확산은 물론이고, 북한 급변사태로 인하여 미국에 대한 직·간접적인 북한의 도발은 늘상 예상되는 미래 위기이다.

결국, 북한의 돌발변수로 발생되는 급변사태의 후유증에 대해 남북 한·미국·중국·러시아·일본은 물론 전 세계가 반드시 '예방을 위한 준비'가 필요하다. 예방을 위한 준비는 주변국들의 '공동 참여'가 가장 효율적임을 말해 무엇하랴.

통일준비위원회에 바란다: '3·4·6 국제협력 통일준비전략' 제안

2014년 2월 25일, 한반도 통일을 실질적으로 준비해야 한다는 대통령의 발표가 있었다. '통일준비위원회'의 설립을 선포한 대통령의 통일에 대한 접근법은 그런 점에서 아주 정확한 핵심을 짚고 있다는 판단이다.

통일준비위원회는 외교, 안보, 경제, 사회, 문화 등 제반 분야의 민간 전문가들과 시민단체 등 각계각층이 참여해 국민적 통일 논의를 수렴하고, 구체적인 '통일 한반도'의 청사진을 만들어나가는 방식으로 운영될 예정이라는 발표보도이다.

이에 대한 언론과 사회의 반응은 기대와 우려가 공존한다. 통일정책을 주관하는 '통일부'와 통일에 대한 여론을 수렴하는 '민주평화통일자문회의'(이하 민주평통)와는 어떤 차별을 둘 것인가?

우려의 요점은 소위 상명하달식의 통일정책 전개로 실질적인 '국민적 합의'와 편차가 발생할 수 있다는 데 있다. 새롭게 신설되는 대통령 직속의 '통일준비위원회'의 역할이 기존 조직과 중복되거나 혹은 '옥상옥(屋上屋)'이 되지 않을까에 대한 우려는 검토 중일 것이다.

검토 중인 '통일준비위원회'에 대해 필자는 한반도 통일준비, 즉 '북한 급변사태와 위기관리'를 위한 '3·4·6 국제협력 통일준비전략'을 다음과 같이 제안한다.

첫째, '3단계 추진'이다. 1단계로 불확실한 급변 위기사태에 대한 공동예방 준비 단계를 추진하고 그 다음으로 2단계인 기존 현상유지와, 대화를 통한 평화적 갈등해소 단계를 추진한 후, 마지막으로 3단계인 주변국을 포함한 미래 공동번영 평화협력추진 단계를 추진한다.

둘째, '4개 부문의 국제복합 추진'이다. 기존에 제시된 4개 부문을 국제적으로 확대해야 한다. 즉 국제정치(외교 · 안보) 협력분야, 국제경제 협력분야, 국제사회(INGO 포함) 협력분야, 국제문화 협력분야로 확대해야 한다.

셋째, '6개국 국제협력 통일준비 추진'이다. 즉 한국 · 북한 · 미국 · 중국 · 러시아 · EU(특히 영국 · 프랑스 · 독일의 유럽통합과 화합경험의 한반도 활용)의 공동 참여를 추진하자는 것이다.

EU를 하나로 보고, 6개국 국제협력에 있어서의 핵심은 새로운 동아시아 '문제아'로 돌출된 '일본'의 배제에 있다. 그리고 일본이 배제된 이유의 연장선상에 바로 오랜 역사적 갈등을 해소한 'EU'의 경험을 필요로 하는 충분한 근거도 있다.

게다가 북핵문제의 최종 해결점은 유엔의 5개 상임이사국이 주도하는 국제연합안전보장이사회(United Nations Security Council), 즉 '안보리'에 있다. 그런 점에서 미국 · 중국 · 러시아 · EU(특히 영국 · 프랑스 · 독일)가 한반도 위기예방을 위한 '국제협력'을 추진하는 것은 결정적인 '권위'와 '정당성'을 가진다.

'일본 우경화' 갈등 요소를 차단하고, 한반도 평화통일에 집중하자

북한의 경제난으로 북한 주민들이 겪는 어려운 생존의 고통은 국제사회가 인류애의 발휘를 통해 도움을 주어야 한다. 북한이 체제유지를 위해 모험적으로 진행하는 '핵무기 개발'과 '대량살상무기 개발'은 중단하도록 해야 한다. 현존하는 동아시아의 문제는 냉전 이래 독보적이던 '북한/북핵문제'에 이어, '일본 우경화 문제'로 양분되어 있다. '일본 우경화 문제'는 결국 북한에게 중단해야 할 핵무기 개발에 여유 시간을 제공하는 셈이다.

오랫동안 방치되고 있는 '6자회담'의 재개는 불확실하다. 설사 재개된다 해도 일본인 납치문제 해결을 우선하는 '일본의 집요한 방해'와 새롭게 대두된 '일본 우경화 문제'로 인하여 '6자회담'이 제대로 진행될 리 없다.

우리는 이번 '통일준비위원회'의 설립을 통해, 국제사회의 시선을 북한문제로 집중시켜야 한다. 주변국들에게 '통일한국의 유용성'을 설파할 것이 아니라, 북한 급변사태로 인한 공동의 위기를 미연에 예방할 수 있도록 '국제협력 위기예방 기제 구축'을 설파해야 한다.

통일한국을 위한 전문가들의 연구와 시민단체의 통일운동 참여도 중요하지만, 더욱 중요한 것은 국제적 변수를 이번 '통일준비위원회'의 실천 강령과 연구항목에 포함시켜야 한다. 즉, 국제적 전문가들이 참여하도록 해야 한다는 말이다.

통일한국이 주변국들에게 '유용한 이익'을 주는 것이 요점이 아니라, 지금부터 '국제협력'을 통해 불확실한 미래의 북한 급변사태로 발생될 수 있는 피해와 위기를 예방할 수 있는 준비를 해야 한다고 강조해야 한다.

지금은 허접한 일본의 우경화에 일일이 대응할 것이 아니라, 대한민국의 국민적 합의는 물론, 주변국들이 북한문제에 집중하도록 해야 한다. 그리고 그 중심에 '통일준비위원회'의 역할을 고민해야 한다.

한국의 '통일준비위원회' 조직과는 별도로, 필자가 위에서 제안한 '3·4·6 국제협력 통일준비전략'의 구체적인 실현을 위해 한국·북한·미국·중국·러시아·EU가 참가하는 '한반도 평화통일 국제준비위원회'의 국제적 제안에 대한 별도의 검토는 어떠한가?

8   시진핑 시대,
중국 전통외교전략 포기와 변화에 대비를

2013년 11월 28일, 중국은 주변국과 상의도 없이 일방적으로 방공식별구역(CADIZ)을 선포했다. 한 · 미 · 일의 강력한 반발에도 불구하고 중국은 정당한 주권 이행이므로, 관련국들이 이를 존중해야 한다고 주장했다.

2013년 12월 8일, 우리 정부는 국내여론 수렴과 내부회의를 거쳐 신속하게 대한민국 방공식별구역(KADIZ)을 선포했다. 결과적으로 신속하고 과감한 대한민국의 KADIZ 선포는 중국의 일방적인 CADIZ 선포에 대한 정당한 '주권대응'이자, 오랫동안 불합리하게 존재한 일본방공식별구역(JADIZ)에 대한 '주권회복'의 두 가지 성과를 얻었다.

일본에 대해서는 오랜 숙원을 한 가지 해결한 셈이지만, 강대해지는 중국의 돌출적이고 일방적인 대외전략에 대한 대응전략을 심각하게 고민하고 준비해야 하는 새로운 과제를 안게 되었다. 경제적인 대국굴기에 성공하여 G2의 반열에 오른 중국은 어떤 형태로 강대해진 힘을 외부로 분출할 것인가? 우리는 이제 새로운 고민의 해결점을 찾아야 한다.

중국 전통외교 전략의 양대 축: 내정불간섭 원칙과 비동맹 원칙

중국 외교정책의 가장 기본적인 원칙은 주권과 영토보존의 상호존중, 상호 불가침, 상호 내정불간섭, 평등호혜, 평화공존이다. 이 '평화공존 5대원칙'은 중국의 저우언라이(周恩來) 총리와 인도의 네루(Nehru) 수상이 1954년 4월 29일 체결한 중·인도의 무역과 교통협정 전문에 포함되었고, 이후 중국의 가장 기본적인 외교정책이 되었다.

중국 외교전략의 양대 축은 '내정불간섭 원칙'과 '비동맹 원칙'이다. 근대화 역사에서 서구 열강으로부터 오랜 시간동안 내정간섭의 수모를 받아왔던 청대 말의 역사를 중국은 치욕으로 기억한다. 중국이 내정불간섭 원칙을 대외에 강조하는 것은 체험적 반응이다.

비동맹 원칙은 중국이 주변 국제정세에 말려들지 않겠다는 실사구시적인 대외전략이다. 중국외교의 대부인 저우언라이(周恩來)가 정착시킨 이 두 가지 대외전략은 덩샤오핑(邓小平)과 장쩌민(江澤民), 후진타오(胡錦濤)까지 유효했다. 그러나 시진핑(习近平) 시대의 대외전략에는 큰 변화가 감지된다.

2014, 중국 외교의 방향이 바뀌는가?

시진핑 주석은 '강력한 군대' 건설과 '신형 대국관계'를 대내외에 강조한다. 이러한 경향은 시진핑이 국가주석에 취임하였던 2013년 3월의 양회에서 '국가해양국' 신설을 기점으로 해양강국의 국가전략 추진과 함께 시작되었다. 이어진 국가안전위원회(CNSC) 설립, 중국방공식별구역의 일방적인 선포, 육해공군의 신형 무기 공개, 증가된 군사훈련은 "움츠리고 때를 기다린다"는 도광양회(韜光養晦)의 중국과는 확연히 다르다.

대외적으로도 시진핑은 러시아와 파키스탄 및 인도 등 주변대국들과의 관계 개선과 협력체계 구축을 주도적으로 시도하고 있다. 이러한 흐름은 중국이 장기적인 대외전략을 계획적으로 실행하는 일련의 과정이다.

중국의 대표적인 싱크탱크인 사회과학원의 국제연구학부 장옌링(张蘊岭) 주임은 2014년 3월 4일자 랴오왕동방(瞭望东方周刊, 2014년 제9기)에서 '약한 중국'에서 '강한 중국'을 향한 관계의 변화를 꾀할 때라고 주장하였다. 장주임과 여러 학자들의 주장을 종합한 이번 랴오왕동방의 논조는 강한 중국이 되어야 하며, 이러한 변모에 있어서 "(중국이) 자신감을 가져야 한다. 중국은 '고독한 대국'으로 변하지 않을 것이다"라는 것이다.

2014년 올해 중국의 대외정책과 전략은 후진타오 시기는 물론, 지난해와도 사뭇 다르다. 강한 중국과 대외전략의 근본적인 변화를 주장하는 흐름이 점점 대세를 이루고 있다. 이러한 필자의 주장은 두 가지 변화에 근거한다.

내정불간섭 포기와 '창조적 개입'

중국 국제정치와 외교 전략에서 자유주의이론, 즉 온건파(비둘기파)의 대표적인 학자는 베이징대학 국제관계대학원 왕이저우(王逸舟) 부원장이다. 왕 교수는 2013년 8월에 출간한 『창조적 개입: 중국 글로벌 역할의 출현』(创造性介入: 中国之全球角色的生成)에서 중국의 대외전략이 지금과는 대폭적인 변화가 있어야 한다고 주문했다.

왕 교수의 주장은 중국이 G2에 걸맞은 대국의 역할을 해야 하고, 이를 위해서는 기존의 내정불간섭 원칙을 과감하게 포기해야 한다는 것이다. 즉, 중국이 대국으로서의 의무와 책임을 다해야 하고, 이를 위해서는 세계의 모든 중대 사안에 대해 적극적으로 개입해야 한다는 것이다.

구체적인 설명으로 왕 교수는 아프리카에서 유럽의 역할과 미국의 방식에 대한 장단점 비교를 통해, 중국의 대국적 역할을 제시한다. 적극적인 개입의 방법에 있어서, 왕 교수는 무력개입에 의존하는 미국식의 '패권주의'와 '하드파워' 방식이 아닌, 유럽식의 '소프트파워'에 중국의 전통적인 '왕도주의'를 결합한 '창조적인 개입'을 개발해야 한다는 것이다.

왕 교수의 이러한 시도는 이미 2011년 11월에 제1권으로 출간한 『창조적 개입: 중국외교의 새로운 패러다임』(創造性介入: 中國外交新取向)으로부터 시작되었다. 2013년 8월의 제2권『창조적 개입: 중국 글로벌 역할의 출현』에 이어, 현재 진행 중인 제3권의 집필을 통해 중국이 향후 어떤 구체적인 '창조적 개입'으로 대국적 역할과 책임을 다할 수 있을지를 연구하고 있다.

후진타오와 시진핑의 외교브레인으로 유명한 왕 교수의 연구는 곧 중국 외교전략의 큰 변화가 오랜 시간동안 체계적으로 진행되고 있음을 뜻하는 것이다.

비동맹 원칙 포기와 동맹전략

중국 국제정치와 외교전략에서 현실주의이론, 즉 강경파(매파)를 대표하는 학자는 칭화대학 현대국제관계대학원 옌쉐퉁(閻学通) 원장이다. 중국 외교정책의 핵심 브레인그룹에 속하는 옌 교수는 2013년 8월에 출간한『역사의 관성: 미래 10년의 중국과 세계』(历史的惯性: 未来十年的中国与世界)에서 중국의 향후 10년, 즉 2023년을 향한 대외전략을 제시하였다.

옌 교수의 주장에서 가장 중요한 변화는 전통적인 비동맹 원칙의 포기이다. 특히, 그는 중국이 주변국 및 주요 강대국들과 적극적인 동맹전략을 통해 미국의 동맹전략에 대응해야 한다고 주장한다.

"2012년을 기준으로 미국은 동맹 및 동맹적 관계를 맺은 국가가 42개국이나, 중국은 하나도 없다. 이것은 중국이 자국에 유리하게 국제환경을 개선해야 함에 있어서 당면한 최대의 문제"라는 것이 옌 교수의 지적이다.

옌 교수는 중국과 동맹이 가능한 잠재적인 국가로 러시아 · 카자흐스탄 · 키르기스스탄 · 타지키스탄 · 우즈베키스탄 · 파키스탄 · 미얀마 · 스리랑카 · 방글라데시 · 라오스 · 캄보디아를 거론했다. 2023년까지 중국은 최소한 20여 국가와 군사동맹을 맺거나, 정치동맹 성격인 '전천후 전략적 동반자 관계'를 수립해야 한다고 주장한다.

옌 교수는 중국의 안보와 연관하여, 동아시아 국가들을 3개의 그룹으로 분류하였다. 첫째, 중국안보에 필요한 국가에는 캄보디아 · 라오스 · 미얀마 · 북한을 지정했다. 이는 지정학적 요소를 고려한 것이다. 둘째, 중국 안보이익과 충돌되는 국가에는 일본 · 필리핀 · 베트남으로, 현재 해양영토분쟁 중이다. 셋째, 중국안보와 공동이익에 직접적인 충돌이나 이익관계가 없는 기타 국가들로서, 한국도 여기에 포함되었다.

옌 교수는 한국과 태국이 미국과 동맹관계에 있지만, 그럼에도 중국은 한국 및 태국과 '준군사동맹' 혹은 '정치동맹' 수립이 필요하다고 주장한다. 이 경우 중국은 한반도에서 중립을 지킬 것이며, 이는 미국이 한일관계에서 중립을 지키는 것과 같은 이치라는 것이다. 태국의 사례도 비슷한 논리이다.

중국 외교전략의 변화는 이미 진행 중

저우언라이(周恩來)가 완성한 중국의 양대 외교전략은 내정불간섭 원칙과 비동맹 원칙이다. 60년 동안 고수한 외교전략의 양대 축이 변하는 것일까?

중국 외교전략에서 비둘기파(온건파)와 매파(강경파)를 대표하는, 왕이저우(王逸舟) 교수와 옌쉐통(阎学通) 교수는 마치 약속이나 한 듯이 2013년 8월의 출판을 통해, 중국의 전통 외교원칙을 포기하자고 주장했다. 이들의 주장에 중국 학계가 크게 요동쳤다. 분명히 중국의 대외전략이 역사적 전환점에 이른 것이다. 어떻게 대응할 것인가?

G1과 G2 양대 강국과 정치 · 외교 · 경제적 협력에서 일정정도의 영향력을 발휘할 수 있는 국가는 소수이다. 대한민국은 그런 측면에서는 다른 나라가 부러워하는 대상이다. 다행스러운 일이지만, 막상 미중 양대 강국에서의 미묘한 갈등에서는 자유롭지 못한 점을 고민해야 한다. 특히, 평화통일을 위하여 미 · 중의 협력이 필수적인 대한민국의 '창조적 국가전략'은 무엇일까?

이에 대한 해답은 외부에 있다. 첫째, '한미중 고위층 전략대화'와 연계하여 1.5트랙의 '한미중 미래전략 학술포럼'을 추진하고, 정례화하여야 한다. 둘째, 미중 양국과 다방면의 주기적인 교류를 통해 그들의 속내를 읽고, 이를 종합한 '창의적' 외교전술을 개발해야 한다. 셋째, 다중트랙의 복합적인 외교전략과 전술의 개발을 위해 인재를 발굴하고 개발해야 하며, 그들에게 활동공간을 열어주어야 한다.

떠오른 생각이 반복해서 생각해도 일리가 있다면, 움직이며 다시 생각하자. 시작이 곧 절반을 이루는 것이 아닌가?

9 전작권 전환 시기는 통일한국 이후로 연기해야

2014년 4월 25일, 오바마 대통령이 방한했다. 이번이 네 번째 방한인 오바마 대통령은 박근혜 대통령과의 정상회담에서 2015년 12월로 예정된 전시작전통제권(전작권) 전환 시기를 늦추기로 합의했다. 오바마 대통령의 이번 방한의 최대 목적은 북핵문제에 대한 한미동맹 강화와 한미일 3국협력의 강화에 있다.

한미는 2014년 10월에 열릴 예정인 제46차 한미 연례안보협의회 (SCM)에서 양국 정상이 합의한 전작권 전환 시기와 조건에 대해 최종 결론을 내릴 것이라는 보도이다. 한미 양국의 북핵문제에 대한 공조는 1978년에 창설된 한미연합사를 양국 정상이 처음으로 함께 방문하는 행사로 의미의 방점을 찍었다.

미국의 입장과는 달리, 한국은 단거리 위주인 한국형 미사일방어 (KAMD) 체계를 독자적으로 구축하고, 이를 발전시키고 있다. 미중 간의 틈새에서 미국이 원하는 미사일 방어체제(MD)에 선뜻 응할 수 없는 한국의 고육지책이자, 북한의 위협으로부터 실질적인 대응체제를 갖추어야 하는 실용적인 대안이기도 하다.

그런데 이번 한미정상회담에서 한국형 미사일방어체제에 대한 한미 간 상호 운용성을 높이기로 했다는 소식은 전작권 연기 합의와 함께 반가운 내용이다. 북한의 미사일과 핵무기 위협으로부터 대한민국 스스로의 힘만으로는 대응이 힘든 현실에서 전작권 전환을 서두를 필요는 없다.

한미동맹은 한반도의 평화와 한국의 안전을 위해 가장 유용한 현실적인 대안이다. 또한, 한미동맹은 다른 나라의 입장에서는 부러움과 시기의 대상이기도 하다. 남들이 부러워하는 복을 스스로 내던질 이유가 없지 않겠는가! 운용적인 면에서 그동안의 문제점들을 보완하고, 한국의 입장에서는 통일한국 이후의 시점으로 연기하는 것이 오히려 유리하다는 생각이다.

확실한 안보보장은 국민의 안전과 국가의 존재에 있어서 필수적인 요소이다. 자주국방은 말이 앞설 수 없는 영역이다. 먼저 스스로의 실력과 능력을 쌓고, 통일한국 이후의 안정적인 환경을 구축한 뒤에도 늦지 않는다는 말이다. 전작권 전환 시기는 기왕에 연기를 결정한 이상, 통일한국 이후로 연기해야 한다.

제2편

동아시아 지역패권:
중일 패권전쟁의 부활

동아시아의 패권전쟁이 다시 시작되었다. 근대사 이후를 기준으로 보자면, 동아시아 패권전쟁은 두 번에 걸쳐서 발생되었다. 첫 번째 패권전쟁은 1894년의 갑오전쟁이다. 청나라는 1차 아편전쟁(1840~1842)과 2차 아편전쟁(1857~1860)에서 각각 영국과 영불연합군에게 치욕적인 패배를 당했지만, 동아시아에서의 청의 패권은 그나마 명맥을 유지할 수 있었다. 그리고 근 30여 년간 체력을 회복하며 현대화를 이루어가는 중대한 시점이었던 1894년, 청나라는 일본과의 갑오전쟁에서 패배하고 동아시아의 패권지위는 일본에게 양도된다. 일본은 의화단 사건을 빌미로 1900년 서구 8개국 연합군의 일원으로 당당히 베이징을 함락하고 동아시아의 패권지위를 서구 열강으로부터 인정받았다.

두 번째 패권전쟁은 1937년에 발발한 중일전쟁이다. 절치부심한 30여 년의 시간이 다시 흐르고, 현대화에 박차를 가하던 중국은 1928년부터 1937년까지 중국의 첫 자본주의 황금기를 맞이하였다. 그러나 일본이 중국을 침략하여 시작된 전쟁으로 다시 황폐한 과거로 되돌아갔다. 그리고 일본의 패망으로 끝난 2차 세계대전 이후에도 중국은 크고 작은 전쟁의 후유증에서 벗어나지 못했다. 중국내전(1946~1949), 한국전쟁(1950~1953), 중인도전쟁(1962), 중소전쟁(1969), 중월전쟁(1979)으로 이어지는 전쟁의 후유증과, 중국의 현대화를 위해 시도했던 대약진운동(1958~1960)과 문화대혁명(1966~1976)의 실패로 중국은 결국 동아시아의 패권을 회복하지 못했다. 한편 일본은 태평양전쟁의 패배에도 불구하고, 미국의 보호를 받으며 한국전쟁을 통해 경제부흥을 일으켰고, 동아시아의 패권적 지위를 유지할 수 있었다.

이제 동아시아의 제3차 패권전쟁이 시작되고 있다. 덩샤오핑(邓小平)의 개혁개방(1978)을 필두로 시작된 중국의 경제성장은 2010년을 기점으로 국내총생산(GDP)에서 일본을 제치고 G2의 반열에 올랐다. 중국이 2009년부터 시동을 걸었고, 2012년 12월 13일을 기점으로 본격적으로 점화된 '댜오위다오(센카쿠열도) 분쟁'은 3차 중일 패권전쟁의 시작이다. 이미 잃어버린 20년과 2010년을 기점으로 중국에 추월당한 일본은 아베를 통해 '일본부흥의 꿈'을 꾸고 있다. 그러나 시진핑의 '신형 대국관계'와 '중국의 꿈'을 통한 '중화민족의 부흥'은 지역패권의 회복을 요구한다. 시진핑과 아베의 동상이몽은 이제 중일 양자관계의 틀을 벗어나 동아시아로 확전중이다.

중국은 유럽에서 고립되어 고전하는 러시아와 급속히 가까워지면서 연합전선을 구축하고 있지만, 일본은 미국이 바라는 한미일 연합 공조의 틀마저 아베의 우경화와 재무장 전략으로 스스로 깨뜨리고 있다. 아베의 과거사 부정과 우경화 놀음에 미국은 지쳐가고, 중국의 한국에 대한 대일 협력공조의 러브콜은 뜨겁다. 한국은 한미일 공조와 한중관계에서 고민에 싸여있고, 한러관계는 북러관계보다 가깝다.

복잡하게 얽혀버린 동북아 문제는 이제 전통적인 북핵문제(북한문제를 포함)에 이어 일본문제가 부각되었다. 결국 아베는 고립된 자들의 만남으로 이 돌파구를 벗어나려고 하지만, 북일대화가 어떠한 결과로 발전할지에 대한 예측은 북일 간의 한계성 도달과 부정적 시각에 머무를 뿐이다. 소외된 자들의 만남인 아베와 김정은의 국제정치적 역량은 만남부터가 한계를 드러내고 있다.

중일 간의 동아시아 패권경쟁은 이제부터가 시작이다. 그런데 제1차 패권전쟁인 청일전쟁(1894~1895)은 그 전쟁터가 한반도였고, 제2차 패권전쟁인 중일전쟁(1937~1945)의 무대는 비록 만주와 중국본토였지만 한반도도 직·간접적인 영향을 받았다. 이제 중일 간의 3차 패권전쟁은 어떻게 전개될 것인가? 한반도는 중일 간의 3차 패권전쟁에 이번에도 희생양이 될 것인가? 아니면, 국력부흥의 기회로 삼을 것인가?

북핵문제와 평화통일이 필수적인 과제인 우리에게 중일 간의 3차 패권다툼이 심상치 않다. 제1차에서는 국력이 부족했고, 제2차에서는 그나마 부족한 국력조차도 사라져 식민지 상태였으며, 이제 제3차 패권다툼이 시작된 지금은 분단상황에 북핵위기가 발목을 잡는다. 분단된 한반도와 남북 간의 무력 대립은 제3차 중일 패권전쟁에서 자율성을 찾기가 쉽지 않다. 한반도는 제3차 중일 패권전쟁이라는 예측되는 재앙에서 어떻게 벗어날 것인가? 또다시 과거의 잘못된 역사를 반복할 것인가? 위기를 어떻게 기회로 바꿀 것인가?

대한민국 시민사회는 정치권과 언론의 선동놀음에 분열되어 있고, 정치가들은 정권다툼과 정쟁에 빠져 한반도 주변 국제정세의 변화에 무감각하다. 시진핑 주석이 북한보다 대한민국을 먼저 방문한다는 상징성에 일희일비하며, 정쟁 상대의 성과는 곧 자신의 실패인양 헐뜯고 상처내기에 바쁘다. 북핵문제는 일본 아베의 우경화와 재무장 소동으로 뒷전으로 밀렸다. 북한은 시간을 벌었고, 한반도의 평화통일은 위기를 키워가고 있다. 동북아 국제정세는 다시 한반도를 축으로 복잡하게 얽혀들고 있다. 구한말 정쟁으로 나라를 잃었고, 준비하지 못한 나약한 국력은 오랜 시간의 식민지 고통과 연이은 분단으로 100년이 넘는 수모의 역사를 아직도 이어오고 있다. 이제 105년째가 되는 한반도 치욕의 역사를 끝낼 준비를 서둘러야 하지 않겠는가?

제2편에서 전개될 담론의 핵심 주제는 "동아시아 지역패권: 중일 패권전쟁의 부활"이다. 모두 9편의 담론을 통해 2013년 초부터 2014년 상반기까지의 동북아 4강의 변화를 주로 중국을 중심으로 살펴보았다.

그리고 이 9편의 담론의 핵심은 한국의 대응이 어떠해야 하는지를 제시한 것이다. 동아시아의 지역패권 다툼은 미국조차도 방관자가 될 수밖에 없는 지역적이고 필수적인 과정이다. 그렇다면 시진핑과 아베의 패권전쟁에서 우리는 어떤 준비를 해야 할 것인가? 그리고 중일간의 3차 패권전쟁 사이에서 우리는 한반도 통일을 위해 무엇을 준비할 것인가? 이것이 필자가 한국의 독자 및 전문가들과 함께 소통하고 고민할 주제이다. 여기에 소개된 9개의 담론은 통일한국을 준비하기 위한 소통의 시작일 뿐이다.

1 시진핑 시대의 미중 정상회담과 우리의 대응전략

2013년 6월 7일과 8일(현지 시간) 중국의 5세대 지도자 시진핑과 미국의 오바마 대통령이 캘리포니아의 휴양지인 서니랜드에서 만났다. 2013년 3월 14일 제12기 전국 인민대표대회에서 중국의 국가주석으로 선출된 시 주석이 관례에 따라 3월 17일의 폐막식 연설을 통해 별도의 취임식 없이 정식으로 국가주석에 취임했고, 불과 3개월도 안되어 오바마 미국 대통령의 초청으로 미국을 방문했다.

1949년 10월 1일, 베이징의 천안문 광장에서 마오쩌둥(毛澤東)이 중화인민공화국의 건국을 정식으로 선포한 이래, 이번 시 주석의 미국 방문은 초고속이다. 이전까지는 후진타오(胡錦濤) 전 주석이 2년 6개월 만에 미국을 방문한 것이 그나마 가장 빠른 사례였다.

양국 정상은 2013년 9월 러시아에서 열리는 주요 20개국(G20) 정상회담에서의 만남이 예정되어 있었지만, 그때까지 기다리는 것이 어렵다는 양국의 공통된 인식하에, 오바마의 초청 형식으로 두 정상이 미국에서 만났다. 무엇이 미중 양국 정상을 초고속으로 만나게 했으며, 시진핑 시대의 중미 정상회담을 우리는 어떻게 볼 것인가?

시진핑 시대 미중관계의 3대 관전 포인트

1) 미중관계의 본질을 보라

미중관계는 2차 세계대전이 종료된 이래 지금까지 세 번의 '세기적인 만남'을 통해 새로운 질서를 수립했다. 첫 번째는 미중안보협력시대(美中安保協力時代)의 개막이다. 냉전시대 좌우 이념대립이 한참이던 1972년 미국의 닉슨 대통령이 베이징을 방문하여 마오쩌둥과 저우언라이를 만나 미중관계 정상화를 논의하였다. 세기의 만남이 된 이 미중정상회담은 미중 양국이 공동으로 소련에 대항하는 소위 '미중안보협력시대'를 열게 된다. 사회주의 건설이라는 동질의 이념을 가진 소련에 대해 노선의 차이를 이유로 적으로 돌리고, 적이었던 자본주의 국가인 미국과 손을 잡은 마오쩌둥의 선택은 전 세계에 엄청난 충격을 주었다.

두 번째는 미중경제협력시대(美中經濟協力時代)의 개막이다. 1978년 12월, 개혁개방(改革開放)을 선포한 덩샤오핑은 실질적인 중국의 지도자로서 1979년 1월 1일 미중수교와 함께 1월 28일 미국을 방문하여 카터 대통령과 두 번째의 미중 세기의 정상회담을 했다. 이른바 미중 간의 '경제협력시대'가 열린 것이다. 덩샤오핑의 흑묘백묘론(黑猫白猫論)과 개혁개방 정책의 선택 역시 세계를 놀라게 하는 충격적인 사건이었다.

세 번째는 미중패권협력시대(美中霸權協力時代)의 개막이다. 시진핑과 오바마는 신형 대국관계에 대한 공동인식을 통하여 전통 패권국과 신흥 패권국 간의 대립과 갈등이라는 기존의 역사적 패턴을 부정하고, 협력과 공조에 기반한 새로운 패권질서를 선포했다. 이른바 미중 양국의 세번째 '세기적 선택'이 '패권협력(霸權協力)'의 형태로 개막된 것이다.

표 3 미중 정상회담과 3차 미중협력시대(美中協力時代)의 세기적 출현

일시	중국지도자	미국지도자	회담장소	회담 의의	목적
1972.2.21	마오쩌둥 (毛澤東)	리처드 닉슨	베이징	미중안보협력 시대 개막	대소련 공동대응
1979.1.28	덩샤오핑 (鄧小平)	지미 카터	워싱턴	미중경제협력 시대 개막	개혁개방 경제협력
2013.6.7	시진핑 (習近平)	버락 오바마	캘리포니아	미중패권협력 시대 개막	신형 대국관계로 패권 신질서 확립

중국의 세기적 선택은 결국 전 세계의 국제질서를 재편하는 데 결정적인 요소로 작용했다. 이전과는 달리 이제 당당히 G2의 반열에 오른 중국의 이번 세 번째 세기적 선택의 배경과 향후 전망에 대해 냉철한 분석과 관찰이 필요하다. 중국의 인식과 시각의 출발점은 항상 우리와는 물론, 미국과도 다르다. 중국의 세기적 선택에 대한 미중관계의 본질을 제대로 관찰하고 분석해야 한다.

북핵문제, 즉 미중의 한반도정책과 연관된 우리의 당면 위협의 실체에 대한 성찰과 함께 "중국이 왜 지금 신형 대국관계를 말하는가?"를 고민하고, 이를 우리의 고민과 연결시켜야 제대로 된 대응책을 세울 수 있다. 관찰과 분석의 앵글을 잘못 설정하면, 중요한 세기적 흐름을 놓치게 되고, 이는 과거로부터 이어진 우리식의 반복된 오판으로 이어진다. 잘못된 전략설정의 후유증은 실패의 아픔보다 기회의 손실에서 항상 더 큰 아픔과 고통을 수반한다.

미중관계가 새로운 도약을 하려는 시점에서, 미중관계의 본질을 먼저 간파하고 이해하는 것이 필요하며, 이를 바탕으로 우리의 문제를 어떻게 해결할지를 연관시켜야 한다.

2) 중국의 강조점에 중국의 바람과 고민이 담겨있고, 이는 곧 중국의 약점

'중국의 약점 vs 미국의 강점'에 대한 비교로 중국의 바람과 고민을 읽을 수 있다. 이번 시진핑의 미국방문은 오바마의 초청 형식으로 이전의 지도자와는 달리 국가주석에 취임한 이래 가장 빠른 시일에 미국을 방문하는 지도자가 되었다.

시진핑은 오바마의 선제공격을 '신형 대국관계'라는 미국으로 보면 다소 애매한 표현으로 힘의 균형을 잡으려 했다. 미국이 제시한 G2라는 개념에 숨은 수직체계를 거부하고, 호혜평등의 수평적 관계를 통해 상호 신뢰를 구축하고 소통하자는 시진핑의 전략은 겉보기에는 매우 공평한 듯하지만, 실제로는 자신의 약점을 숨기고 미국의 강점을 희석시키는 고도의 전략이 숨어있다. 이는 자국 국민들에게도 '중국의 꿈'을 통한 미래 비전을 제시한 연장선에서, 이제는 미국과의 정상회담에서 대등한 수평관계를 당당히 요구하는 자신감을 보이는 설계된 전략이기도 하다.

그런데 그렇게 강조하는 '수평적 신형 대국관계'에 바로 시진핑의 고민이 숨어있다. 이미 성장통으로 중진국 함정에 진입하기 시작한 국내문제에 대한 돌파구는 국내의 환경조건 관리만으로는 해결이 쉽지 않고, 이에 대한 출구전략은 역시 비교적 국민정서를 자극할 수 있는 외부요소를 필요로 한다.

중국의 굴기로 인하여 그 힘의 분출을 시험하기 위해 일본과 '댜오위다오(센카쿠열도)' 분쟁이나 동남아 국가들과 '서사군도(西沙群島)'와 '남사군도(西沙群島)' 분쟁을 확대시키는 것은 아니다. 힘의 분출 시험이 아니라, 국내문제에 대한 출구전략의 일환과 미국의 동아시아 회귀전략에 대한 방어적 요구가 융합된 결과이지만, 그 진행 과정에서 이미 중국은 자신의 약점을 인지한 것으로 봐야한다.

즉, 미국의 동아시아 전략에 대한 강경대응전략은 미소 냉전체제의 새로운 냉전으로 발전할 수 있고, 이는 아직도 가야할 길이 먼 중국에게는 불필요한 구도이다.

게다가 중국이 강조하는 평화적인 굴기에 대한 주변국의 경계심과 반발 심리는 중국의 새로운 고민으로 이어졌다. "우리는 왜 평화적 대국 굴기를 주장하는데, 우리 주변에는 친구가 없는가?"라는 화두는 2009년 이후 미국이 중국을 G2로 호칭하는 시점부터 중국 지식층들의 고민이 되었다. 눈부신 경제성장으로 일본에 비유하여 '제2의 경제동물'로 칭해지거나, 대국으로서의 중국의 부족한 국제적 책임에 대한 비난을 아직은 개발도상국이라는 일관된 자세로 인내하기에는 중국의 발전이 너무도 빨랐던 것이다.

'소프트 파워'에 눈을 뜬 중국은 이제 거부할 수 없는 패권의 유혹과 절치부심하며 참아온 과거 300여 년의 치욕탈피를 위해 '중화민족의 부흥'을 위한 '중국의 꿈'을 제시한 시진핑의 미래 비전에 환호하고 있다. 그럼에도 중국이 강하게 강조하는 부분에 자신들이 숨기고 싶은 결정적인 약점이 있음을 발견했고, 이 약점의 보완을 위해 중국은 미국과의 신형 대국관계라는 새로운 전략을 선보인 것이다.

상호 약점 보완을 위해 미중 양국이 원칙에 동의하고 진행하려는 신형 대국관계는 우리에게 기회이다. 즉 미중의 상호 약점 보완에 참여할 수 있는 역량과 조건을 고민하고, 그 접점을 찾는 것이 바로 신형 대국관계 시대로의 전환에 있어서 우리의 적응전략이 될 수 있다는 뜻이다.

3) 신형 대국관계에 주목하라

중국이 주장하는 신형 대국관계(新型大國關係)는 "평등(平等), 상호이익(互利), 상호신뢰(互信), 소통(沟通), 공동인식(共识)"의 다섯 가지 키워드가 단계별로 구성되어 이루어진다고 요약할 수 있다. 즉 평등(平等)에 기초한 상호이익(互利)을 추구함에 있어서 상호신뢰(互信)를 통해 소통(疏通)하고, 대국 간의 공동인식(共識)을 이루자는 것이 그 표면적인 목적이다.

특히 2012년의 방미에 이어, 이번 정상회담에서 재차 강조한 시진핑 '태평양 분할론(太平洋分割論)'의 의미는 패권분할에 대한 의지를 미국과 전 세계에 표시한 것으로 봐야한다. "내가 작년 미국 방문에서 넓은 태평양은 미중 두 대국을 수용할 충분한 공간이라고 말했고, 지금도 그렇게 생각한다"라는 시진핑의 이 말은 자국민들의 열렬한 환대를 받고 있다. 시진핑은 이 '태평양 분할론'으로 전 세계에 어떤 신호를 보내고 싶은 것인가?

중국의 궁극적인 의도는 과거 강대국 간의 대립과 갈등구조의 패턴에서 벗어나 미중 양국 간에 협력공생의 새로운 대국관계를 정립하자는 것이고, 이를 위해 중국의 지역패권에 대한 미국의 승인과, 미국의 세계 패권에 대한 중국의 협력을 서로 맞바꾸자는 것이다.

이를 좀 더 구체적으로 표현하자면, 각 지역별과 분야별로 미중 간의 공동이익(共同利益), 협력이익(協力利益), 갈등이익(葛藤利益)을 구분하고, 이를 미중 신형 대국관계라는 새롭고 평등한 협력체제를 통해 미중 간 분쟁 소지를 사전에 없애며, 냉전시대에 공동으로 소련에 대항하던 응집력을 다시 회복하자는 의도인 것이다.

미중 간의 갈등요소와는 달리, 중국은 미중의 공동협력이 필요한 부분은 공동관리를 통해 전략적인 협력체계를 가동하려 할 것이다. 이와 연관된 분야로는 이번 정상회담에서 이미 거론되었던 양국 고위급 대화채널 가동으로 사이버 안보 공동관리 검토라든지, 미중 군사협력 강화,

태평양 연안 국가들과의 공동 발전으로 추진되는 환태평양경제동반자협정(TPP: Trans-Pacific Partnership)의 중국 참여와 공동협력, 국제테러 공조, 해적소탕 공조 등이 그 사례가 될 것이다.

미중 신형 대국관계에 있어서 미중 간의 암묵적인 빅딜은 이번 정상회담을 계기로 새로운 세계질서의 한 형태로 자리할 가능성이 높아 보인다. 즉 미중 양국은 대립과 충돌보다는 상호 이익의 교환과 협력체제를 통해서 중대 문제에 대한 빅딜 카드를 매번 만지작거리며 새로운 협력적 패권질서를 유지하려 할 것이다. 자연스럽게 북핵문제를 포함한 한반도의 모든 문제들이 미중 양국의 빅딜 대상에 포함될 수 있음을 예상할 수 있다. 우리의 입장에서는 이러한 빅딜이 불쾌하겠지만, 이러한 추정이 이미 중국의 학자들이나 언론에서 단편적으로 언급되기 시작하고 있음에 주의해야 한다.

어떻게 대응할 것인가?

우리의 입장에서는 받아들이기 힘든 현실이기는 하지만, 미중 신형 대국관계의 새로운 시대에 있어서 북한/북핵문제와 남북통일을 포함한 한반도 문제가 미중의 빅딜 카드의 하나에 불과한 피동적 환경에서 벗어나기 위해서는 다음과 같은 4단계 전략이 필요하다.

첫째, 냉철하게 현실을 인정하고 한반도에 대한 미중 간 빅딜의 조건과 환경을 우리에게 유리하게 개선할 수 있는 전략을 고민해야 한다. 둘째, 한미중 3국의 공동이익에 대한 접점을 발굴해야 한다. 셋째, 대미외교와 대중외교 강화를 통해 한국의 가치와 국제영향력을 높여야 한다. 넷째, 미중 대국관계 전략에 참여할 수 있도록 해야 하나, 만약 참여가 어려울 경우에도 한국이 미중관계에 있어서 자주적인 핵심 역량을 발휘할 수 있는 전략을 찾아야 한다.

한반도 근대사가 대국관계에서 소외되어 자신의 의지와는 상관없이 대국 간의 협상과 타협의 결과로 아직도 겪고 있는 분단의 쓰라린 과오와 경험을 다시 되풀이하지 않기 위해서라도, 변화하는 국제정세와 동북아 정세의 흐름을 제대로 파악하고 이에 대한 우리의 장기적인 대응전략을 펼쳐야 한다.

미중의 신형 대국관계 시대는 이제 새로운 국제환경의 변화에 대한 적응을 요구하고 있다. 이는 국제사회에서 중등강국의 위상을 정립해온 대한민국에게 위기이자 기회이다. 북핵문제가 위기라면, 북한 비핵화 프로세스에 대한 도전은 기회이다. 북한 비핵화는 미중 간의 신형 대국관계에 있어서 분명히 중요한 공동이익의 하나이고, 미중 간 대립과 갈등의 국면에서 새로운 협력과 대화의 관계로 변화하기 위해 필요로 하는 공동인식 수립의 중요한 실험대상이다.

2013년 6월 27일부터 이틀간 제주도에서 처음 민관합동 1.5트랙으로 개최된 '한·미·중 3개국 전략대화'는 그런 점에서 우리에게 매우 중요한 동력을 제공할 수 있으며, 우리가 미중의 빅딜 환경에서 벗어날 수 있는 좋은 기회이다. 비공개로 진행된 이번 한·미·중 전략대화는 따라서 앞으로 다음과 같이 진화되도록 해야 하고, 그 진화의 중심에 대한민국이 있어야 한다.

'3+3 제주 평화협력기구' 설립을 제안하고 추진하자

민관합동 1.5트랙의 '한·미·중 3개국 전략대화'는 앞으로 각국의 외교·경제·국방부문의 장관이 참여하는 '3+3 제주 평화협력기구'로 확대되고, 이 기구를 통한 한반도 평화협력은 정기 전략대화로 전환

되어야 한다. 이는 다시 3단계의 진화과정을 거쳐, 종국에는 한반도 주변국들이 모두 참여하는 '동북아 6개국 3+3 평화협력기구'로 확대할 수 있다.

대한민국의 제안으로 미중 양국이 참여하여 이 기구가 성공적으로 설립된다면, 동북아 다자평화 관리기구로서 그 역할수행을 통해, 한반도 문제가 미중 양국의 빅딜카드에서 보다 자율성을 확보할 수 있을 것이다.

표 4 '3+3 제주평화 협력기구'의 설립과 단계별 추진목표

단계	기구 구조	참가국	각국 참가부처
1단계	3개국 3+3 정기 전략대화	한·미·중	외교·경제·국방부문 장관급 연석회의
2단계	4개국 3+3 정기 전략대화	한·미·중+북	
3단계	6개국 3+3 정기 전략대화	한·미·중·북+러·일	

강대국들의 협잡과도 같은 일방적인 빅딜의 희생양으로 피동적으로 발생되었던 과거 분단의 현실이 현재까지의 고통과 위기이지만, 통일한국은 G5로의 새로운 도약을 위한 핵심 동력이자 미래의 기회와도 같다. G1과 G2로 대변되는 미국과 중국의 상호 약점보완과 갈등국면 해소를 위해 합의되는 신형 대국관계의 새로운 변화는 G10의 언저리에 있는 중등강국의 대한민국에게도 분명 기회이다. 미중의 공동이익이 되는 한반도와 동북아 평화의 환경조성에 주요 행위자로서의 참여가 바로 그것이다.

그러나 우선 지금까지 우리의 시각으로 바라보았던 한반도 문제나 미중 대국관계에 대한 시각의 변화가 전제되어야 한다. 분명히 아직까

지는 대한민국이 단지 미중의 빅딜카드의 하나일 뿐이라는 냉정한 현실을 직시해야 하며, 이에 극복을 위해서 한미관계와 한중관계에 대한 한국의 기대치와 희망으로 한반도 문제와 통일문제를 보아서는 안 된다는 것이다. 이제는 냉철하게 변화된 현실을 받아들이고, 미중 간의 빅딜 조건을 분석하여, 양국의 속내를 파악해야 한다.

또한 대국으로서의 그들 각각의 약점과, 신형 대국관계의 진행과정에서의 약점을 철저히 분석해 우리의 가치를 높일 수 있는 단계별 전략이 필요하다. 이러한 단계별 전략의 이행과정이 곧 대한민국의 종합국력을 실질적으로 높이는 동반효과를 유발시킬 것이며, 이러한 실질적인 결과가 바로 미중의 빅딜카드 범주에서 자주성을 회복하는 구체적인 해법이 될 것이다.

새로운 변화에 대응하지 못했던 과거 근대사의 아픈 추억은 이제 우리에게 새로운 미래전략을 요구하고 있다. 패권 도전국과 기존 패권국 간에 패권협력(覇權協力)의 새로운 시대가 열리고 있다. 위기 속에 기회가 있고, 새로운 질서의 변화에 창의성을 발휘할 공간이 있다. 그런 의미에서 '3+3 제주평화 협력기구'의 창설은 하나의 실질적인 대안으로서 충분한 검토 가치가 있으며, 각 분야에서 이와 유사한 전략들을 고민하고 발굴해야 한다.

2 '미중빅딜 vs 대한민국 주권'의 딜레마…, 창의적 극복 전략은?

신임 대한민국 대통령이 미국 방문에 이어, 외교사의 관례를 깨고 2013년 6월 27일 중국을 먼저 방문했다. '중국통' 대통령의 심신지려(心信之旅)는 서울 출발 이전에 이미 중국 대륙에서 화제가 되었다. 동북아시아 최초의 여성 대통령이자 '중국어 대화가 가능한' 박근혜 대통령에 대한 호기심이 화두였던 것이다.

중등강국인 한국 대통령을 '대국의 대통령'에 준하는 파격적인 의전으로 대우했고, 양국 정상이 공동성명 발표와 함께 한번에 8개의 협정에 서명하는 등, 양국은 이번 정상회담을 계기로 실질적인 '전략적 협력 동반자관계'에 진입했다고 중국 언론들은 평가했다.

중국의 제안, 한중의 '특수적 신형 대국관계'를 어떻게 받을 것인가

인민대학 국제관계대학원의 왕이웨이(王义桅) 교수는 박근혜 대통령이 방중한 6월 27일, 인민일보 해외판에서 한중관계의 최대 장애가 "양국 간의 관계 자체에 있는 것이 아니라, 북한과 미국이라는 양대 '외부요소'에 있으므로, 한중은 양자관계의 범위를 벗어나고, 북핵문제와 한미동맹의 문제도 초월해야 양국 간의 획기적인 시대적 의의를 실현할 수 있다"고 주장했다.

"이제 한중관계가 새로운 자리매김을 할 필요성이 있는데, 미중 양국이 신형 대국관계의 건설에 노력하는 만큼, 이것이 한국에게는 유리한 전략적 환경개선에 도움이 될 뿐 아니라, 한국이 '미 – 중 신형 대국관계'에 긍정적인 작용을 할 수 있으므로, 한국이 '경제는 중국에 의존'하고, '안보는 미국에 의존'하는 애매한 태도를 취할 필요가 없다"는 것이 그의 생각이다.

미중 간의 신형 대국관계는 지금까지의 패권전이의 역사와는 달리, 신흥 패권도전국과 기존 패권국 간의 대립과 갈등의 패턴에서 벗어나, 상호 협력을 통해 불필요한 갈등을 해소하고, 공동의 발전을 추구하자는 중국의 새로운 대국관계 전략이고, 미국을 방문한 시진핑의 이 제안에 오바마도 원칙에 흔쾌히 동의한 새로운 세계질서의 한 형태이다.

신형 대국관계는 결국 G1과 G2가 상호 대립과 갈등보다는, 모든 문제에 대해 상호 빅딜의 형태로 대화를 통해 협의하고 결정하는 새로운 패권수행의 형태로 이해될 수 있다. 언뜻 보기에는 두 강대국이 모든 문제에 있어 대화를 통해 평화적으로 해결하는 것처럼 보이지만, 막상 빅딜의 대상이나 대상국이 되는 입장에서는 오히려 생각지 않았던 '자율성과 주권의 딜레마'에 빠질 공산이 크다.

이번 시진핑의 미국 방문에서 북핵문제는 결국 '한반도 비핵화'로 공동인식 되었고, 박근혜 대통령의 방중에서도 역시 미중빅딜의 결과물인 '한반도 비핵화'라는 의제의 장벽을 넘지 못했다. 즉, 이는 '북핵문제'와 함께 한국이 포함되는 '한반도 문제'가 이미 미중 간의 소위 '빅딜카드'에 포함될 수도 있다는 의미인 것이다.

왕이웨이 교수의 지적은 매우 긍정적이고 미래지향적이며, 그의 주장처럼 대한민국이 보다 큰 자율성과 발언권을 확보할 수 있는 새로운 환경이라는 점에는 필자도 의견을 같이한다. 반면에, 한국이 '미 – 중 신형 대국관계'의 성숙도에 따라서 오히려 지금보다도 더 자율성을 잃게 되는 부정적인 요소는 어떻게 대응할 것인가? 이것이 필자의 문제제기이다.

중등강국을 자처하는 G10의 대한민국이 G1과 G2의 사이에서 누릴 수 있었던 일정 정도의 자율성과 국가주권도 G1과 G2 간 협의를 통해 우리의 문제인 한반도 문제들이 결정된다면, 이는 자율성과 국가주권을 강대국에게 또다시 일방적으로 침해당하는 '심각한 재앙'이다. G1과 G2의 연합에 G10의 중등강국 대한민국은 속수무책일 것이다.

왕 교수는 다시 "대국인 중국과 중등강국인 한국이 새로운 세계 질서의 변화에 따라서 공동의 이익을 추구하기 위해, 소위 한중 간의 '특수적 신형 대국관계'를 건설하고, 'G20'·'10+3' 등의 국제협력기구에서 한중의 '전략적 협력'을 통해 양국에게 유리한 방향으로 발전할 수 있도록 새로운 국제질서를 추진할 수 있다"고 제안했다. 일견 달콤해 보이는 중국의 프러포즈를 어떻게 할 것인가?

새로운 패권협력 시대에는 창의적인 한미·한중관계의 재정립으로

결국 미 – 중의 '신형 대국관계'를 통한 신세계질서의 출현은 거부할 수 없는 역사적 흐름이다. 그렇다면 이제 우리도 한미관계와 한중관계에 대해 새로운 창의적 관념을 불어넣어야 한다.

이념과 안보를 기반으로 시작된 '한미군사동맹'은 '한미 FTA' 체결을 거쳐 이념·안보·경제를 포괄하는 '종합적'인 '전략동맹'으로 발전했다. 미국의 동맹국들 중에서 이제 한국의 위치는 견고하고, 우선순위에 있어서도 거침없이 당당하다. 당연히 한국은 지금의 한미동맹을 통해 양국 공동의 핵심이익 창출과 미래지향적인 전략동맹이 되도록 해야한다.

한중관계는 1992년 8월 24일 수교이래, 세 번의 도약을 거쳤다. 1998년 1월의 '21세기 전면적 협력 동반자관계'와 2003년 7월의 '전면적 협력 동반자관계', 그리고 2008년 5월의 '전략적 협력 동반자관계'가 그것이다. 중국의 외교체계로 보자면 다음 단계는 가장 높은 양자관계인 '전면적 전략 협력 동반자관계'이다. 이는 경제분야의 한중 FTA 체결을 기초로, 정치·안보분야로의 관계발전을 통해 승격될 수 있을 것이다.

'제주 한·미·중 전략대화'를 '3+3 제주 한·미·중 평화협력기구'로

미–중의 '신형 대국관계'를 통한 '패권협력의 시대'가 열린 지금, 한미관계와 한중관계가 상호 모순이 되기보다는, 한미와 한중의 양자관계의 승격을 통한 '한미중 3국협력'의 시대가 될 수 있도록, 한국의 창의적인 노력이 필요하다. 그런 의미에서 필자가 주장해 온 '3+3 제주 평화협력기구'의 설립을 다시 강조한다.

2013년 6월 27일부터 이틀간 제주도에서 처음 민관합동 비공개 1.5트랙으로 개최된 '한·미·중 전략대화'는 우리가 미중의 빅딜 환경에서 벗어날 수 있는 해법이다. 즉, '제주도 한·미·중 전략대화'는 앞으로 각국의 외교·경제·국방부문의 장관이 참여하는 '3+3 제주 평화협력기구'로 구성되고, 이 기구를 통한 한반도 평화협력은 정기적인 전략대화가 되어야 한다. 이는 다시 북한이 참여하는 2단계 진화과정을 거쳐, 3단계에는 한반도 주변국들이 모두 참여하는 '동북아 6개국 3+3 제주평화협력기구'로 확대할 수 있다.

과거 20년을 접고, 미래 20년의 한중관계를 열자

한중관계의 갈등요소는 핵심요인과 우선순위의 차이에 있다. 중국의 입장에서는 한미동맹이 우선이고, 한국의 입장에서는 북핵/북한 문제가 우선이다. 중국은 이제 우리에게 서로 다른 이 두 가지 문제의 틀에서 함께 벗어나자고 한다. 또한 한중 양자관계의 지역적 틀에서 벗어나, 동북아를 넘어 아시아 · 태평양으로 한중의 전략적 협력관계의 폭과 깊이를 넓히자는 것이다.

상하이국제문제연구원의 한반도 문제 전문가인 위잉리(于迎麗) 교수는 '한반도 신뢰프로세스'에 대해, "이명박 정부보다는 더욱 탄력적이고 온화한 대북정책이 특징이다. 북한과 대화를 하겠다는 것이며, 아주 엄격한 전제조건을 내세운 것도 아니다. 대화를 통해 북한과 신뢰를 건설하기를 희망한다는 것이다. 오바마 역시 이 새로운 생각을 매우 지지했고, 중국 역시 크게 지지했다. 대화를 통해 북핵문제를 해결하자는 관점은 중국의 생각과 전혀 모순되지 않으므로, 중국도 아주 즐거운 마음으로 남북한의 접촉을 바라볼 것이다"라고 평가했다.

위 교수는 이번 한중 공동성명에 대해 "첫째, 성명에서 제시하는 범위가 매우 넓어졌고, 이는 한중교류의 역사에서 드물게 보는 장면이다. 둘째, 한중관계가 단지 양자관계와 양국의 지역적 관계에 머무르지 않고, 전 지구적 측면에서의 협력강화를 논하였는데, 이는 엄청난 파격적 변화이다. 셋째, 양국의 공동인식이 이제 민간교류와 문화교류 등에 이르렀고, 이러한 민간문화교류가 양국관계의 기층적 작용을 할 수 있도록, 양국이 협력을 강화할 것에 합의한 것 역시 아주 중요한 의미이다"라고 의미를 부여했다. 두 정상이 발표한 '한중 미래비전 공동성명'의 의미는 지난 21년의 짧지만 '기적'으로 평가되는 한중관계의 새로운 미래를 여는 중요한 의미를 가진다.

시기하고 질투하고, 혼자의 생각에 빠진 일본

이번 박 대통령의 방중에 화들짝 놀란 일본, 통쾌한 웃음을 감추지 않은 중국, 이해는 하지만 유쾌하지 못한 미국, 부러움을 억지로 감추며 태연한 척하는 러시아, 긴장의 끈을 놓지 못하고 좌불안석인 북한, 그리고 당당하게 자신감을 보이며 중국 대륙을 사로잡은 대한민국 대통령 박근혜! 진정한 '고품격 국격'이 무엇인지를 행동으로 보인 '중국통' 대통령의 심신지려는 중등강국인 대한민국의 국제영향력을 높이는 데 충분했다.

반면에, "왜 관례를 깨고 일본보다 중국을 먼저 방문하는 파격을 보였는가?"에 대한 일본 학자들의 고민과, 이를 미소지으며 즐기는 중국 학자들의 생각 그리고 "이런 질문도 질문인가?" 하며 냉소를 보이는 한국의 반응은 묘하게도 그 원인에 대한 분석에서 일치한다.

중국의 반응을 정리해보자. 첫째, 국제정세에서 볼 때, 중국이 이미 일본을 넘어 G2의 반열에 올랐고, 한국의 무역 상대국으로 보아도 중국이 우선이다. 둘째, 동북아 지정학적인 측면에서도, 과거사를 부정하는 일본의 그릇된 역사의식의 문제는 물론, 한·중·러와 각각 영토분쟁을 벌이는 일본은 '동북아의 문제아'이지 책임대국이 아니다. 일본의 우경화와 과거사 부정 및 영토분쟁에 동병상련의 한중이 공동으로 대응하는 것은 당연하다. 셋째, 한반도 형세로 볼 때에도, 한반도의 비핵화와 남북의 평화통일을 위해서 반드시 중국과 전심전력으로 협력하지 않을 수 없을 것이다. 중국의 이런 시각에 대해, 한국은 물론 일본의 시각도 별반 다르지 않다.

박근혜, 일본과는 차원이 다른 '고품격 국격'으로 대륙을 사로잡다

박근혜 대통령은 6월 29일 한국전쟁에서 전사한 중국 인민군 360구의 유해를 중국으로 송환하겠다고 제안했다. 이는 6월 27일 시진핑 주석이 정상회담에서 박근혜 대통령을 '중국인민의 오랜 친구'라고 존중하였던 호의에 대한 화답이었다. 전 세계에서 유일하게 한국에만 존재하는 '적군(敵軍)묘지', 그리고 자국의 전사자들에게 했던 것처럼 정성껏 정결하고 존엄하게 관리해 온 한국의 '적군묘지'에 대한 보도에 중국 인민들은 감격했다.

미국의 핵우산과 한국전쟁의 어부지리로 2차대전의 패허에서 '경제동물'로 불리며 미국의 부동산을 거침없이 사들이고, "전쟁에는 졌지만 경제에서 이겼다"며 콧대를 높이던 일본은 미국과의 환율전쟁 일합에 다시 무너졌다. 잃어버린 10년에 다시 10년을 더한 지금, 회생의 출구전략으로 선택한 우경화와 민족주의를 자극하며 과거사 부정을 일삼는 일본이 결코 따라올 수도, 생각할 수도 없는 고차원적인 '감성 국격'을 보인 대한민국에 대해, 중국의 인민들도 마음으로 탄복할 수밖에 없었던 것이다.

파격에 파격을 더한 국빈의전, 고수들만의 '품격과 멋' 그리고 '신뢰감'

6월 27일의 만찬에 이어, 28일 오찬에 다시 한중 양국 정상이 마주 앉은 사례는 비단 중국뿐 아니라, 전 세계적으로도 대단한 파격이다. 특히 28일의 오찬에는 중국의 영부인도 동반 참석하여 세계를 놀라게 했다. 예정에도 없고, 세계 외교 관례에도 거의 없는 28일의 '깜짝 오찬'은 새로운 동북아 시대에 한중 양국의 공통된 고민을 대변한다. 무수히 많은 내부와 외부의 갈등요소들을 차분하고 슬기롭게 이겨온 한중 양국은 이제 새로운 시대에 맞는 새로운 관계의 정립을 위해 서로를 필요로 하고 있는 것이다.

태평양을 넘어 당당하고 자신있게 '신형 대국관계'를 설명하고 오바마의 동의를 이끌어낸 시진핑과, 관례를 깨고 일본보다 중국을 먼저 방문하여 미국의 지지를 이끌어냈던 '한반도 신뢰프로세스'를 시진핑에게 설파하는 박근혜의 담대함과 굳건한 의지는 닮은꼴이다. 두 정상 간의 공통분모와 공감대 형성도 서로에게 깊은 신뢰를 심었을 것이다.

순탄하지 못했던 개인사와 정치여정을 통해 쌓은 '내공의 깊이'와 '수련의 정도'가 남들과는 많이 다른 두 정상의 만남은 새로운 동북아 시대에 있어서 큰 이정표를 세울 것으로 기대된다. 파격에 파격을 거듭한 의전과 소박하지만 마음을 담은 선물교환의 깊은 의미는 진정한 고수들만이 느낄 수 있는 '품격'이고, '인생의 여운'이다.

한중 미래비전 공동성명의 실질적 이행으로 전략적 자율성 확보를

'한중 미래비전 공동성명'에 담긴 중차대한 역사적 의미는 이제 시작되었다. 세부 실행 수칙까지 합의한 이번 공동성명의 의미는 실질적인 실행이 중요하다. 그런 의미에서 박근혜 대통령의 한마디는 양국의 국민들에게 아주 교훈적이다.

혼자서 가면 빨리 갈 수 있으나, 멀리 가려면 함께 가야 한다.

한중은 각각 '국민행복'과 '인민행복'의 같은 꿈을 꾸고 있다. 이제 과거의 작은 문제들을 덮고, 미래의 20년을 준비하는 한중은 공동성명의 비전에서 실질적인 실천 진입이 중요하다.

신형 대국관계라는 미중의 패권협력은 상호의 약점보완을 위한 일종의 타협이다. 우리가 그들의 흥정 대상이 되지 않기 위해서는 새로운 패권협력의 틈새를 파악해야 한다. 대립보다는 패권협력을 위해 미중이 새로 정립한 '미 – 중 신형 대국관계'는 한미중의 3각협력 흐름을 통해 '기회'로 만들 수 있다. 이를 위해 여야 정치권과 시민사회는 한미와 한중관계에 있어서 조급한 정치적 성과와 집단이익에 급급한 근시안적 사고를 모두 버려야 한다.

세계의 명운이 동북아에 집중되고, 대한민국의 국운이 이 흐름을 탈수 있는 기회가 도래했다. 향후 50년 이상 진행될 미중의 중장기적인 패권협력과 패권전이의 역사적인 큰 흐름을 타고, 대한민국이 G10의 중등강국에서 G5의 '신형대국'으로 상승할 수 있는 초당적이고 창조적인 국가 대전략을 우리 모두가 함께 수립할 때이다.

3 동아시아 패권전쟁, 시진핑과 아베의 '동상이몽'…, 박근혜 선택은?

댜오위다오(센카쿠열도) 분쟁의 의미와 중일관계

2012년 12월 13일 오전 10시, 중국의 해양정찰기 한 대가 조용히 댜오위다오 상공에 나타났다. 동아시아 역사 이래 중국 최초의 댜오위다오 항공정찰이다. 중국은 왜 하필 이날 기습적인 항공정찰을 감행했을까?

이 사건은 동아시아 패권전쟁의 서막을 알리는 매우 중대한 네 가지 의미가 있다. 첫째, 중국이 댜오위다오 영토회복의 확실한 의지를 표명한 것이다. 둘째, 일본은 적대국 국적기의 중대한 침략행위를 당한 셈이다. 셋째, 일본의 그릇된 역사인식에 대한 중국의 반격행위가 실제로 시작된 것이다. 75년 전, 1937년 이날은 민간인 30여 만 명이 희생된 일본의 '난징대학살'이 자행된 날이다. 넷째, 중국의 동아시아 지역패권 전쟁 선포이다. 1894년의 갑오전쟁과 1937년의 중일전쟁이 일본의 중국에 대한 패권도전이었다면, G2로 성장한 중국이 난징대학살의 치욕과 수모 회복을 위해 쇠약해지는 일본의 지역패권에 도전한 것이다.

그로부터 얼마 지나지 않은 12월 26일, 원자바오 당시 중국 총리는 이날 취임한 신임 아베 일본 총리에게 축전을 보내지 않았다. 이는 상당한 결심 없이는 있을 수 없는 외교적 결례이지만, 오히려 우경화의 아베를 인정하지 않고 무시하겠다는 강력한 외교적 수사법을 보인 것이다.

이후 양국은 전투기의 상호 공중 대치와 군사훈련 강행으로 상대와의 정면승부를 피하지 않았고, 급기야 3차 중일전쟁의 발발 가능성과 미국의 개입 여부 등에 대한 복잡한 분석에 골몰하게 되었다. 동아시아에 한반도보다 더 확실한 전쟁 가능성이 출현한 것이다. 한반도는 강대국들이 무력충돌을 관리할 수 있으나, 미국조차도 버거운 중일전쟁은 이제 우리에게도 심각한 문제가 되었다.

다급해진 아베는 2월 21일 취임 후 첫 미국 방문을 통해 "중국의 애국주의 교육은 일본과의 충돌을 조장하고 민의를 조성하는 반일교육과 다를 바 없고, 이런 교육이 더욱 분명하고 강해지고 있다"고 중국을 꼬집었다.

중국의 신경보(新京報)는 아베가 자신의 1차 집권 시기에 스스로 법률을 고쳐 일본의 애국주의 교육을 조장했다며 아베의 모순을 날카롭게 비판했다. 미국의 워싱턴 포스트(The Washington Post) 역시 아베의 아전인수격인 역사인식에 대해 날카로운 질문을 던졌고, 아베는 역시 예상대로 "역사는 역사학자와 전문가에게, 정치가는 미래를 봐야 한다"고 역사문제에 대한 입장표명을 교묘히 피해갔다. 그러나 이러한 점들이 바로 아베의 모순이고, 아베의 문제점들이며, 일본 우익들의 공통된 문제들이다.

방미 중, 아베는 "중일관계 회복"과 "시진핑과 나이가 비슷하다"는 말을 하며 중국에 유화적 태도를 보임과 동시에, "미일동맹 강화"와 "중국 패권추구에 공동대응"을 미국에 요청했다. 이렇게 좌충우돌하는 아베의 급박함은 오히려 모순에 모순을 생산할 뿐이다. 중국은 일본의 댜오위다오 국유화를 원래로 되돌려 갈등을 완화시키고, 댜오위다오 문제는 다음 세대가 현명하게 해결하자고 일본에 제안했지만, 아베는 센카쿠열도 문제에 대해 "중일 간에 해결해야 할 영토주권 문제는 존재하지 않으며, 보류해야 할 문제도 존재하지 않는다"고 반박했다.

우경화의 아베 내각이 추진한 센카쿠열도 국유화는 결국 시진핑으로 하여금 댜오위다오 대응을 위한 '공산당 해양권익소조'를 만들어 무력대응을 포함한 총괄전략을 구상하게 하였고, 시진핑은 한걸음 더 나아가 광주군구를 방문하여 "전쟁을 하면 반드시 이겨야 한다"고 훈시했다. 시진핑의 이러한 강경한 반응은 "중국이 전쟁을 일으키지는 않겠으나, 오는 전쟁을 피하지 않을 것이며, 일단 시작된 전쟁은 반드시 이기겠다"는 확실한 국가전략이 이미 확고하게 굳힌 상태라는 것을 자신있게 대외에 보여준 것이다.

시진핑 총서기는 취임 이후 '중국의 꿈'을 주창하고 있고, 중국 인민들은 개인의 꿈을 전체 '중국인의 꿈'으로 만드는 행복에 빠져있다. 게다가, 끝없는 추락과 쇠퇴에 겁먹은 아베가 민족주의 우경화로 이루려는 아베의 '일본부흥의 꿈'에 대한 반발로 더욱 단합된 중국의 민족주의는 발전을 위한 새로운 동력으로 작용하는 편승효과도 누리고 있다.

계층과 지역 간의 양면화와 갈등표출로 중진국 딜레마의 발전 함정에 빠져있던 중국에게 일본의 발광적인 우경화는 중국의 내부문제 해결을 오히려 도와주는 셈이 된 것이다.

일본이 대국으로서의 국제사회의 책임을 외면한 채, 국내의 정치이익과 잃어버린 20년에 대한 일본 자신의 소아적 이익을 탐하는 일종의 소탐대실의 전형이 아닐까? 민족주의 보검을 손에 쥔 시진핑과 아베는 물러설 수 없는 외나무다리에 올라 '동상이몽'의 동북아시아 패권전쟁을 지휘한다. 이를 지켜보는 박근혜는 무엇을 준비할 것인가?

활을 떠난 제3차 동아시아 패권전쟁의 화살은 어디로 가나?

동아시아의 끝나지 않은 패권전쟁은 다시 불타오르고 있다. 현대화 '이전삼기'의 성공을 야심차게 확장하는 중국과, 절치부심하며 '정상국가 회복'을 꿈꾸는 일본은 모두 잃어버린 역사의 기억을 되살리며 새로운 동아시아 패권의 자리를 꿈꾸고 있다.

중국은 근대 19세기에 일본과 벌인 두 차례 전쟁의 결과로 중국현대화에 발목을 잡힌 쓰라린 경험을 잊지 못한다. 첫 번째는 1894년의 갑오전쟁이다. 1차 아편전쟁(1840~1842)과 2차 아편전쟁(1857~1860)에서 각각 영국과 영불연합군에게 치욕적인 패배를 당했던 청나라가 근 30여 년간 체력을 회복하며 현대화를 이루어가는 중대한 시점에서 발생한 갑오전쟁. 이 전쟁 패배로 청은 동아시아의 패권지위를 일본에게 양도한다. 갑오전쟁 패배의 충격에서 헤어나지 못한 중국은 의화단 사건을 빌미로 1900년 일본을 포함한 서구 8개국 연합군에게 베이징을 함락당하고 끝없는 추락의 굴욕을 당한다.

두 번째는 1937년에 발발한 중일전쟁이다. 절치부심한 30여 년의 시간이 다시 흐르고, 현대화에 박차를 가한 중국은 1928년부터 1937년까지 중국의 첫 자본주의 황금기를 맞이하지만, 일본이 중국을 침략하여 시작된 전쟁으로 다시 황폐한 과거로 되돌아갔다. 일본의 패망으로 끝난 2차 세계대전 이후에도 중국은 전쟁의 후유증에서 벗어나지 못했다.

중국내전(1940년대), 한국전쟁(1950~1953), 중인도전쟁(1962), 중소전쟁(1969), 중월전쟁(1979) 등으로 이어지는 전쟁의 후유증과, 중국의 현대화를 위해 시도했던 대약진운동(1958~1960)과 문화대혁명(1966~1976)의 실패, 이렇게 30여 년의 실패한 현대화는 깊은 좌절과 회한의 역사로 기억된다.

덩샤오핑의 개혁개방이 시작된 1978년 이래, 중국은 다시 30여 년의 현대화를 추진했고, 성공적으로 G2의 반열에 오른 지금, 1928년에 이어 두 번째의 황금기를 맞이했으며, 세 번째의 현대화 도전에 성공했다. 30여 년의 주기로 중국이 체력을 회복하면 여지없이 그 앞길을 막아섰던 일본에 대해, 이제 '이전삼기'에 성공한 중국은 과거의 중국이 아니라며 소매를 걷어붙였다.

2009년부터 시동을 걸었고, 2012년 12월 13일을 기점으로 본격적으로 점화된 '댜오위다오 분쟁'은 이른바 3차 중일 패권전쟁의 시작이다. 이미 20년의 잃어버린 시간과 끝 모를 추락에 조바심 난 일본은 아베를 통해 '일본부흥의 꿈'을 꾸고 있고, 일본이 선택한 아베는 다시 이전삼기에 성공한 중국의 앞을 가로막아 서려는 듯 도전적이다. 일본이 결국 주변국과의 위기감을 이용하여 '정상국가 회복' 이라는 우경화 노선을 부흥전략으로 꿈꾸는 아베를 선택한 점은 역사의 아이러니가 될 것인가?

역사적으로 일본에게 두 번의 현대화가 막혀버린 중국. 그러나 지금 중국에게는 준비된 세 카드가 있고, 중국의 군사력 · 국제정치 외교력 · 경제력 모두 일본제압에 유효하다. 이제 중국은 일본을 자신있게 괴롭힐 수 있다고 호언한다. 중국은 댜오위다오 문제로 전쟁을 치룰 수 있고 이길 수 있다고 공헌한다. 또한 댜오위다오에서 확장하여, 이제는 류큐열도의 독립과 소유권에 대한 주장을 펼치고 있다. 중국의 댜오위다오 소유권 주장이 오키나와로 확장되는 것에 대한 일본의 두려움은 상상이 필요 없다.

중국을 비롯한 일본의 주변국들이 일본의 센카쿠와 오키나와의 병합은 물론, 일본 제국주의 시대의 모든 동아시아 근대사 영토분쟁 대상은 국제사회가 국제법으로 다시 조목조목 따져 보아야 하는 문제라고 공동전선을 펼치는 것은 일본에게는 최악이기 때문이다.

일본의 과거사 부정은 바로 이러한 두려움의 마지막 발악이며, 국가 전략으로 선택한 '정상국가 회복'은 그 연장선이다. 미국이 종국에는 굴기하는 중국과의 세계 패권다툼에서 결국 일본만을 감싸지 못할 것임을 그들은 잘 알고 있을 것이다. 만약 미국이 중국과 모종의 합의를 이루는 시대가 온다면, 일본이 그때부터 중국을 상대로 미래를 준비하기에는 이미 늦었을 것이고, 어쩌지도 못하는 순간에 바로 동북아 패권경쟁의 패배를 스스로 자인해야 함에 두려울 것이다.

게다가 G2로 회생한 중국의 거대한 힘도 버거울 것인데, 이대로 가다간 새로운 힘으로 어느 날 불현듯 나타날 통일한국의 G5등극에 대한 예상으로 일본의 초조감과 불안감이 정점으로 치달을 것이다. 오키나와의 독립운동을 지원하겠다는 중국의 언론플레이와, 반쪽짜리 한국조차도 벌써부터 독도의 연장선에 대마도 반환을 거론하는 현 시점은 물론이고, 통일한국 이후의 일본이 처할 곤경은 일본으로서는 생각조차 겁나는 일일 것이다.

한중연합전선이 러시아의 흥미를 자극하자, 중국은 대놓고 한중러 연합으로 일본압박을 이야기한다. 미국도 이제 일본만을 편들 수 없음에 슬쩍 한 발을 빼면서 일본의 역사의식에 문제가 있다며 애매한 표정관리를 하고 있다.

화살은 이미 떠났고, 외나무다리에서 뒤를 보일 수는 없다. 잠시 양적완화를 통해 추락하던 일본의 경제가 감각적인 반응을 보이지만, 실질적인 경기회복이 아닌 착시현상일 수 있다는 우려가 일본은 물론 외부에서 보는 시각이다. 주변국들이 불안한 마음으로 바라보는 아베의 양적완화 경제부흥 전략과는 달리, 국내문제를 우경화 전략으로 돌파하려는 아베의 정치적 모험에 대해 주변국들의 불편한 표정은 점점 심각하게 변하고 있다. 일본 야당은 물론 자민당 내부에서도 아베의 우경화 내각에 대한 불편한 심기가 표출되기 시작했다.

과연 일본의 선택은 무엇일까? 일본이 실질적인 경제부흥과 국제사회로부터 존경받는 책임대국으로의 도약을 하기 위해서는 어떻게 해야 하는가? 주변국들과 국제사회가 이미 그 답을 알고 있음에도, 유독 일본만이 그 답을 이해하지 못하는 것은 아닌가? 우물 안에 빠져 잠시 화려했던 과거의 허상에 사로잡혀, 시대의 큰 흐름을 제대로 읽지 못하면, 스스로 그 우물을 빠져나올 수는 없을 것이다.

박근혜 대통령, 무엇을 준비할 것인가?

미국은 발표대로 중일전쟁에서 중립을 지킬 것인가? 중국은 중일전쟁으로 댜오위다오를 점령할 것인가? 중국의 댜오위다오전략은 도대체 무엇일까? 중국의 해법을 점검해보자.

첫째, '국지전'이다. 중일 간 발생된 국지전은 전면전 확전도 가능하나, 전쟁 부담과 후유증은 승패를 떠나 양국 모두 감당하기 힘들다.

둘째, '현상회복 화해론'이다. 일본이 댜오위다오국유화를 원점으로 되돌리고, 다음 세대에서 현명하게 해결하자는 중국의 제안을, 아베가 단박에 거절했지만, 아직도 이 제안은 유효하게 보인다. 국제정치와 외교는 감정으로만 해결할 수 없다. 국익과 국민안전이 우선이고, 일본도 적당한 명분이면 가능할 것이나, 아베의 속내는 다분히 국내의 정치적 이익 추구에 더 집중되어 있는 듯하며, 그렇다면 아베에게 이 제안은 그리 서둘러 응대할 이유가 없을 것이다.

셋째, '실효지배론'이다. 댜오위댜오 실효지배를 위해 해양감시선과 항공정찰 업무를 지속하는 중국은 추가 조치를 취하고 있고, 이 의미는 매우 크다.

중국이 실효지배를 위해 올해부터 진행해 온 대표적인 몇 가지를 살펴보자.

- 댜오위댜오 부근 중일 구조경쟁(2013년 1월 18일): 한국어선의 침몰에 치열한 중일의 구조경쟁이 발생했고, 중국은 군함까지 동원했다. 이는 구조보다는 양국의 "댜오위댜오 실효지배 경쟁"의 의미가 더 크다.
- 중국의 CCTV첫 댜오위댜오 해양감시 현장 실황중계(2013년 2월 14일): 이는 댜오위댜오의 실질적 관리자라는 메시지를 대외에 홍보한 것이다.
- 해상부표 설치(2013년 2월 22일): 일본은 '중일중간선'의 일본 측 해역에 설치한 중국의 '해상부표'가 해상자위대 동향과 해양활동 감시목적이라고 항의한다. 중국은 일본이 일방적으로 정한 '중일중간선'을 받아들인 적이 없고, 중일 EEZ는 중국대륙붕이 오키나와 서쪽 해협까지이며, 부표는 기상정보 수집이 목적이라고 발표한다. 그러나 기상정보 수집은 곧 실효성 지배를 집행한다는 의미가 아닌가? 이는 해상자위대의 감시활동이라는 일본의 주장보다 더 무서운 의미를 내포한다.
- 1만 톤급 어정선 건조착수(2013년 1월 25일): 2013년 1월 24일, 대만 선박들의 댜오위댜오 상륙이 일본순시선의 물대포공격에 막혀 회항하자, 다음 날 중국은 1만 톤급 어정선 건조 착수 소식을 발표하고, 2월 5일 사거리 100미터 고압물대포를 쌍으로 장착한 1,337톤 신형 해양 감시선 투입으로 실효지배 의지를 보인다.
- 댜오위댜오 섬 측량 선포(2013년 3월 12일): 중국 지리측량 관련 부국장이 빠른 시일 내에 댜오위댜오 상륙과 섬 측량집행을 하겠다고 발

표하고, 놀란 일본은 다음날 관방장관이 기자회견에서 이를 허용치 않을 것이라고 소리친다.

중일 간의 일촉즉발의 전투기 대치 상황이 있었던 올해 초와는 또 다른 양상이 최근에 벌어지고 있다. 2013년 7월 2일, 중국의 구축함을 포함 5척의 군함이 중국의 동중국해를 기점으로 한일 간의 '대마도해협'을 지나 일본 서쪽 공해상을 통해 북쪽으로 올라가, 러시아와 일본 사이의 '소야해협'을 통과하여 태평양으로 진입했고, 다시 일본 동쪽 공해를 따라 남진하여 오키나와와 미야코지마 사이의 공해를 통과하여 중국으로 귀환했다. 이른바 처음으로 중국 군함 함대가 일본열도를 일주한 것이다.

7월 24일, 이번에는 군함들이 일본 열도를 일주하며 태평양에서 동중국해로 귀환했던 그 오키나와－미야코지마 공해 상공위로 중국의 Y－8 조기 경계기가 첫 왕복비행을 했다. 동중국해에서 태평양으로, 다시 동중국해로의 중국 조기 경계기의 첫 왕복비행은 댜오위다오 실효지배를 위한 의도적인 실력행사이다.

8월 6일, 일본이 68주년 히로시마 원폭일에 맞추어 경항공모함으로 평가되는 배수량 2만 7,000톤의 22DDH 구축함을 진수하였다. 이미 소식을 접했던 중국은 8월 7일 4척의 해경선을 댜오위다오 해역으로 급파하였다. 이미 7월 26일과 8월 2일에 댜오위다오 해역에서 실효지배권 행사를 시도했었던 4척의 중국 해경선 편대(2350, 2101, 2506, 2166)는 8월 7일 오전 7시 30여 분부터 8일까지 댜오위다오 12해리 이내에서 약 28시간을 머물렀을 뿐 아니라, 이를 저지하려던 일본 순시선 한 척을 실력 행사를 통해 처음으로 댜오위다오 12해리 해역 밖으로 몰아내는 실질적인 실효지배권 행사를 했다.

또한 의도적으로 댜오위댜오 해역으로 진입하려는 일본 우익단체의 선박 1척을 공해상으로 몰아냈다. 중국은 드디어 댜오위댜오 해역 실효지배라는 보검을 빼 들었고, 세 번의 시도에서 처음으로 일본 순시선과 선박을 댜오위댜오 해역에서 공해상으로 몰아냈던 것이다. 실력행사에 공해상으로 밀려난 일본 순시선과 이를 바라보는 아베 내각, 그리고 일본 국민들은 무슨 생각이 먼저 떠올랐을까?

중국은 이제 무력으로 실효지배를 시도함과 동시에, 언론플레이로 댜오위댜오 문제를 후세대에 맡기자고 한다. 그리고 동중국해에 일본과의 국지전 혹은 전면전에 대비한 제2포병 즉 미사일 부대를 전진 배치하고, 국가해양국의 권한과 규모 강화는 물론, 실질적인 전위부대인 해양경찰국의 규모 확장을 급속히 추진하고 있다. 지난 1월 25일에 있었던 대만 선박과 일본 순시선 간의 물대포 싸움은 이제 아이들 소꿉놀이 만큼이나 추억으로 회자될 것이다. 대양해군을 꿈꾸는 중국을 상대로 물대포 놀이는 이제 꿈속에서나 가능한 일이 되어버린 일본의 대응이 사뭇 궁금해진다.

중국이 민간을 이용하여 댜오위댜오 상륙과 실효지배를 시도하면, 일본의 대응이 쉽지 않다. 이렇게 시도된 중국의 실효지배는 점차 실질적으로 인정받기 쉽고, 미국조차 제어하지 못하는 상황에서 일본의 대응은 결국 전면전을 각오한 국지전이겠지만, 미국이 빠진 일본 단독의 중일전쟁은 어렵다.

중국이 제안한 '현상회복 화해'의 속내도 무섭기는 마찬가지이다. 지속적인 중국의 발전으로 일본은 갈수록 상대가 되지 못할 것이고, 댜오위댜오 영유권 문제도 결국은 중국의 굴기를 바탕으로 야금야금 실효지배를 시도하면서, 중국의 힘이 팽창되어 새로운 질서의 변화가 요구될 때, 자연스럽게 해결할 수 있다는 속내를 숨긴 중국의 장기전략은 소름이 돋는다. 즉, 시진핑이 오바마에게 제안한 평등한 '신형 대국관계'의 실질적인 '미중 패권협력시대'가 도래하면, 동북아 패권과 중일 패권다툼의 승패는 이미 거론조차 불필요하다는 판단인 것이다.

이것이 중국의 굴기해법이다. 감정과 감성으로 얼룩진 우리의 반응과는 달리, 실용주의적이고 장기적이며, 우회적이기까지 한 중국의 해법을 우리는 주목해야 한다. 손자병법에 싸우지 않고 이기는 방법을 DNA에 담고 있는 이들의 전략은 모략과 꼼수에 가깝지만, 승부는 이렇게 결정된다. 당당하게 싸워서 이기는 확률이 보장되지 못하니, 이길 수 있는 환경이 되기 전까지 분쟁을 피하며, 그런 의도조차 숨기는 중국의 음흉한 모략이 손자병법의 핵심이다.

중국의 세 가지 선택에 대해 일본이 선택할 카드도, 대응도 쉽지 않다. 잃어버린 300여 년 전 패권이 손에 들어올 정도로 성장한 중국은 이제 언제 어떻게 지역패권을 선포할 것인가를 행복하게 고민한다. 반면에, 자신들이 주장했던 영역에서 힘에 의해 밀려나 공해상에서 댜오위다오 해역을 바라보며 어쩔 줄 몰라 했을 일본 순시선 선장의 표정과, 이를 보고받고도 아무런 조치를 취하지 못했을 일본의 책임자, 그리고 아베의 표정들이 굴기하는 중국을 대하는 일본의 현실일 것이다.

중국의 자신감이 하늘을 찌를 때, 다급한 것은 일본만이 아니다. 시진핑과 아베가 단순히 무인도인 댜오위다오의 풍부한(?) 해상자원을 위해 국가의 명운을 걸고 외나무다리에서 버티고 서 있는 것이 아니다. 그들은 이미 새 시대의 새로운 패권전쟁을 시작한 것이다. 그렇다면, 새로운 동아시아 질서에 대응하기 위해 우리도 서둘러야 한다. 박근혜 정부는 중일 패권다툼에서 무엇을 배우고, 어떤 미래를 준비할 것인가?

박근혜 대통령의 선택

일본 테이쿄대학의 안보 테츠오(安保哲夫) 교수가 아베의 우경화 정부에 제시하는 일본의 전략을 보자. ① 2차대전 후 최대규모 군비확장, ② 미일동맹 강화로 중일분쟁 대비, ③ 연합국 상임이사국 진출 추진, ④ 평화헌법 수정안 관철과 미국 동의 유도 등이 그것이다.

아전인수의 전형이며, 깊이 살펴보면 우경화의 자기모순을 발견할 수 있다. 일본이 미국의 오랜 제약에서 벗어나 '정상국가 회복'을 바라는 것은 이해하겠으나, 그 과정이 왜 틀렸는지 이해하지 못하는 것이 바로 일본 극우파의 문제이다.

중국 사회과학원의 전략문제연구가인 량창(梁强)은 안보 교수의 제안에 깊은 우려를 표한다. 일본 국가발전 노선변경은 중일관계에 큰 충격이며, 아베의 정치성향이 이의 완화나 해소보다 더욱 적극적 이용으로 정치이익을 추구할 것이라 비판한다. 국내정치의 이익을 위해 국제정세를 이용하는 것은 무모하고 위험한 도박임을 지적한 것이다.

시진핑이 방미 중에 오바마에게 제안한 '신형 대국관계'는 일종의 '미중 패권협력시대'를 예고한다. 미국의 중국에 대한 지역패권 협력에 대해 중국이 미국에게 그 대가로 지불할 수 있는 카드들이 일본보다 점점 더 풍부해질 것이다. 즉, 동아시아의 지역패권은 일본이 아니라, 중국이 미국의 지지를 받는 형태가 더 유력해 보인다는 말이다.

그렇다면, 지금은 중일 간의 갈등을 우리에게 유리한 동북아정세의 환경조성에 활용할 기회이다.

1) 한중관계

일본 우경화 정부를 압박하기 위한 중국의 한중협력 요청에 적극적으로 응대할 필요가 있다. 한중협력을 통해 ① 북한/북핵문제의 중국공조로 연계할 수 있고, ② 일본의 과거사 인식을 더욱 강하게 질책할 수 있으며, ③ 일본압박을 위한 중국 주도의 한중러 협력으로 중러의 한반도문제 공조확대를 할 수 있고, ④ 일본의 동북아 전략적 가치하락 유도로 미국의 한중 선호도를 높일 수 있어야 한다. 중일 갈등의 어부지리로, 한국이 한중관계와 한미관계를 좀 더 높은 협력수준으로 끌어올리도록 활용해야 한다.

2) 한미관계

중미 협력 분위기와 북핵 협박의 위기를 적극 활용하여, '한국 조정, 미국 주도, 중국 참여'의 한미중 3국협력 대북정책을 전개해야 한다. ① 대북압박에 한미중 공조를 유도하고, ② 한미동맹을 더욱 강화하며, ③ 한국 핵무장 여론 활용으로 비핵화 유지의 대가로 대규모 군사기술 협력을 미국에 요구해야 한다. 또한, 북핵위기를 핑계 삼아 미중의 눈치를 보지 말고 국방력과 군사기술 강화를 대폭적으로 추진해야 한다.

3) 한일관계

우경화 일본의 전략적 가치 하락과 한국의 전략적 가치 상승을 유도하여야 한다. ① 한중 · 한중러 협력으로 일본의 과거사와 영토분쟁에 쉽게 대응하고, ② 한중러 협력으로 국제압력을 행사하고, 일본의 우경화포기로 한일관계 정상화와 한미일 공조가 가능함을 미일이 인식하게 해야 한다.

4) 대북관계

한미와 한중관계 발전을 통해, '압박'과 '대화'의 양면전략을 추진해야 한다. 압박전략은 ① 한미의 대북 군사력억제 증강, ② 한중 경제협력의 정치군사 협력확대 추진, ③ 북한 통과의 한러 에너지경협을 러시아가 적극 추진하도록 러시아와 협력 강화, ④ 한미일 삼각동맹 강화, ⑤ 안보리와 국제법을 통한 대북제제 강화 등을 통하여 국제적 · 종합적 대북압박으로 북한의 핵무기포기와 개혁개방을 유도해야 한다.

대화전략은 ① 인도적 지원 재개: 의약품 생필품 위주의 민간지원 재개/확대, ② 경제교류 재개/확대: 개성공단 확대, 금강산 관광재개, 제2개성공단 추진 제안, 제2관광협력 추진(백두산 등), ③ 민간교류 재개/확대: 남북 이산가족 상봉 재추진, 남북 체육교류 재개, 남북 학술교류 재개, ④ 남북 정부대화 재개를 통해 남북이 주도하는 평화통일을 협의해야 한다.

5) 종합전략

남북한 주도의 한반도 평화통일 국제협력체제를 구축해야 한다. ① 한중밀착으로 미국에게 한미와 한중관계의 중요성을 부각시키고, ② 한미중 연합으로 대북 압박과 대화의 한국 주도와, ③ 남북관계 개선과 대화 재개로, ④ 한미북중 4자회담으로 '남북주도'와 '미중협력'의 평화통일 한반도 협력체제를 구축해야 한다.

정부의 전략 선택이 한반도의 미래를 결정하는 중대한 시점이다. 아베와 같이, 국내의 정치이익을 위한 전략 선택은 금물이며, 시대적 흐름에 맞는 창조적인 시대적 선택이 되어야 한다. 역사의 그릇된 선택과 실패의 경험은 최근 근대사의 쓰린 아픔과, 그로 인하여 지금까지 이어져 온 분단의 고통으로 이미 충분하다.

국민들은 선동적인 정치인들에게 현혹당하여 편협한 지역주의나 편향적인 당파싸움에서 자유로워야 하며, 특히 국제사회의 시대적 흐름을 읽고 이해하는 미래 지향적인 창조적 혜안으로 국가와 민족의 미래 전략을 구상하고, 대화와 국민화합을 통해 국가의 미래를 고민해야 한다. 그리고 강조할 점은, 반드시 국민들의 선택이 박근혜의 선택이 되어야 한다는 것이다.

4   후안무치(厚顔無恥)의 아베여, 기세도명(欺世盜名)을 버리고 독일에서 배워라

2012년 12월 26일, 1차 아베 신조(安倍晋三) 내각(2006.9.26~2007.9. 25)에 이어 5년 3개월 만에 다시 돌아온 아베의 2차 내각이 출범했다. 내각 출범과 동시에, 1차 내각에 이어 '집단적 자위권'과 '평화헌법 수정'에 몰입하는 아베의 우경화 행보는 과거사에 대한 부정과 태평양전쟁의 후유증으로 남은 전후 영토분쟁을 촉발하여, 불과 10개월이 채 안 되는 내각 출범 기간 내에 새로운 동북아 분쟁의 도화선으로 등장했다.

새로운 동북아 트러블 메이커로 등장한 아베 일본 총리, 그는 이번 유엔총회 연설을 통해 '기세도명(欺世盜名)의 달인'이라는 국제공인(?)을 받은 셈인데, 이른바 '기도달인(欺盜達人)'으로 불리게 될 수도 있는 아베의 좌충우돌 유엔총회 현장을 살펴보자.

후안무치(厚顔無恥)의 표본: 아베의 유엔 연설

2013년 9월 26일(현지시간) 미국 뉴욕 유엔본부, 아베 신조 일본 총리의 유엔 연설이 있었다. 그가 한 연설의 주요 골자는, 유엔헌장의 집단안전보장 조치에 적극 참가, 여성 사회진출과 보건의료를 위해 향후 3년간 30억 달러 이상의 정부개발원조(ODA) 지원, 약 6천만 달러의 시리아 난민 추가 지원, 국제사회의 도움이 닿기 어려운 시리아 반정부세력의 지배지역에 대한 의료지원, 해양 질서의 힘에 의한 변경 불용, 북핵과 미사일 개발 저지, 선 일본인 납치 문제 해결, 후 일－북 국교정상화 추진, 신속한 유엔 안전보장이사회 개혁 등으로 요약된다.

다음 날 기자회견에서 아베가 "일본이 힘차게 부활해 안보분야를 포함해 세계적인 과제에서 적극적인 역할을 수행하겠다는 생각을 여러 기회를 통해 잘 표출했다"고 자평했다는 일본의 언론보도가 전해졌다. 자국 내에서만 줄곧 강조해왔던, 자위대의 적극적인 유엔평화유지활동(PKO) 참여 등을 통한 역할 확대와, 집단적 자위권 행사를 금지한 헌법의 해석을 변경하겠다는 뜻을 이번 유엔본부 연설을 통해 우회적으로 세계에 공표했다는 것이다.

보도에 따르면 아베 총리는 프랑스, 캐나다, 이란, 파키스탄, 아프리카 등 정상과의 대화를 통해 "다시 한번 힘차게 성장하려는 일본의 모습에 많은 관심을 두고 있다는 것을 절실하게 느꼈다"며 이같이 언급했다는 것이다.

이미 아전인수식 자기해석에 몰두하여 자화자찬의 꿀단지에 깊이 빠진 아베의 탈출구는 어디인가? '얼굴이 두껍고 부끄러움이 없다'라는 뜻으로, 뻔뻔스러워 부끄러워할 줄 모른다는 후안무치(厚顔無恥)라는 의미는 아베의 다음 표현에서 절정에 달한다.

> 기쁘게도 내가 들은 것은 일본이 국제사회에서 역할이나 공헌을 확대하는 것에 관한 기대의 목소리였다.

국제사회의 반응은 과연 그랬을까?

본말전도(本末顚倒)된 아베의 연설: 유엔 회원국, 침묵으로 답하다

후안무치의 표본을 보여준 아베의 유엔본부 연설에 대한 당시 현장의 반응과 각국의 반응은 과연 어떠했을까? 이에 대한 평가는 동아일보 사설의 단 한줄 제목만으로도 족하다.

"아베의 '여성인권' 유엔 연설에 박수가 없었던 이유"라는 제목으로 올라온 9월 30일자 동아일보의 사설은 촌철살인의 명쾌한 해답을 제시했다.

> 일본은 아베 총리의 연설에 대해 190여 개 유엔 회원국들이 박수 대신 무거운 침묵으로 대답한 뜻을 헤아려야 한다. 일본이 저지른 최악의 여성인권 유린행위는 제쳐두고 분쟁지역의 여성을 돕겠다고 나선 본말전도(本末顚倒)를 꼬집은 것이다.

아베 총리는 자신의 속보이는 술수에 국제사회가 넘어가지 않을 것임을 모르는 것인지, 아니면 말 그대로 자신이 행하는 바를 위하여 일부러 후안무치를 내면전략으로 삼은 것인지, 삼척동자도 헤아릴 수 있는 이런 간단한 문제에 대해서도 너무도 당당하게 행동하는 그의 속마음과 생각의 폭이 정말 궁금하다.

국제 사회에서 여성의 역할이 확대되도록 일본이 나서겠다고 강조하였고, 특히 일본의 경제성장을 도모하기 위해 여성의 힘을 활용해야 한다고 강조하는 등, "여성의 노동 기회, 활동의 장소를 제공하는 것이 초미의 과제"라고 그럴듯하게 말하였을 뿐만 아니라, "무엇보다 격분해야 할 것은 지금도 무력분쟁 하에서 여성에 대한 성폭력이 그치지 않는 현실"이라는 지적과 함께, "여성의 권리를 보호하기 위한 국제 노력을 지원하겠다"라고 했다는 점이다. 연사가 누군지 알지 못하고 얼핏 들으면, 청중들은 침묵이 아니라 어느 정도의 박수로 평가를 줄 수 있는 무난한 연설이라고 할 수 있다.

그러나 이 연설은 일본의 총리인 아베가 했다는 것과, 특히 그가 유엔 회원국들이 기대했던 위안부문제 등 일본이 침략 전쟁 당시 일본 스스로 타국의 여성들에게 가한 폭력에 관해서는 철저하게 피했다는 점에 문제가 있는 것이다. 이것이 그의 문제점임을 아는 유엔 회원국들은 '여성의 권리보호'라는 훌륭한 주제를 선택하고, 전체 연설의 절반을 할애한 반응으로, 일반적이고 형식적인 박수조차도 없는, 아주 근엄한 '침묵의 집단 항의'를 엄중하게 보인 것이다.

본말전도(本末顚倒), 즉 일의 처음과 나중이 뒤바뀌었거나 일의 근본 줄기는 잊고 사소한 부분에만 사로잡혀 있는 아베의 꼬인 생각은 결국 경제적으로 어려운 형편에 있는 일본이 무려 30억 불을 들여가면서도, 오히려 '여성의 권리보호'에 대한 국제적인 망신을 더욱 자초한 결과가 된 셈이다.

아베, '기세도명(欺世盜名) 달인'의 국제공인을 받다

반관영 통신 중국뉴스넷(中国新闻网)은 9월 30일자 "아베, 대중국 국제여론전을 펼치다: 전문가는 이것이 '교활한 책략'이라는데(安倍对华打'国际舆论战' 专家称其策略狡猾)"라는 제목의 사설을 실었다.

중국외교학원 국제관계연구소의 일본문제 전문가인 저우융성(周永生) 교수는 인터뷰를 통해, "아베 총리가 국제무대에서 '중일정상회담'을 다시 언급하면서, 역시 댜오위다오(钓鱼岛, 일본명 센카쿠열도)는 일본 고유의 영토라고 주장하는데 이는 중일관계에 장애를 만드는 동시에 중국에게 '국제여론전'을 펼치기 위한 술수이다"라고 지적했다.

왜냐하면, "만약 중일 정상회담이 이루어지면, 이것은 아베의 외교적 역량이 발휘된 것으로 평가받으려는 것이고, 만약 성사되지 않는다면, 이의 책임을 중국에게 뒤집어씌우려는 것"으로서, 말하자면 '아주 교활한 책략'이라는 것이 그의 분석이다.

이어서, 아베가 10월의 아세아태평양경제협력체(APEC) 정상회담이 중일 정상회담의 호기라고 여긴다지만, 저우융성 교수는 이 견해에 부정적이다. "9월 초 G20 정상회담에서 시진핑과 아베가 간단한 조우를 하였고, 이것이 이후의 관계 개선에 좋은 분위기를 만들 수도 있었으나, 일본에서 또다시 중국의 무인기를 요격하겠다느니, 댜오위다오에 대해 끊임없는 도발 발언을 하는 등, 일본이 우호적인 발전방향보다는 중국과의 만남을 단지 이용만 하려고 하는 바, 중국이 굳이 일본을 만날 이유가 무엇인가?"라고 반문한다.

중국뉴스넷 역시 "일본이 역사와 객관적 사실을 무시할 뿐 아니라, 무력시위와 도발을 멈추지 않고 있는 점에 대해, 중국은 이미 수차례 지적했다. 만약 일본이 문제를 해결하기 위하여 만나려 한다면, 다시는 입만 나불대거나 거드름만 피우지 말고, 큰 보폭으로 성큼성큼 걸으면서, 큰 시야와 용기를 가지고 역사를 바로 보고, 단정한 태도와 실질적인 행동으로 양국관계의 건전한 발전을 저해하는 장애물들을 제거해야 한다"라고 크게 질책했다.

저우 교수는, 아베가 유엔총회에서 시리아문제, 국제안보, 북핵, 여성인권 등 광범위한 주제로 연설을 하였고, 특히 수차례에 걸쳐 '여성의 인권문제'를 강조했음에도 불구하고, 오히려 위안부에 대한 언급이 없었던 점에 대해, 일본(을 포함한)과 한중 등 여러 나라의 불만을 야기했다고 언급했다.

저우 교수의 "적극적인 평화주의 참여에 대해 아베가 연설하고 선전하는 것은 모두 일본의 대국지위 쟁탈과 적극외교 전개를 위한 표현이며, 국제사회에 어느 정도의 효과는 있을 수 있을 것"이지만, "그러나, 서방 국가의 인심을 유발하면서, 위안부 문제에는 입을 다무는 것이야말로 기세도명(欺世盜名), 즉 세상을 속여 명예를 훔치는 전형적인 짓"이라고 아베를 날카롭게 비평한 독설은 여기에 그치지 않았다.

저우 교수는, "이번에 중국과 한국의 외교부 장관들이 서로 연합하여 역사문제에 공동으로 일본에 대응함에 의견일치를 이룬 점은 매우 필요한 것이었다. 뱀을 죽일 때는 단번에 치명상을 입혀야 하는 것('打蛇打七寸')처럼, 중국은 반드시 국제사회에 대해 여론전을 강화하고, 다른 국가들과의 연합을 통해 아베의 위험한 우경화를 전 세계에 폭로해야 한다"고 결론지었다.

후안무치(厚顔無恥)한 아베가 본말전도(本末顚倒)된 유엔 연설을 통해, 일본의 잃어버린 20여 년의 어려운 경제 형편을 버티며 30억 달러를 내놓고도 박수는커녕, '침묵의 집단 항의'와 '기세도명(欺世盜名)'의 국제적 공인을 받게 된 것이다. 저우 교수와 필자를 통해, 불시에 소위 기도달인(欺盜達人)에 등극(?)한 것을 아베가 듣게 된다면, 그의 반응이 어떨지 정말 궁금해진다.

아베로부터의 교훈: 손인이기(損人利己)로는 잃는 것이 너무 많다

거침없는(?) 아베의 독선적인 우경화와 '손인이기', 즉 남에게 손해를 끼치고 자기 이익만을 차리려는 소아적 외교정책은 주변국들과의 위험한 갈등을 양산하고 있다. 이미 중국과는 댜오위다오(센카쿠열도) 분쟁으로 중일 간의 심각한 정치·군사적 대결 기류가 형성되었고, 댜오위다오의 해상과 상공은 연일 중일 양국의 해공군 및 해경 소속 선박과 항공기들이 대치하고 있다.

일본은 한국, 러시아, 중국과의 영토분쟁에 정신이 없고, 딱히 한 곳의 분쟁마저도 자신들의 기존 역량으로 변화시키지 못하는 현 국제정세가 심히 못마땅함이 분명하다. 불과 멀지않은 과거를 돌아보면, 더욱 더 과거에 대한 향수가 심해질 듯한 아베의 우경화는 이제 그 끝을 향해 달려가고 있다.

이로 인해, 아베의 우경화 내각이 들어선 지 이제 겨우 10개월이 채 안 됐지만, 미국의 동북아에 대한 고심은 북핵문제 이외에도 중일 간 영토분쟁이라는 초대형 쓰나미의 출현을 상상하게 한다. 문제는 이 상상이 가시권 안에 있다는 것이다.

미국의 이러한 우려는 결국 한미일 3국 연합동맹의 확실한 전략목표를 구상하게 하였고, 이에 대한 구체적인 방법의 실행에서 장애가 되는 한일관계의 회복을 위해 고심 중이나, 한미와 미일 간의 우호적이고 긍정적인 동맹관계의 발전은 한일 간의 오랜 갈등으로 미국 역시 뚜렷한 해법제시가 쉽지 않다. 2차대전 전후부터 잘못 꼬인 실타래를 이제 와서 풀기에는 중일 간은 물론, 한일 간에 쌓인 골 역시 깊어도 너무 깊다.

그럼에도, 한국은 아직은 약자의 입장에서 한미관계 다음으로 한일관계를 중시했고, 한일관계는 중국의 굴기에 따라 한중관계의 다음으로 우선순위에서 밀려났기는 하지만, 역시 한일관계는 한국에 매우 중요하다. 이에 따라, 한국은 항상 일본에 대해서 과거사에 대한 감정과 일본의 우경화에 대한 감정을 자제하고 한국보다 대국인 일본과의 관계 개선에 노력해온 것이 사실이다. 이러한 한미의 노력에 대한 일본의 손인이기적인 마이웨이(My-Way) 전략은 그 임계점을 이미 넘어선 것으로 보인다.

보도에 따르면, 이번 68차 뉴욕 유엔총회에 참석한 윤병세 장관은 방미기간 중, UN 총회 기조연설 및 20여 개국 외교 수장과의 양자회담 등 짧은 기간 숨 가쁜 외교전을 벌였으며, 미국과는 북핵문제 공조를, 중국과는 위안부문제를 포함한 일본의 과거사 문제에 대한 공조를 이룬 것으로 알려졌다.

그러나 아베의 우경화로 멀어진 일본과의 관계개선을 기대했던 일본외상과의 만남에서는 "이럴 걸 뭐 하러 만났을까"라고 할 정도의 무성의한 일본태도에 다시 실망했다는 보도이다. 윤병세 장관은 모두발언을 통해 "박근혜 대통령이 지난 8·15 광복절 경축사를 통해 강조했듯, 양국이 동북아 평화와 번영을 함께 열어갈 동반자가 되어야 하며, 과거의 상처를 치유해나가고자 하는 용기 있는 리더십이 발휘될 것을 기대한다"고 인사말을 건넸으나, 기시다 장관은 "역대 내각의 역사인식을 계승한다"며 구체적인 답변을 피했고, 과거사의 피해 당사자들이 납득할 수 있는 조치가 하루 속히 이루어져야 한다는 우리 측의 요구도 일본이 묵살한 것으로 전해졌다.

오히려, 일본의 기시다 장관은 자국의 이익과 관련된 주장에 골몰하여, "후쿠시마 제1원전 오염수 누출로 인한 영향은 없다"며 후쿠시마 등 8개 현의 수산물 수입을 금지한 우리 정부의 조치를 즉시 철회할 것"을 종용했고, "일본 기업들의 한국인 강제징용에 배상을 명한 한국 사법부 판결에 문제 제기"를 하는 등 역공을 취했다는 보도이다.

일본의 우경화에 대한 북한의 반응 또한 평탄하지 않다. 조선중앙통신이 논평을 통해, "일본인 납치문제 해결 없이 북일 국교 정상화는 있을 수 없다"는 아베 총리의 유엔총회 발언에 대해, "납치 범죄, 성노예 범죄의 본산인 일본의 추악한 정체를 가리고 어지러운 과거에 대한 청산

을 회피하려는 간특한 술책"이라고 비난했으며, "조일(북일) 관계에서 기
본은 과거청산이라는 것을 똑똑히 명심하고 성노예 범죄를 비롯한 지
난날의 모든 범죄들에 대해 한시 바삐 그리고 철저하게 사죄 · 배상해야
한다"는 한겨레신문의 보도이다.

한겨레의 다른 보도에 따르면, 유엔총회 연설에 앞서 9월 25일 워
싱턴의 보수적 싱크탱크인 허드슨연구소 초청강연에서도 아베 총리의
발언은 거침이 없었다고 한다. 아베는 '집단적 자위권' 행사를 위한 헌법
해석 변경 필요성을 강조하는 과정에서, "저를 우익 군국주의자라고 부
르고 싶다면 그렇게 하세요"라고 했다는 것이다.

신미국안보센터 선임연구위원인 데이비드 애셔는 9월 27일 오전
세계경제연구원 주최로 열린 서울의 모 호텔 조찬강연회에서 "아베 신
조 정권은 '강병'보다는 '부국'에 더 초점을 맞춰야 한다"고 밝혔으며,
"일본은 (국제사회에서) 더 많은 책임을 져야 하고, 자위대 같은 경우 국제
사회에서 위협적인 존재가 아니지만, 일본 정치가들은 위협적인 존재"
라고 지적했다는 언론의 보도가 눈길을 잡는다.

후안무치(厚顔無恥)하고, 본말전도(本末顚倒)하며, 기세도명(欺世盜名)
으로 손인이기(損人利己)에 몰입하는 일본의 우경화에 대해, 데이비드 애
셔의 조언은 매우 적절한 설득력을 가진다. 몰입이 도를 넘어 광기를 보
일 때, 즉 일본 우경화가 주변국의 임계점을 넘는 이 시점은 매우 위험하
다. 미국은 한미일보다, 오히려 한미중 혹은 한미중러의 협력으로 북한
문제와 일본문제를 평화적으로 해결하는 것을 고민할 시점으로 보인다.
자위대가 문제가 아니라, 일본 우경화 정치가들이 위협적이라는 충고는
일본보다 오히려 미국이 더 심각하게 고민해야 할 문제가 아닐까?

후안무치와 기세도명으로 '칠전팔도(七順八倒)'의 함정에 빠진 일본

잃어버린 20년에 대한 일본의 고민이 끝나지 않고 현재진행형이라는 점과, 이의 돌파구가 새로운 성장동력 발굴과 이를 위한 국제사회와의 평화적이고 우호적인 협력이 아니라 폐쇄적이고, 이기적이며, 우경화를 통한 강한 국가로의 회귀라면, 주변국과의 마찰은 피할 수 없다. 미중관계의 갈등을 은연중에 바라면서, 이의 틈새를 최대한 활용하려는 일본의 소위 이간질 전략 역시 후안무치와 기세도명의 수준을 벗어나기 힘들다.

주변에 쉽게 찾을 수 있는 답이 있는데도 고집과 아집으로 험한 길을 자청하는 일본의 우경화는 이제 세계의 웃음거리로 전락하고 있고, 상대적으로 같은 입장에서 멋지게 탈출구를 찾은 독일의 사례는 일본의 우경화로 인하여 더욱 값진 인류역사의 유산으로 빛날 것으로 보인다. 같은 과거의 책임에서 이미 자유롭고 대범한 독일의 아름다운 성장과, 이를 끝까지 피해보려는 일본의 졸렬한 몰락의 대조는 그 명암이 너무도 극명하다.

칠전팔도, 즉 일곱 번 넘어지고 여덟 번 엎어진다는 뜻으로, 어려운 고비를 많이 겪는다는 이 말은 지금 일본에 매우 유효하다. "일본 정치가들은 위협적인 존재"라는 애셔의 말은 바로 국제사회에 있어서의 일본의 현실이다. 일본의 끝없이 넘어지는 반복되는 실수의 출구전략은 아주 간단하다.

"독일에서 배워라"라는 이 짧은 한마디가 그렇게 어려운가?

5   中 방공식별구역에 '이어도' 포함 의도와 우리 대처법은?

중국, 숨겨진 용의 '발톱'을 드러내다

2013년 11월 23일, 중국이 오랫동안 준비했던 방공식별구역(CA-DIZ) 선포로 동아시아가 방공식별구역 갈등에 돌입했다. 한미일은 물론이거니와 대만과 필리핀도 이에 강력 반발하고 중국의 일방적인 CA-DIZ 선포를 규탄했다.

한국은 중국의 선포 이후에도 평소와 같이 중국에 사전 통고 없이 해상초계기(PC-3)의 이어도 상공 초계 비행임무를 수행했다. 미국은 이미 예정된 일정에 따른 것이라며, 괌에서 비무장 상태의 전략 폭격기 B-52를 출격시켰다. 일본도 이에 질세라 자위대와 해상보안청 항공기들을 연이어 동원하여 정상적인 초계 활동을 벌였다. 하지만 중국 측은 이러한 행위에 대해 초기 발표와는 달리 전투기 긴급발진(스크램블) 등의 대응을 하지 않았다는 보도가 이어졌다.

중국은 각국의 반응을 살피고 전략의 보완에 주력하는 모습이다. 일단 정책을 수립하면, 먼저 공표를 하고 이어지는 반응을 보며 속도조절과 전략전술을 수정하는 중국의 전통적인 숨고르기 과정인 셈이다.

단 한번에 주변국의 뜨거운 격론을 일으켰지만, 중국 내부에서의 격론도 이에 못지않다. 공산당과 군 내부의 강경파와 온건파 간의 열띤 토론은 학계와 민간에서도 사뭇 뜨겁고, 관련 제안과 요구가 쏟아져 나오고 있다.

2013년 11월 9일부터 12일까지 3중전회의 중국 공산당 개혁안이 발표되었다. '사회개혁'과 '경제개혁'을 우선 처리하는 것으로 가닥을 잡은 이번 개혁안에 대해 특히 국외의 실망감이 크고, 중국 국내에서도 미흡한 정치개혁에 대한 실망감이 있다.

이번 개혁안의 예상 밖 특징은 '국가안전위원회(NSC)'와 '중앙 전면 심화개혁 영도소조(中央全面深化改革領導小組)'의 양대 조직 신설이었다. 자연스럽게 이와 연관된 후속 조치가 발표될 것으로 예상되었다.

그러나 중국의 일방적인 '방공식별구역' 선포는 그야말로 돌발적이다. 의지의 강력함 또한 심상치 않다. 중국의 특성상, 오랜 준비를 거쳤을 이번 선포가 앞으로 미칠 파장과 중국의 속내 읽기에 주변국과 강대국이 분주해졌다.

분명한 것은, 중국이 공식적으로 발톱(빛)을 숨기고 때를 기다린다는 덩샤오핑의 도광양회(韜光養晦) 전략의 종결과, 이젠 할 일은 당당히 하겠다는 유소작위(有所作为)의 목표이행을 대외에 공표했다는 것이다. 각고의 노력 끝에 용이 되어 승천하려고 땅을 박차자, 오랫동안 숨겨져 있던 무시무시한 발톱이 드러난 것이다.

중국의 드러난 의도: 투트랙 전략은 한국에 대한 배려가 아니다

중국은 11월 23일 선포한 CADIZ가 일본을 겨냥했다는 사실을 강조했고, 한국과는 대화로 협상하자는 투트랙 전략을 펴겠다는 태도를 보였다. 그런데 막상 뚜껑을 열어보니 그렇지도 않았다.

11월 28일 서울에서 열린 제3차 차관급 '한중 국방전략대화'에서 양측은 입장 차이만 드러냈으니, 방공식별구역을 둘러싼 갈등이 본격화될 것으로 예상된다. 중국이 한국에 이어도를 양보할 생각이 없음을 분명히 했다.

이 회담의 결과 이후 오후에 청와대와 정부, 새누리당이 서울 여의도연구원에서 협의회를 열었고, 우리의 방공식별구역을 남쪽으로 더 확대하는 방향으로 의견을 모았다고 한다.

의견만 모을 것이 아니라, 행동을 보여야 하고 대한민국의 '자주적 방공식별구역'을 새롭게 선포해야 한다.

한국에 대한 중국의 숨은 의도: 3대 전술, 4대 전략 그리고 1개 제안

중국의 이번 선포에는 복합적인 의도와 목적이 있고, 이를 오랫동안 고민한 흔적을 읽을 수 있다. 우리와 중첩되는 해당 면적은 제주도 면적의 1.3배 수준인 폭 20km, 길이 115km 정도이다. 중국은 우리의 서해(중국의 황해)와 중국의 남해에도 적절한 시점에서 방공식별구역 선포를 하겠다고 했다.

설사 지금 중첩된 구역이 중국이 주장하고 싶은 구역이라고 해도, 그 정도 규모라면 향후 서해(황해) 지역 선포에서 함께 선포해도 될 것이다. 왜 중국은 동중국해 방공식별구역 선포를 통해서 한국까지 자극했을까? 그 의도를 읽는 것이 중요하다.

속내를 잘 드러내지 않는 중국이 아주 작은 부분의 중첩을 피해가지 않았을 때에는 분명 이유가 있다. 대표적인 몇 가지 중국의 의도를 살펴보자.

1) 세 가지 전술의 시험

첫째, 소위 '간보기 전술'이다. 약간의 중첩으로 한국의 반응을 떠보고, 다음 전략에 반영하기 위함이다. 서해(황해) 지역의 선포나, 이어도 관할권 문제, 한중 배타적 경제수역(EEZ) 협상, 해양자원 등 향후 다각적인 전략수립을 위한 한국 떠보기 전술이다.

둘째, '협상카드 신설 전술'이다. 향후 복잡해질 한중일 배타적 경제수역(EEZ) 협상과 해양영토 및 해양자원 전쟁에 대비, 사전에 복합적인 협상카드를 만든 것이다.

셋째, '국면전환의 복합 전술'이다. 한국을 중일 방공식별구역 다툼에 끌어들이면 한미일 공조는 약화된다. 필요한 시점에서 한국에게 양보하고, 다른 것을 요구할 협상카드로도 가능하다. 복합 전술로서, 어떤 형태로든 한국이 자극되어 일본방공식별구역(JADIZ)의 수정에 한국도 참여하는 것이 중국에게 유리하다.

한국은 중국의 예상대로 격하게 반응했다. 중국은 JADIZ의 수정이 중국의 일방적인 요구가 아니라 한국도 이에 동의한다는 전략적 효과를 이루었다.

2) 숨겨진 네 가지 무서운 지역패권 전략

첫째, '증거 만들기 전략'이다. 향후 분규해결을 위한 정당한 증거를 만들자는 것이다. 국제법에서 분쟁해결에 필요한 증거에 공식적인 이의제기 유무와 이러한 '선포'는 효력이 있다. 이어도 관할권과 한중 간 해양경계문제에 대한 중국의 증거 만들기에 우리도 서둘러 충분한 대응을 준비해야 한다.

둘째, '한미일 동맹 약화 전략'이다. 한미일 동맹의 강화는 중국에게 상당히 부담스럽다. 중국은 일본 아베정권의 우경화 역사인식 등으로 한일 간의 심각한 갈등을 바란다. 자연스럽게 한중 간의 협력이 여느 때보다 긴밀해졌다. 오키나와 해역 부근까지 한중이 앞서거니 뒤서거니 대륙붕 경계선을 유엔에 상정했다. 이는 일본에 큰 압력이 되었고, 한미일 동맹은 약화되었다.

셋째, '미국의 영향력 감소 전략'이다. 미국의 동아시아 패권을 유지하는 양대 축은 동맹국과의 동맹관계와 미국의 힘이 투사될 수 있는 국제적 환경여건 조성이다. 그러나 '동북아 역사문제'와 '대륙붕 경계선을 포함한 배타적 경제수역(EEZ) 확정'에 이어 '방공식별구역'의 문제는 한일갈등의 중요한 요소이다. 이는 미국이 한일 어느 한쪽에 편중되기 어렵고, 미중관계도 복잡해진다. 결국 미국의 동아시아에 대한 영향력은 한중일의 갈등이 증폭될수록, 상대적으로 감소된다.

넷째, '중국의 상대적인 지역패권 역량 증가 전략'이다. 미국이 동아시아에서 집중할 곳이 분산되거나, 상황이 혼란스러우면, 미국의 강점을 발휘할 여력이 줄어들고, 상대적으로 중국의 영향력은 상승한다. 중국은 지역패권에 대한 상당한 자신감을 축적했고 이를 시행하고 있다.

이것이 중국의 전략적 노림수이고, 전통적인 유격전이다. 상대의 힘이 강하면, 전쟁의 국면을 확대하고, 혼란조성은 강한 상대의 힘을 분산시킨다. 분산된 힘은 제대로 집중되지 못하고, 상대는 약해지게 마련이다. 미국은 동아시아의 패권을 주도하지만, 한중일 삼국의 갈등에는 미국의 패권이 제대로 발휘될 공간이 너무 적다.

3) 한중 비대칭 협력에 대한 한 가지 제안

중국이 한국에게 제안하고 싶은 것은 일본에 대한 한중공동 협력이다. 중국이 한국과 중첩되게 선포하고, 한중이 대화로 해결할 수 있다는 것은 다분히 의도적이다. 중첩된 부분이 없었다면, 한국이 일본의 JADIZ에 대해서도 강경한 자세를 보이지 않았을 수도 있다.

우리의 입장에서 보면, 중국의 이번 선포는 일본이 일방적으로 부당하게 점유하고 있는 이어도에 대한 JADIZ 조정의 좋은 기회이다.

한중일은 최소한 두 가지 측면에서 삼국협상을 통해 문제해결을 해야 한다. 첫째, '배타적 경제수역(EEZ) 분쟁' 해결이다. 특히 대륙붕 경계선을 기준으로 주장하는 한중의 협력에 일본의 당혹감은 상당하다. 둘째, '방공식별구역 분쟁' 해결이다.

한중일 삼국의 동상이몽에서 한국의 역할은 매우 중요한 가치를 발휘할 시점에 있다. 기존 문제들에 대한 조정자의 역할을 통해 기대 이상의 결과를 추구할 수 있다. 하지만 더욱 중요한 것은 지역패권 재조정에 대한 보이지 않는 역할과 보상이다. 미국을 제외하고, 지역패권에 대한 중일 간의 패권질서 재조정에 있어서 한국의 역할이 가치를 발휘할 수 있는 중요한 시점이라는 뜻이다.

외교는 '협상전쟁'이고, 국익이 일관된 '최우선 목표'이다

외교는 끊임없는 분쟁 속에서 국익을 위해 지속적으로 협상해야만 하는 전쟁이다. 중국이 터트린 방공식별구역 문제를 계기로 우리의 외교적 역량을 키우기 위한 종합 계획을 재정비해야 한다. 시대가 변하고 흐름이 변한다면 그 시대의 흐름을 타는 것이 답이다. 그 흐름이 우리가 주도할 수 없는 흐름이라면, 일단 흐름을 타면서 내실과 내공을 키워야 한다.

우리가 고민에 빠져 있는 사이에, 만약 중일이 극적인 합의를 통해서 중첩된 양국의 방공식별구역의 적당한 중간선을 기점으로 대타협을 이룬다면, 이것은 우리에게 재앙이다. 이어도의 영공은 중일 양국의 합의와 이에 대한 미국의 지지로 결정될 수도 있다. 이 경우, 우리는 우리의 입장을 주장할 기회조차 없다. 우리에게 미중일 세계 3대 강국의 합의를 깨뜨릴 방안이 있는가?

전쟁의 혼란 속에, 한국전쟁과 극동방어를 위해 1951년 미국의 태평양 공군사령부에서 설정한 한국의 방공식별구역(KADIZ) 임무는 이제 역사적 소명을 다하였다고 선언해야 한다. 이어도 해역을 기점으로 대한민국에 의해 처음 선포되는 '대한민국의 방공식별구역(KADIZ)'이 이어도 해역 하늘 위로 당당하게 떠올라야 한다.

어떻게 주변국들과 협상할 것인가?

대한민국의 첫 KADIZ의 선포는 무조건적이다. 정부 정책결정의 핵심은 새로운 KADIZ의 선포 유무에 있는 것이 아니라, 주변국들과 어떻게 협상해갈 것인가에 대한 전략과 전술 수립에 있다. 정부와 국회, 학계와 전문가 집단은 물론이고, 전 국민이 대한민국 외교의 시험대에 역량을 집중하고 모든 지혜를 모아야 한다.

1) 중국: 너구리 협상전략, 선포에는 선포로, 협상에는 협상으로

중국과는 중국에서도 인정하듯이 협상의 여지가 충분히 있다. 협상의 여지를 먼저 보이고 있는 중국과는 협상을 준비하면 되고, 200해리 배타적 경제수역(EEZ) 확정문제와 방공식별구역 문제는 결국 함께 해결할 수 있는 여지가 충분하다.

협상을 통해서 문제를 해결하자고 하는 것 자체는 원론적으로 보아서는 비교적 합리적이다. 따라서 국제법과 국제관례 등을 근거로 이에 대한 문제 해결에 철저하게 대비하면 된다.

어차피 협상은 힘의 대결이 아닌 이상, 가장 간단한 방법은 상대와 같은 전략을 사용하여 상대의 집중력과 상대의 전투 의지를 꺾는 것이다. 게다가 상대와 같은 전략의 장기적인 사용은 상대로 하여금 '적의'보다 '동지애'를 유발할 수 있는 이해와 소통의 변형 전술이 될 수 있다.

구체적으로 힘에 밀리던 공산당이 몇 배나 강했던 국민당에게 썼던 마오쩌둥의 유격전 전술은 우리의 협상 능력과 체력 면에서도 많은 시사점을 줄 것이다. 이는 주로 적이 우리보다 크고 강할 때 쓰는 전술로서, "적이 공격하면 우리는 후퇴하고, 적이 멈추면 우리가 괴롭히고, 적이 피로할 때 우리는 공격하고, 적이 퇴각하면 우리가 추격한다"(十六字訣: "敵進我退, 敵駐我扰, 敵疲我打, 敵退我追")이다.

이것을 적극 활용하는 것은, 우리의 입장에서도 유용하다. 중국과의 협상 상황에 맞게 각색하자면, "상대가 강력히 주장하면 지루하게 들어주고, 질문으로 재촉하면 '동문'에 '서답'하라. 의견을 물어오면 강력하게 주장하고, 지루하게 들으면 질문으로 재촉하라. '서답'으로 회피하면 휴식하고, 결정을 압박하면 회의를 연기하라"라고 할 수 있다.

결국 협상의 최종 결정은 충분한 합의에 의해서 이뤄져야 하므로, 중국과의 협상에서는 먼저 서두르는 쪽이 무조건 지는 것이고, 먼저 주장하는 것은 '소탐대실'이다.

중국이 일방적으로 선포한 CADIZ와 대한민국이 새롭게 선포할 KADIZ는 지루하겠지만 협상의 틀에서 평화적으로 해결할 수 있다. 우리 자체의 KADIZ가 처음 선포되는 것에 대해서 중국이 타당성 여부를 거론할 처지가 못 되기 때문이다.

2) 미국: 미소전략, 감사의 인사와 현대화의 필연성을 미소로 강조해야

미국과는 한국전쟁 중에 그어진 선이 현실과 맞지 않음을 부각시켜야 한다. 우리가 실효지배하는 이어도 상공에 대한 KADIZ의 재조정은 어쩔 수 없는 선택임을 미소로 말하면 된다.

동시에, 미국 의회에 대한 로비, 미국 한인사회 등 가능한 모든 역량으로 미국의 한일 간 균형외교와 균형동맹을 강조해야 한다. 또한 미국의 학계와 시민사회에도 미국의 이러한 균형 회복이 한미일 전략동맹 강화에 기초가 된다는 점을 강력하게 홍보해야 한다.

3) 일본: 강대강 전략, 강함 속에 적의 움츠림이 있다

일본과는 한국전쟁 중에 미국이 결정한 KADIZ는 대한민국이 선포한 것이 아님을 강조하면 된다. 이어서 중국의 CADIZ 선포에 따라 자국의 핵심이익 보호의 차원에서 우리도 '자주적' KADIZ 선포를 할 수밖에 없음을 전달하면 된다.

이어도는 1951년부터 이미 우리의 관할권에 있었다. 우리의 관할권에 우리의 항공기를 투입하면서 일본에 통지를 한다는 것은 비상식적 처사이다. 일본과 이 문제를 협상하는 것이 잘못이다. 이는 실효지배에 대한 권리행사로, 새로운 KADIZ의 선포로 충분하다.

새로운 KADIZ 선포로 한일갈등 국면은 별로 달라질게 없다. 일본과의 갈등은 계속 생겨날 것이고, 우리는 이어도 상공을 일단 회복하고 갈등을 지속하는 것이다. 만약 일본이 JADIZ의 범위를 독도 상공으로 확대하겠다고 해도, 이미 우리 영공인 마라도 해역과 홍도 해역까지 침범한 JADIZ와 마찬가지로 실효적 의미가 없다. 우리는 대마도를 포함하는 2차 KADIZ의 선포로 맞불을 놓겠다는 각오를 펼쳐야 한다. 부담은 일본이 오히려 더 크다.

사실, 국제법상 강제력도 없다는데 무엇을 주저하는가? 서로 선포하면, 결국 협상으로 해결해야 한다. 한일 간의 갈등은 한일 간 힘의 역학관계가 아닌, 주변국 특히 강대국인 미국과 중국과의 전체적인 관계로 결정된다. 일본의 압박을 미리 예견해서 지레 겁먹을 이유가 없다.

4) 북한: 민족적 연합전략으로 일본에 공동대응

북한과는 남북 간의 정치와 군사적 문제로 갈등이 있더라도, 한반도 전체에 대한 공동의 외교적 문제와 역사적 문제에 대해서는 한 목소리가 되도록 공동대응을 제안하고 남북이 연합해야 한다.

일본과의 역사문제나 독도, 이어도 및 대륙붕 확장과 KADIZ 신규 선포의 문제는 남북이 함께 공동으로 협력할 수 있고, 협력해야만 하는 문제이다. 개성공단의 경협처럼, 이러한 한반도적 문제에 있어서 남북의 복잡한 정치적 군사적 대립과 갈등과는 달리, 민족의 화합과 미래 평화통일을 위해서라도 등대와도 같은 한줄기 긍정적인 희망의 협력 공간으로 삼아야 한다.

남북한 협력은 다시 중국과의 공동 협력으로 이어질 수 있고, 일본 문제에 대한 한반도와 중국의 공동협력은 일본과의 역사 문제나 대륙붕 경계선 문제 등에서 위력을 배가한다. 한반도와 중국은 일본에 대한 공동 대응을 통해 그릇된 일본의 과거사 문제와 공동의 문제들을 효과적으로 해결할 수 있고, 한반도 문제의 갈등완화와 미래지향적인 대화협력으로의 전환에도 긍정적 효과를 발휘할 것이다.

대한민국의 방공식별구역을 새로 선포해야 하는 이유

1) 국제적 관점에서의 당위성: 국가주권 행사는 국제법의 표준이다

첫째, 국제법과 국제관례의 공신력이 표준이 되어야 한다. 이어도를 한국의 정보구역으로 정한 '비행정보구역'은 국제민간 항공기구에서 비교적 국제법과 국제적 공신력을 기준으로 제정되었다. 한중일 3개국이 이에 동의하여 사용하는 '비행정보구역'에 근거하여, 현실적으로 재조정되어야 한다고 주장해야 한다. '비행정보구역'은 충분히 국제법과 국제관례의 공신력 있는 표준이고, '방공식별구역'은 국제법에 근거하지도 않고 실효성도 없이 각국이 선포한 것이고, 주변국의 동의가 없으면 더욱 유용하지 못한 것이다.

둘째, 실효지배가 근거의 표준이 되어야 한다. 국제법과 국제관례에 의해 실효지배가 우선권을 가지고, 이에 대한 국제표준이 '방공식별구역' 설정의 표준이다. 실효지배를 강조하는 의미는 중일 간의 영토분쟁에 있어서 일본에게 한일관계의 메시지를 전할 수 있다. 반대로, 중국에게는 부정적인 효과를 유발할 수도 있지만, 실효지배가 근거의 표준이 되어야 하는 점은 객관적인 표준이다. 따라서 지적을 받을 대상이 아니니 염려할 바가 못된다.

셋째, 대한민국은 자국의 '방공식별구역'을 선포한 적이 없다. 따라서 일본과 중국이 각기 자국의 국익을 반영한 자국의 방공식별구역을 선포한 것에 이어서, 대한민국도 자신의 국익이 반영된 '자주적'인 방공식별구역의 새로운 선포는 국가의 핵심주권 영역이다. 이 권리의 행사는 국제법으로도 보장받는 표준 권리이다.

넷째, 새로운 시대에는 새로운 시대에 맞는 기준이 필요하다. 한국전쟁을 도와 극동방위의 목적으로 미국의 태평양 공군사령부에서 선포하여 지금까지 사용되어온 소위 '미국 공군형 KADIZ'는 시대적 흐름에도 맞지 않다. 미국의 극동방위 목적과 대한민국의 주권수호는 목적과 범위에서도 다르고, 결정적인 주체의 차이가 다르다. 따라서 새로운 시대에 맞는 기준에 따라 자국의 권리를 행사하는 것은 올바른 기준의 이행이다.

다섯째, 유엔헌장의 주권평등 원칙에 따라 한중일이 각각 선포한 각국의 방공식별구역은 동등하고 평등하다. 일본의 JADIZ와 중국의 CADIZ 모두 주변국의 동의를 구하지 못하였다. 따라서 유엔헌장 제1장 목적과 원칙 제2조의 1항인 "모든 회원국의 주권평등 원칙에 기초한다"에 근거하여, 대한민국이 자주적으로 처음 선포하는 KADIZ도 중일의 방공식별구역과 동등한 가치와 자격을 유지한다.

2) 국내적 관점에서의 필연성: 주권침해는 치욕적인 근대사로 족하다

첫째, 국익이 외교의 우선이고, 타국의 눈치를 보는 것은 국익을 포기하는 것이다. 일본이 독도의 상공을 JADIZ에 포함시키는 것을 우려하는 것은, 마치 우리의 자주 국방력의 증가가 오히려 타국의 군사침략을 유도한다고 우려하여 현재의 무장상태를 유지하여야 한다는 논리와도 같다. 권리와 책임을 포기하면, 그 대가가 혹독하다는 것을 우리는 치욕의 근대사 경험으로 충분하다.

둘째, 스스로의 권리와 기회를 포기하는 것과 같다. 앞에서 언급하였듯이, 만약 미국의 중재하에 극적으로 중일이 양국의 방공식별구역 중간선으로 합의하여 결정된다면, 우리는 협상 테이블에 앉을 기회와 자격조차 없다. 만약 이어도가 공동구역으로 설정될 경우, 중일 양국 모두에게 사전 비행 통지를 해야 한다는 말이 아닌가? 생각만으로도 가슴이 답답하다.

셋째, 외교의 우선이 국익이고, 국익의 기본은 국민의 '민의'이다. 민족적 치욕의 역사가 제대로 청산되기도 전에, 다시 강대국들의 야합과도 같은 뒷거래 협상에 또다시 책상을 치고 술잔에 매달릴 것인가? 우리의 후세대들에게 현대사에서까지 치욕의 흔적을 넘겨줄 것인가?

넷째, 우려하는 모든 문제는 협상으로 해결할 수 있다. 한중일 삼국이 협상해야 할 항목들은 앞으로도 많다. 국제법적으로도 영향력과 제약이 없는 방공식별구역의 선포조차도 자주적으로 이루지 못한다면, 향후 국제법과 국제사례로 판결될 한중일 삼국 간에 진행될 배타적 경제수역(EEZ)의 치열한 해양영토 전쟁은 보나마나 패배이다. 또한 한중일 간에 향후 발생될 삼국 협상이나 양자협상의 대부분이 협상능력과 의지의 부족으로 줄줄이 패배할 것이다. 협상조차 두려워하는 싸움의 결과는 예상조차 귀찮다.

결론: 시대의 흐름을 타고, 국민의 '민의'를 반영하라

방공식별구역은 국가의 주권 영역인 영공에 우선할 수 없다. 또한 영공을 방어하지 못하는 방공식별구역은 무의미하다. 독도의 해역과 독도의 영공이 일본에 의해 침략받는다면, 이는 국가 안보의 자주권 차원에서 방어해야만 한다. 동일하게 이어도 관할권이 일본에 의해 침해받는다면, 똑같은 이치로 이에 대항하고 방어해야 한다.

기존의 KADIZ는 한국전쟁 중에 미국이 임시로 제정한 소위 임시적 조치일 뿐이다. 1969년 일본의 JADIZ 선포와, 2013년 11월 23일 중국의 CADIZ 선포에 이어, 대한민국도 우리의 KADIZ를 '처음으로' 그리고 '당당하게' 선포해야 한다.

유엔 헌장에서 명시한 주권의 행사에도 일본의 눈치를 보아야 하고, 실질적인 관할권을 1951년부터 시행해온 대한민국이 자국의 관할권 지역에 항공기가 이동할 때마다 매번 타국에게 비행 통지를 해야 한다는 것은 역사적인 웃음거리이다.

역사문제와 위안부 문제로 매번 조롱을 받는 치욕에도 제대로 된 응징조차 하지 못하는 대한민국! 중국의 돌발적이고 일방적인 CADIZ 선포는 일본의 JADIZ 영역에 어떤 형태로든 수정이 불가피하다. 이렇게 절호의 호기를 또다시 방관한다면 이는 두고두고 후회할 중대한 역사적 과오이다.

머뭇거리다가는 이어도의 관할권 문제까지 위태롭게 된다. 이는 이어도 주변 해양자원의 막대한 손실은 물론이고, 대양으로 가는 해상통로가 결국 봉쇄되는 최악의 상황까지도 예상해야 한다. 수출과 수입의 해상통로가 막히고, 항공 영역이 막힌다는 것은 상상할 수 없는 재앙이다.

중국의 숨은 의도와 전략 전술이 어떠하든, 일본의 대응이 독도 상공에 자국의 방공식별구역 선포를 예전처럼 엄포로 위협하든, 중국이 던진 혼란의 화두는 우리에게 절대적인 호기이다.

적어도 방공식별구역에 대해서는 시대의 흐름을 타고, 대한민국 국민의 '민의'와 한 민족의 '의지'를 보여야 한다. 대한민국은 이어도 해역이 포함된 자주적인 '대한민국 방공식별구역'을 반드시 선포해야 한다.

6 해양강국을 향한 중국의 꿈: 2013 양회에 나타난 미래 비전

2012년 11월 중국의 젠-15 함재기가 중국의 첫 항모인 '랴오닝(遼寧)호' 이착륙 훈련에 성공했고, 중국항공산업이 육지에서 대양으로 날아올랐다며 흥분을 감추지 않았다. 백지상태에서 시작한 중국이 더욱 고난도를 요하는 함재기 제조 기술 습득으로 '해양강국'의 문을 연 것이다.

자신감을 얻은 중국은 2012년 12월의 18대 공산당 중앙위원회 전체회의서 총서기로 취임한 시진핑이 새로운 국가비전으로 '중국의 꿈'을 제시했고, 2013년 3월의 양회(兩會)를 통해 "중화민족의 위대한 부흥과 부국강군의 꿈"으로 구체화된 국가전략으로, "해양강국 건설"이라는 구체적인 전술로 진보했다.

중국 양회(兩會)의 유래와 평가

양회는 전국인민대표대회(이하 전인대(全人代))와 중국인민정치협상회의(이하 정협(政協))를 말한다. 정협은 1949년 첫 대회에서 중국정부를 선출했고, 전인대는 1954년에 첫 대회가 개최되었다. 1959년에 3회 정협과 2회 전인대가 동시에 열리면서 '양회'가 형성되었고, 문화대혁명 기간 중 정협이 중지되고, 1975년에 4회 전인대가 열려, 1978년부터 양회는 동일한 회수로 진행된다. 1998년부터 매년 한차례씩 정협은 3월 3일에, 전인대는 3월 5일에 개막되었다. 올해 정협과 전인대는 각각 2,206명과 2,965명이 참가한 대회의이고, 임기는 모두 5년이다.

전인대는 헌법 및 국가기본 법률제정권, 국가주석 · 중앙군사위원회 주석 · 최고인민법원장과 최고인민검찰청장 등을 비롯한 각 부처 책임자 선출권 및 국가예산 심사 등 국가 중대 15개 사안들을 결정하는 헌법상 최고 국가권력기관이다. 명목상으로는 매우 상당한 권력을 행사하는 것처럼 보이지만, 실상은 거수기에 불과하다는 평가를 받기도 한다.

정협의 주요 기능은 정치협상, 민주적 감독, 각 당파와 단체 및 각계 인사들을 조직하여 정무에 참여하는 것이다. 전인대와는 달리 명예직인 정협의 존재는 다당제 실행과 정당 간의 정치협상을 통해 각 정당과 인민들의 의견을 공산당이 수렴하여 당이 중국을 이끈다는 공산당의 홍보 효과와 의견수렴의 형식적인 의미를 가진다고 폄하되기도 한다.

중국 2013 양회의 의미: 시진핑의 '꿈'과 개혁의지

1) 시진핑 국가주석의 미래비전: '중국의 꿈'

제12회 전인대 폐막식에서 시진핑은 '중국의 꿈'을 이루기 위해, "첫째, 반드시 '중국노선'으로 가야한다. 반드시 중국특색의 사회주의 노선을 통해 '국가부강 · 민족진흥 · 인민행복'을 실현해야 한다. 둘째, 반드시 '중국정신'을 고양시켜야 한다. 중국정신은 애국주의가 핵심인 '민족정신'과 개혁혁신이 핵심인 '시대정신'이다. 이들이 응집되어 '홍국의 혼'과 '강국의 혼'이 된다. 셋째, 반드시 '중국역량'을 응집시켜야 한다. 이러한 '중국의 꿈'은 반드시 인민들에 의해서 실현되어야 한다"고 강조하였다.

2) 최고지도자 7인(중앙정치국 상임위)의 책임 요구

시진핑은 중앙정치국 상임위(7인) 회의에서 상임위는 ① 민족부흥, ② 인민을 위한 복무, ③ 당이 당을 잘 관리하도록 하는 세 가지 책임이 있으며, 당은 내부문제의 해결과 당의 사명을 완수해야 한다고 강조했다. 이는 체제유지를 위한 당의 개혁과 반부패를 강력하게 요구한 것이다.

3) 실천방침: 권력균형과 권한 축소

'중국의 꿈'을 어떻게 이룰 것인가? 첫째, 권력균형을 이루어야 감사기관들이 효과적인 감사를 할 수 있다. 둘째, 정부업무의 투명한 공개가 이루어져야 한다. 셋째, 여론의 힘을 이용하여 사회적 감시기능을 회복하여야 한다. 넷째, 경제발전 중심에서 민생복지로 전환하여야 한다. 관점중국(观点中国)의 이 분석은 매우 예리하게 급소를 찌른다.

4) 개혁 핵심방안 설정

정부의 개혁 핵심방안을 정리해보자. ① 국가해양국의 직능 확장을 통한 해양강국의 의지 표명, ② 정부의 경제간섭 축소와 정부직능의 전환, ③ 에너지자원 개혁 추진, ④ 계획경제의 마지막 상징이었던 철도부 폐지를 통한 시장경제 발전의 가속화 추진, ⑤ 반부패 강력 추진 등이다.

2013 양회의 결과: 개혁 추진과 중국의 고민

1) 행정체제 개혁의 목표: '서비스형 정부'와 '청렴한 정부' 추구

'시리체제'—시진핑과 리커창 체제(体制)—는 일련의 개혁을 추진하여, 정부와 특수 이익집단 간의 갈등을 감소시키고, 정치개혁을 위한 복선으로 '서비스형 정부'와 '청렴한 정부' 추진을 목표로 제시했다.

2) 정부 조직개편의 핵심: 행정 간소화와 권한 축소

정부가 조직개편으로 추진하는 주요 내용은 ① 종합교통시스템, ② 종합 신문출판 방송 영화 텔레비전 공공서비스 시스템, ③ 종합 위생 인구 공공서비스 시스템, ④ 식품약품 감독시스템, ⑤ 해양관리 및 법집행 시스템, ⑥ 에너지관리 시스템 등의 시스템건설 추진이고, 완성에 있어서 가장 중요한 관건은 '행정 간소화와 권한 축소'라 했다. 이 '행정 간소화와 권한 축소'는 시장과 사회 및 지방에 각각 원래대로 권한과 기능을 돌려주고, 중앙은 거시적 측면에서의 관리와 법제 환경을 창조하는 것이다.

3) 공무원 부패와의 전쟁: 근무규정 8항목과 금지령 6항목

중국정부는 '근무규정 8항목'과 '금지령 6항목'을 통해 근무기강과 공무원 부패를 바로 잡으려 한다. 두 종류의 항목들은 모두 허례허식과 낭비를 줄이고 실질적인 업무추진 및 공금사용에 대한 엄격한 기준적용을 강조한 것이며, 사실상 엄중한 경고이다.

4) 양회에 대한 인민들의 부정적 인식

이는 당국을 곤혹스럽게 한다. '양회'의 형식적인 면에 대해 대부분의 인민들은 냉소적이다. 너무 형식에 치우쳤고, 단독 입후보자에 대한 찬반투표로서, 모든 정책과 지도자 선출이 이미 사전에 준비되어 양회의 대표자들은 거수기일 뿐이며, 1998년 이래 최대의 정부조직 개편안이 불과 몇 분 만에 초고속으로 통과하는 등의 문제점들을 지적한다.

5) 중국의 고민에 대한 분야별 분석

중국이 고민하는 대표적인 사안들을 살펴보자. 첫째, 국내의 문제들은 ① 공산당: 기득권 및 원로그룹과의 파벌갈등 조정, ② 국내정치: 정치개혁과 정치민주화 요구에 대한 대응, ③ 경제: 내수확대를 통한 지속발전 유지, ④ 사회: 빈부격차의 양극화 해소와 환경오염 등의 중진국 딜레마 해소, ⑤ 민족: 소수민족 분리주의 관리와 중화민족 단합 등에 중점을 두어야 한다.

둘째, 국제적인 문제들은 ① 국제정치: 국가 주권확립과 핵심이익 보호, ② 외교: 국제위상과 국제 영향력 제고, ③ 국제환경: 지속적인 발전을 위한 안정적인 주변 국제환경 조성 등이 중점 고려 사항들이다.

중국 2013 양회와 '해양강국'을 향한 전진

중국은 장기적으로 평화굴기를 통한 책임대국을 주장하며, '분쟁보류·공동개발'의 방침을 대외적으로 강조해왔고, 동아시아연합과는 '남해평화선언'을 이루었다. 그러나 이제 중국은 '중국의 꿈' 통해 '해양강국'의 꿈을 실현하고자 한다. 그리고 그 실천의 선상에 '국가해양국' 기능의 확대가 있다.

1) 국가해양위원회 신설: 해양전략 수립·지시를 위한 고위층 지휘부

정부 공무선박과 해군을 포함한 해양경계방위의 효율성을 제고하고 해상에서의 일괄적인 사법집행을 연구하고 추진하기 위한 목적으로 고위층의 의사 협력기구인 '국가해양위원회'를 신설하였다.

2) 국가해양국: 해양업무 주관부서

국가해양국은 해양업무의 주관부서가 되어 기존의 중국해감, 공안부 변방해경, 농업부 중국어정, 해관총서의 해상사법경찰들의 업무를 모두 이관받게 되었다. 주요 임무는 해양발전계획수립, 해상 권리유지와 법 집행, 해역 관리감독 및 해양 환경보호 등이고, 신설되는 '중국해경국'을 통해 해양관련 업무를 총괄하게 되었다.

3) 중국해경국 신설: 실제 해양업무 집행부서

3월 20일, 국가해양국 대변인은 국가해양국의 재편성 일정과 관련하여 실질적인 해양업무를 집행하기 위하여 신설된 '중국해경국'에 형사집행권과 중무기를 보유하게 할 것인지에 대한 업무방안에 대해 논의 중이라고 발표했다. '중국해경국'은 기존의 각 부서에서 행하던 해양감시 · 어업지도 · 해상밀수와 밀입국관리 · 해상 변방 수호 등의 모든 해양업무를 수행하게 되었다. 중국 해경의 능력이 미국에 이어 세계 2위 규모로 급상승하게 된다는 분석이다.

4) 해양강국 종합전략 분석: 종합 시스템 구축

해양강국을 위한 중국의 전략을 종합해보자. 첫째, 전략수립: 중국은 해양강국 건설 전략을 수립했다. 둘째, 법제정리: 1984년에 제정된 '해상교통안전법'을 현재에 맞게 수정하여 해양강국 도약의 국내법 및 국제법의 근거를 마련하는 법제화를 추진한다. 셋째, 기구조정: 국가해양위원회 신설, 국가해양국 재편성, 중국해경국 신설을 통한 실무기구를 정비하였다. 넷째, 시스템 정비: 전략 및 방침을 확정하고 지시하는 국가해양위원회, 해양업무를 총괄하는 국가해양국, 이를 집행하는 중국해경국의 수직체계를 구축하였고, 사법집행을 자문하는 공안부는 물론, 해군과 공군 및 제2포병(전략미사일부대)의 수평지원체계를 구축하여, 해상업무의 종합적인 시스템을 구축한 것이다.

결론: 한국형 '도광양회'로 통일한국 이후를 준비하자

스즈훙(施艺鸿) 중앙정책연구실 부주임은 '시리체제'에서 새로 출범한 정부조직의 구체적인 개혁 청사진이 올해 하반기의 당 중앙위원회(25인) 3차 회의에서 드러날 것이라고 한다. 필자는 이 청사진이 어떤 형태일지, 한반도에는 어떠한 영향력을 미칠 수 있는지가 벌써부터 궁금하다.

이번 양회에서 나타난 '중국의 꿈'은 '개혁의 꿈', '법치의 꿈' 그리고 '행복의 꿈'으로 요약될 수 있고, 국방에서의 '강군의 꿈'이 추가될 것이며, '해양강국의 꿈'은 전술적 의미가 강하다. 결국 '중국의 꿈'은 '부국강병의 꿈'이고, '대국의 꿈'이다. 대국의 꿈이 이루어진 뒤에, 중국이 주창하는 "패권을 지향하지 않는다"고 외쳐온 대국굴기(大国崛起)의 본질이 어떻게 변화할 것인가를 상상하는 것은 우리에게는 별로 유쾌하지 못하다.

중국이 중국의 꿈으로 지금의 G2에서 G1으로 올라서서 '부국강병의 대국의 꿈'을 이루는 것과는 상관없이, 우리는 우리의 길을 가야한다. 우리에게는 '한민족의 꿈'이 있다. 통일한국은 지금의 대한민국이 G10위권에서 G5권 내로 들어갈 수 있는 우리들의 '부국강병의 꿈'이다. 류큐(琉球)열도를 넘어 대양으로 향하는 중국의 꿈이 부럽지만, 우리에게도 '통일의 꿈'과 통일한국 이후에 본격화될 '대양의 꿈'이 있으니 중국이 어떻게 꿈을 이루어가는지를 지켜보는 것도 우리에게는 좋은 교훈이 될 것이다. "빛을 감추고 힘을 키운다"라는 덩샤오핑의 도광양회(韜光養晦)는 30여 년간의 각고의 인내를 거쳐 G2로 보답했다.

대한민국의 꿈은 '통일한국'이고, 통일한국의 꿈은 '대양강국'과 '우주강국'이어야 한다. 이를 위해, 우리도 한국형 도광양회를 준비하자. 통일한국은 물론, 통일한국 이후의 국가 대전략을 설정하고, 우리 모두가 자신감을 갖고 우리의 꿈을 추진하자.

7 日, 선택의 기로에 서다:
오바마의 회초리인가 '탈 아베'인가?

아베로부터 불붙기 시작한 최근 일본 우경화의 끝은 어디까지일까?
최근 일본 우익의 발언들은 이미 임계점을 넘어도 한참을 넘었다. 그 절
정에 방점을 찍은 것은 NHK 회장으로 취임한 모미이 가쓰토 신임 회장
이다.

아래에서 소개할 서로 다른 네 가지 언론 보도를 하나의 사슬로 엮
었다. 일본 우경화의 끝은 어디로 향하고 있을까?

평형감각을 잃어버린 일본의 추락은 어디까지 갈 것인가?

2014년 1월 26일과 27일자 도쿄발 연합뉴스의 보도를 보면 우경
화로 무너지는 일본의 현주소를 제대로 느낄 수 있다. 모미이 회장이 1
월 25일 기자회견에서 "전쟁을 했던 어느 나라에도 (위안부는) 있었다"며
"한국은 일본만이 (위안부를) 강제연행한 것처럼 이야기하고 있다. 일한조
약으로 (배상문제는) 전부 해결했다"는 억지 논리를 폈다는 것이다. 이에
대한 일본 언론의 반응을 연합뉴스가 정리했다.

아사히(朝日)신문은 "아베 내각의 한 각료가 언론사 최고 책임자로
서 있을 수 없는 실언이라면서 즉각 사임을 촉구했다"는 보도이다.

마이니치(每日)신문은 "모미이를 회장으로 선출한 NHK 경영위원

측에서도 그의 이번 발언이 외교문제로 발전할 가능성을 우려하고 있다. NHK 내부에서는 그의 자질을 의문시하는 소리가 나오기 시작했다"고 한다.

교도통신은 제1야당인 민주당의 가이에다 반리(海江田万里) 대표, 일본공산당의 야마시타 요시키(山下芳生) 서기국장, 마타이치 세이지(又市征治) 사민당 간사장, 아베 정권과 협력적 관계인 다함께당의 와타나베 요시미(渡邊喜美) 대표, 생활당의 스즈키 가쓰마사(鈴木克昌) 간사장 등 정치권에서 모미이 회장에 대해 거침없는 비판들이 쏟아졌다고 보도했다.

연합뉴스는 위와 같은 일본 언론사들의 반응을 근거로, 모미이 회장의 발언이 일본 내에서도 혹독한 비평을 받고 있다고 보도했다. 아베의 우경화 전략은 이제 일본을 대표하는 공영방송마저 장악한 셈이다.

일본을 대표하는 NHK 공영방송마저 평형감각을 잃는다면 일본은 정말 큰일이다. 일본의 우경화는 이제 아베 개인과 내각의 문제를 넘어섰다. 일본은 도대체 지금 제정신인가?

오바마는 4월 아시아 순방에 일본을 방문할 것인가?

이번엔 2014년 1월 24일, "미국, 아베 총리 말리려 두 팔 걷어붙이나"라는 월스트리트저널의 보도 내용을 보자.

2013년 12월 26일, 야스쿠니 신사를 기습적으로 참배했던 아베 총리는 2014년 1월 22일 다보스 포럼의 기조연설에서, "한국인과 중국인의 마음을 상하게 할 의도는 없다. 신사 참배에 관해 '엄청난 오해'를 하는 것 같은데, 전쟁 희생자들을 기리기 위해 야스쿠니 신사를 방문했다"며, 야스쿠니 참배의 당위성을 주장했다는 것이다.

아사히신문도 케네디 대사가 "미국은 지역 긴장 고조를 우려하고 있어 아베 총리의 (야스쿠니 신사 참배) 결정에 실망했다"며, 미국 고위급 외교관이 이처럼 공개적으로 훈계성 발언을 한 것은 이례적인 일이라고 보도했다는 것이다. 결국 미국도 일본의 우경화 행보에 대한 불만이 터지기 시작한 것이다.

월스트리트저널은 "미국 정부 관리에 따르면, 미국은 동아시아 긴장을 완화하기 위해 야스쿠니 신사 참배를 반복하지 않겠다는 약속을 아베 신조 일본 총리로부터 받아내고, 과거사에 대한 일본 정부의 사과 성명을 재천명하는 방안을 아베 총리에게 요청할 계획"이라고 보도했다.

연합뉴스는 이에 대해, "미국이 일본에 요구하는 것은 일본의 재사과 요구, 과거사와 영토 갈등을 끝낼 수 있는 한국과의 합의, 2차 대전 때 강제 동원된 위안부 문제 해결 조치에 있다"라는 요약된 분석을 내놓았다. 일본은 이 분석을 어떻게 이해할까?

오바마와 아베의 동상이몽은 접점을 찾기가 쉽지 않아 보인다. 미국에 패배하여 끝이 난 태평양 전쟁. 한중일 갈등도 미국의 요구에 따라 일본이 고개를 숙여야 할지를 결정해야 한다는 의미로 아베는 받아들이고 있는 것은 아닐까?

고민을 할 필요도 없이, 아베는 자신의 잘못된 생각을 돌아볼 위인이 아니라는 예측이 자연스럽다. 다음은, 문제를 확대시킨건 한국과 중국이라는 자기변명과 이에 대한 불만이 생길 것이다. 결국, 잘못된 시각을 가진 것은 오바마라는 생각에 아베는 깊이 빠질 것 같다.

아베의 문제는 오히려 어떻게 해야 오바마가 아시아 순방길에 일본에 들리겠는가에 있을 것이다. 본질을 보지 못하고, 술수에 능하다고 착각하는 아베의 뻔히 보이는 술수가 이번에는 어떤 형태로 나타날지 사뭇 궁금해진다.

일본, 이성적 양심과 현실적 욕망의 딜레마로 갈라지다

세번째 기사이다. 2013년 12월 29일자 "궁지 몰린 아베, 한국 과거사 해결 기회 잡은 셈"이라는 중앙일보 기사를 살펴보자.

국제정치학계 권위자인 소에야 요시히데(添谷芳秀, 58) 게이오대 법대 교수는 "한국인들은 일본 내에서도 아베 총리에 대한 부정적 견해가 많다는 점을 알아야 한다. 이번 참배 결정은 일본 사회를 둘로 가르고 있다. 양국 국민 모두에게 중요한 것은 민주국가의 국민으로서 문화 및 민간 교류는 이어나가야 한다는 점"이라고 강조했다고 한다.

와카미야 요시부미(若宮啓文, 65) 전 아사히(朝日)신문 주필은 "아베 총리는 국제사회에서 상당히 곤란한 입장이 될 것이고, 그 손해를 회복하려면 뭔가를 해야 한다. 그때 한국과의 과거사 문제를 해결하면 국제사회에서 위상을 만회할 수 있다는 점을 한국이 잘 활용했으면 한다"라고 했다는 보도이다.

야당 정치인들과 일본 지성인들의 아베에 대한 불만은 서서히 팽창하고 있다. 침묵하는 일본의 시민사회에도 아직은 평형을 유지하려고 노력하는 많은 움직임들이 보인다. 어느 국가든 잠깐 번쩍이는 섬광효과에 매혹되어 평형감각을 잃는 순간, 더욱 짙어진 어둠에 휩싸인다. 후유증에 대한 역사적 교훈은 매섭고 오래간다.

일본이 곧 세계의 표준이라는 사고에서 벗어나지 못한 실패는 이제 균형감마저 잃었다. 아베노믹스와 우경화 놀음에 빠진 일본의 아베 내각을 걱정하는 것은 이제 한중 양국뿐이 아니다. 미국이 고민하기 시작했고, 일본 사회가 고민하기 시작했다. 일본은 이제 어디로 향하고 있는가?

변명의 가치조차 없는 말은 단지 '소음'이다

이제 마지막 네 번째 기사를 보자. 이것은 2013년 8월 2일자 중앙일보 기사다. "10여 년간 여성을 납치 감금, 상습 성폭행한 미국의 50대 남성이 종신형에 징역 1,000년형을 선고받았다고 2일 CBS 노컷뉴스가 보도했다"는 내용이다.

가해자인 카스트로는 이날 재판에서 "여성들을 납치한 것이 아니라 차를 태워달라는 그들의 요구에 응한 것이다. 성관계도 상호 합의하에 했다"고 주장했다고 한다.

자신을 '괴물'이라 부르는 언론 보도에 대해서도 "괴물이 아니라 도덕적이고 정상적인 사람이다. 성 가학자도 아니며, 다만 알콜 중독처럼 (섹스) 중독이 있는 아픈 사람일 뿐이다"라고 말했다는 것이다.

어떤 한 사람이 어떤 말을 한다고 해서 그 말이 다 말이 되는 것이 아니다. 카스트로의 말은 그냥 기록될 수 있는 '소음'에 불과하다. 평형 감각을 잃은 공영언론은 중요한 가치를 잃은 셈이다. 가치가 없다면, 결국 폐기처분 대상이 아닌가?

아베의 우경화는 '소음'을 조장하는 정치에 더불어, 공영언론으로 하여금 그 '소음'마저 조작하려한다. "정부가 '우'라고 하는 것을 언론이 '좌'라고 할 수는 없다"는 모미이 NHK 신임회장의 말은 결정적인 증거이다.

아베 일본총리와 모미이 NHK 신임회장이 쏟아내는 말이 카스트로의 궤변 속에 섞이고 있다는 생각은 별로 유쾌하지 못하다. 스스로 찾지 못하는 평형감각은 결국 누군가가 잡아줘야 한다. 가장 최선의 방법은 역시 내부에서 해결하는 것이다.

8 청와대, 무라야마 전 총리의 방문 반겨야 하는 이유

2014년 2월 9일자 연합뉴스는 "박근혜 대통령이 일본의 식민지 지배를 공식 인정하고 사죄한 이른바 '무라야마 담화'의 주인공 무라야마 도미이치(村山富市, 90) 전 일본 총리를 만날지 주목된다"라고 보도했다.

보도는 "청와대와 외교부 등 정부는 신중한 입장이고, 여러 가지 영향과 변수, 국익 및 외교적 파장들을 종합적으로 고려해 검토하고 있다"는 것으로 정리되었다. 무라야마 전 총리의 청와대 방문 요청을 어떻게 할 것인가?

무라야마 담화는 아직도 일본에 유효하다

"본인의 기분을 만족시키기 위해 나라를 파는 것 같은 총리가 있는가?"라며 아베의 야스쿠니 참배를 일갈했던 무라야마가 정의당의 초청으로 2월 11일 한국을 방문하는 이유가 뭘까?

일본 내부에서의 불만 표현으로도 만족하지 못한 무라야마가 결국 외부적 해결방법을 선택한 것으로 보인다.

1995년, 일본 총리의 자격으로 '담화'를 통해 주변국들에게 일제의 만행에 대한 사과를 했던 무라야마가 보는 아베의 우경화와 그릇된 역사인식은 노정객의 마음을 흔들어 놓았을 것이다. '구순(九旬)'의 노구를 이끌고 한국을 방문하는 일본 전 총리 무라야마는 어떤 마음으로 대한 해협을 건너오는 것일까?

무라야마 전 총리는 왜 대한민국 국회의원회관에서 '올바른 역사인식을 위한 한일관계 정립'이라는 주제로 강연을 하려고 하는가? 그는 왜 정의당 정책연구원과 일부 대학연구기관이 공동주관하는 '동북아 평화 및 올바른 한일관계 형성을 위한 좌담회'에 참석하려는 것일까? 그리고 그는 왜 청와대 방문을 희망하고 있는가?

한국을 방문한 그는 국회와 청와대에 이렇게 말할 것이다. "(올바른 역사인식과 한일관계의 발전을 위해) 무라야마 담화는 아직도 일본에 유효하다. 이것을 이해해달라."

일본, '탈(脫) 아베'의 내부적 '출구' 필요

한일 간의 외교적 파장은 이미 크게 솟구친 파도의 꼭대기에 있다. 파도가 두렵다면, 바다에 나서는 것조차 거두어야 한다. 솟구친 파도의 높이를 두려워하지 말고, 파도의 흐름을 타야 한다.

'무라야마 담화'의 당사자인 무라야마 전 총리가 청와대를 찾는 이유가 무엇이겠는가? 이는 출구를 찾지 못하는 일본에게도 출구를 찾는 열쇠가 될 수 있기 때문이다.

아베와 일본 우익의 우경화 횡보가 이미 국제적 임계점을 넘어섰다. 일본의 과거사와 일제 만행에 대한 한중의 공동대응이 학계와 시민사회의 협력을 넘어서 정부 간의 협력체계로 이어지고 있다.

한미일 안보라인을 걱정하는 미국도 한일 문제에 대해 심각한 우려를 인식해, 일본의 과거사 문제에 대한 압력을 전방위로 펼치기 시작했다. 북한도, 그리고 러시아도 일본의 과거사와 우경화에 대해 비판의 목소리를 보태고 있다.

일본 국내에서도 아베에 대한 반발을 보이기 시작했다. 2월 8~9일 이틀간 중국 상하이(上海)사범대학에서 '일본군 위안부문제 해결을 위한 한중일 학술회의'가 열렸다. 일제의 위안부 만행에 대해 일본의 학자들까지 참여한 것이다.

하얼빈(哈爾濱)시 사회과학원 731문제 국제연구센터에서는 '731부대'의 만행에 대한 한중 학자들의 공동 연구가 진행 중이다. 서울대 사회학과 서이종 교수는 현재 하얼빈에서 중국 학자들과 1년째 공동 연구를 진행 중이다. 서 교수는 필자와 나눈 대화에서 "한중일 3국 간에 상호방문과 정보교환 등 협력이 진행 중이다"고 했다.

이제 아베와 일본 우익의 우경화에 대한 우려는 예상했던 대로 일본 내부에서조차 참을 수 있는 한계의 선을 넘어가는 것으로 보인다. 일본의 시민사회와 지식층, 그리고 일본 정계가 아베의 독선과 아집에 비난의 화살을 보내고 있다. 지금 일본은 '아베의 혼돈'에서 스스로 벗어나기 위한 '출구'가 필요한 것이다.

일본의 '탈(脫) 아베 출구전략'에 협력해야

청와대는 무라야마 전 총리의 방문을 받아들여야 한다. 구순(九旬)의 노정객이 먼 길을 마다않고 찾아오는데, 이를 박대할 필요가 없다. '동방예의지국' 대한민국이 무라야마 전 총리를 '총리급' 예우로 대우해야 한다. 국회는 물론이고, 청와대도 대문을 활짝 열고, 정치 인생의 마지막을 장식하게 될지도 모를 그의 방문을 반갑게 맞아야 한다.

일본이 무라야마를 통해 아베의 '오만과 독선'에서 벗어나려는 시도를 하게 해야 한다. 한일관계는 물론이고, 한반도의 평화통일을 위해서 한일관계 정상화는 빠를수록 좋다. 그리고 그 첫 관문이 바로 일본 스스로 아베에서 벗어나는 '출구전략'에 협력하는 것이다.

대한민국 국회와 청와대가 무라야마를 반겨야 하는 것은 바로 '무라야마 담화'를 가진 그의 '정신' 때문이다. '무라야마 정신'은 한미일 공조와, 동북아 평화에 중요한 기초가 될 것임을 미국이 알도록 해야 한다.

무라야마가 귀국길에 크게 웃으면 웃을수록, 한국은 미중일러 4대 강국에 대한 대일 외교의 전술적 역할이 커질 것이다. 이런 외교적 전술이 실질적인 균형자 역할을 증대시키는 것은 또 다른 '덤'이다. 청와대는 무라야마에게 대문을 활짝 열어야 한다.

9 아베의 부족한 2%,
스시외교의 실패로

오바마의 초기 동아시아 방문계획에서 한국은 제외되어 있었다. 일본을 방문하고 말레이시아와 필리핀을 순방하려 하였으나, 한국은 전방위적인 압박과 요구로 미국의 발목을 잡았다. 결국 오바마는 일본 방문의 예정된 일정을 나누어 한국도 방문일정에 포함시켰고, 한국은 한미관계의 공고함을 세계에 증명했다. 아베는 오바마에게 처음부터 배가 아팠던 것일까?

오바마는 왜 예정된 일본의 일정에 다시 방한 일정을 추가하지 않고, 방일 일정을 줄여서 한국을 방문했던 것일까? 오바마의 이번 일본과 한국의 방문 목적은 어떤 의미를 가지는가? 한일 양국에 대한 오바마의 '공통된' 방문 목적은 무엇일까? 한국에게 일격을 당했다고 생각한 아베는 오바마에게 어떤 시나리오를 준비했을까? 아베는 도대체 무슨 생각을 하고 있었을까? 아베의 생각이 궁금해진다.

오바마의 방일 · 방한의 '공동목적'은 한미일동맹 강화

오바마의 방일과 방한의 '공동목적'은 한미일 동맹의 강화에 있었다. 3국동맹 강화의 화살은 직접적으로는 북핵문제 해결과 대북 제재의 연장에 있고, 부수적인 노림수는 중국견제에 있음을 이제는 국제관계나 국제정치를 전공하지 않은 사람들도 쉽게 이해한다. 소위 '삼척동자'도 다 아는 이 논리를 아베도 모를 리 없다. 그런데 아베는 오바마가 생각하는 한미일의 '공동목적'과는 다른 생각에 몰두했다.

오바마와 공동으로 고민해야 할 문제를 제쳐두고, 자신의 문제만을 남에게 강요하는 아베의 외골수는 상당히 심각하다. 결국 아베의 신사참배 정당성에 대한 한마디가 미일 정상외교의 모든 가치를 희석시켜버렸다. 화가 난 오바마의 표정과, 얼굴이 달아오르며 열변(?)을 토하는 듯한 아베의 표정은 명확하게 대조적이다.

아베, 오바마에게 생떼만 쓰다가 끝난 정상회담

오바마와 아베의 미일 간 정상회담의 핵심주제는 TPP에 대한 합의와 공동성명 발표에 있었다. 그러나 TPP에 대한 미일의 입장은 오바마의 방일 이전까지 합의되지 못했고, 결국 오바마와 아베는 정상회담에서 이 문제를 해결해야 하는 부담을 안게 되었다. 오바마는 아베에 대해 선물을 준비했고, 아베는 오바마가 원했던 선물을 외면했다.

TPP 조건에 대한 상호 의견 차이는 근본적으로 미일 간의 관계변화의 핵심 변수는 아니지만, 그렇다고 양국의 국내정세를 감안한다면 두 사람 다 쉽게 상대의 조건을 받아들이지 못하는 딜레마가 존재하는 것으로 보인다. 결국 오바마는 자국 내의 지지도를 거론하면서까지 상대적으로 높은 지지도를 가진 아베에게 TPP에 대한 일본의 양보를 '부탁'한 셈이다.

그리고 아베가 양보할 수 있는 일본 내부의 분위기 조성을 위해 오바마는 "센카쿠열도가 미일 방위조약의 범위에 포함된다"는 언급으로 아베가 기다렸던 선물을 내놓았다. 다소 원칙적이지만, 중국을 자극할 수밖에 없는 이 말로 인해 중국은 발끈했고, 미국은 미중관계에 있어서 분명히 피동적인 부담을 해결해야 하는 숙제까지 감내했던 것이다.

아베는 오바마로부터 기대했던 선물을 받았지만, TPP에 대한 합의를 뒤로 미루었다. 오바마가 자신의 어려운 입장까지 설명하며 '부탁'했지만, 아베는 이를 외면했다. 게다가, 아베는 공동 기자회견의 마지막 질문에서 오바마를 옆에 세워두고 신사참배에 대한 자신의 의지를 피력했다. 선물교환을 기대했던 오바마에게, 아베는 선물은커녕 준비했던 생떼를 교묘하게 마지막 질문에 숨겨두었던 것이다.

공동기자회견의 마지막 질문이었기 때문에, 아베의 발언에 대한 의견을 피력할 기회조차 없었던 오바마의 표정이 굳어졌고, 그의 시선은 아베의 얼굴을 떠나 바닥으로 향했다. 선물을 받은 아베의 답례는 TPP 양보가 아니라, 자신의 고집을 오바마에게 강요하면서 떼를 쓴 꼴이 된 것이다. 선물을 기대했던 오바마의 '빈손'에, 아베는 오바마가 먹다가 남긴 '스시' 절반을 마저 먹으라고 올려놓은 셈이다.

화가 난 오바마, 한국은 어부지리를 얻고, 일본은 애써 외면하지만

의도된 시나리오로 보이는 이 장면에서 불쾌감을 감추지 못한 오바마의 반응은 오찬취소로 이어졌다. 오바마의 불쾌감에 머쓱해진 아베를 뒤로하고 한국에 도착한 오바마는 위안부 문제에 대해 작심한 듯한 발언으로 아베를 비판했다.

오바마는 박근혜 대통령과 정상회담 후의 공동기자회견에서 아베에 대한 불쾌한 감정을 숨기지 않았던 것이다. 일본 지도자들의 역사인식에 대한 생각을 묻는 기자의 질문에 "(군위안부 문제에 대해) 당시 어떤 일이 벌어졌는지 정확하고 분명한 설명이 있어야 한다"는 분명한 입장을 언급했다.

오바마 대통령의 이어진 발언은 아베에 대한 불쾌감이 그대로 드러나 있다. "끔찍하고 매우 지독한 인권침해 문제라고 생각한다. 위안부 피해 여성들이 인권을 침해당한 것은 전쟁 상황임을 감안하더라도 쇼킹한 일이었다"고 오바마는 아베에 대한 불만을 강하게 털어놓았던 것이다.

오바마가 일본군 위안부 피해자 문제에 대해, "끔찍하다, 지독하다, 쇼킹하다(terrible, egregious, shocking)"는 표현으로 강력한 비판의 입장을 보인 것 자체가 쇼킹하다는 한국 언론들의 반응이다. 아베의 자살골로 인해 어부지리를 얻었다는 한국 언론들의 노골적인 반응에 대해, 일본은 당혹감을 감추지 못한 채 애써 외면하려는 눈치이다.

아베의 심각한 '2% 부족증'이 자살골을 부르다

총리에 취임한 이후, 아베의 자충수는 여러 군데에서 반복되고 있다. 자신의 생각에 빠져 남의 생각을 읽지 못한다는 것이다. 읽지 못하는 것인지, 읽으려 하지 않는 것인지조차 불분명하였던 이전과는 달리, 이번 오바마의 방일에서 보여준 아베는 통속적인 표현을 하자면, 소위 '2% 부족증'이 심각한 수준으로 보인다.

오바마의 일본 도착을 환영하는 만찬에서 아베가 회심의 접대로 준비했던 '스시'에 대해, 오바마는 예의상 절반을 맛보고 젓가락을 놓았다고 한다. 어렵게 먼 길을 온 손님에 대한 배려가 첫 단추부터 잘못된 것은 아닐까? 일본인에게는 88세의 '명인 스시'가 훌륭한 배려일지 몰라도, '스시'를 만드는 장면을 직접 보는 미국인 오바마에 대한 배려로는 잘못된 것일 수도 있다.

'스시외교'라며 떠들썩한 준비를 했던 아베는 기대했던 오바마의

'스시'에 대한 반응을 들을 수 없었다. 겨우 '절반'만을 맛본 오바마가 '립 서비스' 수준의 언급조차 없었던 것을 아베는 어떤 심정으로 지켜보았을까? 오바마는 다음 날 일본 국왕이 디저트로 제공한 '녹차 아이스크림'의 배려에 대해 감사한다는 회답으로 아베의 부족한 배려를 우회적으로 언급했다.

어릴 때 일본에서 먹었던 '녹차 아이스크림에 대한 추억'을 배려한 일본 국왕에게 감사를 표한 오바마의 의중을 아베는 어떻게 받아들였을까? 아베의 국제정치에 대한 철학은 무엇일까? 지도자의 자질에 대한 일본의 기준은 무엇일까? 아베의 생각이 궁금해진다. 그리고 잃어버린 20년의 수렁에서 벗어나려는 일본의 선택에 대해서도 의구심만 쌓여간다.

제3편

중국의 패권전략:
공산당 7대 개혁과 '중국의 꿈'

이미 2010년을 기해 G2로 올라선 중국의 국내정세에 대한 외부세계의 관심은 뜨겁다. 과연 중국은 어떻게 변해갈 것인가? 근대화에서 현대화를 성공적으로 거친 국가들이 공통적으로 경험했던 시민사회의 성장, 중산계층의 출현, 경제민주화 요구, 정치민주화 요구, 법치주의 국가통치, 다당제 정치체제, 경쟁적 직접선거 도입 등이 중국에서는 어떻게 전개될 것인지에 대한 외부의 예측이 다양하다. 게다가 중국은 내부의 또 다른 문제들인 민족분리주의의 태동, 과도한 중화민족주의, 도시와 농촌의 양극화, 국민 간 소득 양극화, 환경파괴와 생태오염, 부정부패 척결, 수출주도형 산업구조 개편, 내수시장 활성화, 내부 정치권력투쟁, 중앙정부와 지방정부간의 갈등, 국영기업과 민영기업의 불균형, 시장경제와 국가주도형 경제정책 등등의 수없이 복잡한 문제들이 산재해 있다.

시진핑 중국 공산당 총서기는 중국특색의 사회주의와 사회주의 초급단계를 강조하며, 부정부패 척결과 인치주의를 탈피하고 법치주의를 강조하고 있다. 결국 공산당 일당독재의 프롤레타리아 독재를 강조하는 시진핑은 7대 공산당 개혁안을 통해 중국특색의 사회주의 완성을 주장한 것이다. 시진핑은 인치주의의 대표적인 실패 사례로 보시라이(薄熙來)를 겨냥하여 정식 재판(2013년 8월 22일)을 통해 숙청함으로써 법치주의를 강조했다. 이어서 2013년 12월 9일부터 12일까지 개최된 중국공산당 제18기 중앙위원회 제3차 전체회의(이하 3중전회)에서 시진핑은 경제개혁, 정치개혁, 문화개혁, 사회개혁, 환경개혁, 국방개혁, 공산당 개혁의 7대 개혁을 발표했으며, 2014년 9월 현재까지 강력하게 진행하고 있다. 제18기 3중전회를 시작으로 전개된 부패와의 전쟁은 적지 않은 성과를 올렸지만, 아직은 진행 중인 그 결과에 대한 승패 여부를 논하기 어렵다.

시진핑은 대외적으로는 '신형 대국관계'를, 대내적으로는 '중국의 꿈'을 통한 '중화민족의 부흥'을 선택했다. 그리고 그 핵심에는 중국 공산당 7대 개혁안과 부정부패 척결, 그리고 법치주의의 국가통치가 있다. 특히 중국 공산당 7대 개혁안은 2020년이라는 시한을 분명히 명시함으로써 이번 개혁이 이전과는 다르다는 강력한 의지를 표명했다. 시진핑은 2020년까지 개혁의 '중요영역'과 '핵심부분'에 있어서 '결정적인 성과'를 내야 한다고 주문했으며, 구체적으로 시스템 완비와 과학적 규범 및 운영 효율이 있는 제도체계를 형성하여, 여러 측면의 제도가 더욱 성숙해지고 더욱 정형화되도록 하자고 요구했다.

이 책의 제3편은 중국의 패권전략: 공산당 7대 개혁과 '중국의 꿈'이 주제이다. 인치주의와 법치주의의 권력투쟁으로 관심을 모았던 보시라이의 재판 결과는 결국 법치주의를 강조한 시진핑 체제의 승리로 결말이 났다. 그리고 시진핑은 제18기 3중전회를 기점으로 7대 공산당 개혁안을 발표했고, 이 개혁안은 향후 중국의 국내정책과 대외정책을 분석하는 데 있어서 중요한 핵심 자료가 될 것이다.

필자는 중국 공산당 개혁안에 대해 여섯 개의 주제로 나누어 분석하였다. 아마도 이 여섯 개의 주제 중에서 특히 4~5의 "공산당 개혁안, 무엇을 개혁하나"(상), (하)편의 심층분석 자료는 독자들에게 상당한 인내심을 요구하는 내용이 될 것이다. 그러나 이 두 가지 주제는 향후 중국 공산당의 변화를 살펴보는 기준틀이 될 것이기 때문에, 송구하지만 독자들에게 상당한 각오를 미리 요청하는 바이다.

통일한국을 준비하기 위해서 가장 영향력을 발휘할 수 있는 미국과 중국에 대한 분석은 필수적이다. 그런 의미에서 제3편에서 거론되고 있는 중국 내부의 권력투쟁의 흐름과 공산당 개혁안, 그리고 공산당의 부패사냥을 분석하고 이해하는 것은 매우 중요하다. 외부의 문제가 내부에 영향을 주는 것이 한정적일 수 있지만, 내부의 문제가 외부로 분출되는 영향력은 오히려 크다. 중국의 내부 국내정치와 사회환경이 불안하면, 동북아 특히 한반도 정세에 미치는 영향은 그만큼 크고, 특히 평화통일에 미치는 영향은 더욱 부정적일 수 있다. 중국의 내부정세가 안정적일수록 중국이 한반도 통일에 평화적으로 기여할 수 있는 내부적 여건이 갖추어진다는 의미이다. 내부에 복잡한 문제들이 산재해 있는데, 한반도 문제에 중국이 적극적인 역할을 할 수 있는 여력이 되지 못하지 않겠는가?

중국 공산당의 개혁안을 자세히 살펴보면 네 가지 측면에서 한국이 중국과 협력할 수 있다는 생각이다. 이에 대한 상세한 필자의 주장은 "8장 공산당 개혁안 총평: 관전 포인트와 한중협력 4대 방안"에 정리되어 있다. 바로 이것이 공산당 개혁안을 분석해야 하는 중요한 목적인 것이기도 하다. 필자의 한중 4대 협력 방안에 대한 독자 및 전문가들의 의견이 벌써부터 궁금해진다.

어떻게 중국의 변화를 우리의 기회로 삼을 수 있을 것인가? 사실 이것이 필자가 한국의 독자와 전문가들에게 던지는 화두이고, 함께 고민하고 찾고자 하는 문제풀이다. 그리고 이에 대한 필자의 답안을 예시적으로 먼저 제시한 것이 중국 공산당 7대 개혁안에 대한 한중 4대 협력 방안이다. 개혁은 곧 고민과 문제의 해결을 위한 해법 찾기와도 같다. 중국의 고민 속에 우리의 기회가 있다는 필자의 주장과 제안에 대해 독자들은 어떤 해법을 찾을 수 있을까?

1   보시라이 재판과
'시진핑 – 리커창 체제'의 새로운 도전

보시라이(薄熙来)가 1심 재판에 대한 불만으로 상소를 했다는 보도이다. '보시라이 사건'을 어떻게 볼 것인가? 도대체 최근에 중국에는 무슨 일들이 일어나고 있었고, 이 사건을 통해 우리는 무엇을 보게 된 것일까? 중국의 급속한 정치환경의 변화는 우리에게 어떤 시사점을 제공했으며, 향후 우리의 국가전략에 어떤 변화를 요구하는가? 우리가 이 문제를 생각하기 위해서는 먼저 중국의 정치체제의 변천과 문제점들을 생각해보아야 한다.

'정치개혁'의 황금시기를 놓쳐버린 중국

최근 중국에서는 지난 20여년의 '정치개혁' 황금기를 놓쳤다는 점을 매우 아쉬워하는 분위기가 여러 곳에서 감지된다. 만약 덩샤오핑이 개혁개방을 통해 이룬 '경제개혁'의 성공적인 흐름이 자연스럽게 '정치개혁'으로 이어졌다면, 세기적인 성공을 거둔 경제개혁의 튼튼한 기초를 바탕으로 정치 · 경제 · 사회 · 문화의 전 분야에 있어서 지금보다 더한 비약적인 발전을 이룰 수 있었을 것이라는 아쉬움에 젖어 있다.

장쩌민(江泽民)과 주룽지(朱镕基)의 '장주체제'(江朱体制)부터 후진타오(胡锦涛)와 원자바오(温家宝)의 '후원체제'(胡温体制)까지 20여 년의 기간은 바로 중국이 정치개혁을 이루었어야 하는 최고의 황금시기였다는 것이다. 모든 일이 때가 있는 것처럼, 가장 적절한 시기를 놓치고 난 뒤의 아쉬움은 그래서 언제나 더 큰 법이다.

중국이 '정치개혁'을 놓치게 된 가장 큰 국외적 요인은 '소련의 해체'와, 이어진 '동구권의 몰락'이었고, 국내적 요인으로는 '천안문 사태'를 꼽는다. 이 두 국내외 역사적 요인들은 중국의 정치개혁에 대한 태동 자체를 얼어붙게 했다는 것이다.

중국 정치체제의 변화와 보시라이 사건의 출현

1세대 지도자 마오쩌둥(毛泽东)과 2세대 지도자 덩샤오핑(邓小平)의 철인 강권정치체제 그리고 이러한 잔재가 그나마 일부 남아있던 3세대 장쩌민(江泽民) 시대와는 달리, 4세대 후진타오(胡锦涛)의 시대에는 완전히 이전과는 다른 변화를 맞이해야 했다. 즉, 중국 정치변화의 핵심이 '철인정치체제'에서 '집단지도체제'로의 '권력분화'라는 새로운 변화를 보였다.

과도하게 권력이 집중되었던 1인 강권정치에 대한 부정적 반응으로 출현한 '집단지도체제'는 '후원체제'(胡温体制)가 출범과 동시에 받아들일 수밖에 없었던 한계점이기도 했지만, 이로 인하여 최고 권력의 과도한 분산, 당내 분열, 공개적인 권력투쟁 출현이라는 태생적인 모순점들이 순차적으로 나타나게 되었고, 바로 이 모순점들의 연장선상에 '보시라이 사건'이 자리하고 있다.

보시라이 재판: 정치적 재판을 법률재판으로

보시라이는 '홍가찬양'(红歌讚揚)과 '공동부유론'(共富論)의 정치구호를 통해, 도덕적 법통과 이념적 접근을 활용한 대중 선동 방식의 공개적인 정치투쟁을 전개했다. 이러한 보시라이의 '충칭(重庆) 모델'에 대해, 중국의 사회평론가인 류위엔쥐(刘远举)는 마오쩌둥식 선동정치의 재림, 선혈이 난무했던 잔혹한 정치쇼, 전대미문의 대중 선동식 공개 정치투쟁, 중국 개혁개방 30년 정치사의 누적된 사회모순의 부정적인 결과물들을 만들었다고 혹평했다.

보시라이의 산둥(山東)성 지난(濟南) 재판은 제한된 무대와 조건으로 이루어진 '협상재판'의 결과이고 본질이 왜곡된 정치협상의 무대라는 평가이다.

비록 웨이보(微博, 중국판 트위터)라는 SNS 매체를 통해 재판의 내용이 외부로 방송되었고, 법정권리가 공정하게 보호된 형식을 취하였다는 긍정적인 부분이 있지만, 보시라이에 대한 충칭(重慶)에서의 민형사상의 범죄는 모두 감추어진 채, 랴오닝성(遼寧省) 성장(省長) 재임시절의 일부 경제범죄에 국한된 사법적용 범위의 문제가 존재했고, 변론을 통한 반격의 기회를 가진 보시라이의 출중한 자기변호는 오히려 그 정도면 청렴한 관리라는 오도된 여론 출현으로 사법부와 당국을 당황하게 했다.

결국 "전대미문의 보시라이 사건에 대한 파격적인 재판의 승자는 누구인가?"라는 화두가 중국을 뜨겁게 달구었다. 보시라이는 이렇게 제한된 범위 내에서의 질책을 대가로 체제에 대항했던 정치적 패배의 결과를 인정한 셈이고, '시리체제'는 제한된 범위 내에서의 보시라이 망신 주기로 원하는 정적제거에 성공한 셈이라는 것이 필자의 생각이다.

'시리체제'는 집권 이후 가장 큰 정치적 문제의 해결에 대해 우회적인 방식으로 향후의 통치방향을 시험했고, 이 의도된 실험은 성공적으로 보인다. 즉, 보시라이의 공개 정치투쟁의 결과물에 대해 결국 공개적이고 비교적 투명한 법치주의 실행을 통해 정치 전환점을 이룬 것은 새로운 변화이다. '궁정정치'에 대항한 '광장정치'에 대해 사법절차에 따른 법치주의라는 체제 질서와, 이전과는 달리 '공개재판'을 통해 적극적으로 민심을 쟁취하는 새로운 중국의 정치방향을 제시했다는 점이 이 재판의 의미인 것이다.

보혁갈등(保革葛藤)과 정치투쟁은 끝났는가?

보시라이로 인한 4세대의 '대중 선동을 통한 공개투쟁'이라는 이전과는 전혀 다른 '광장정치'(廣場政治)에서, 이제 중국 5세대 권력투쟁은 다시 전통적인 내부 암투의 '궁정정치'(宮廷政治)로 회귀되었다.

권력투쟁과 노선투쟁은 인류사회가 존재하는 한 피할 수 없는 영원한 과제이지만, 보시라이의 대중 선동을 통한 공개적인 권력투쟁의 과정으로 발생된 중국 현대사회의 각종 문제들과 통치신뢰성 하락에 대한 시급한 사후처리는 '보혁갈등'보다 시급한 공동의 문제이다. 정통파와 개혁파 간의 노선투쟁과 권력투쟁의 공개적인 대중 노출에 대한 반감은 양쪽 모두에게 부담과 공감으로 인식되었을 것이다.

시진핑과 리커창의 '시리체제'는 중앙권력의 강화를 통해 전통적인 문제인 보혁갈등과 정치투쟁의 문제를 완화하거나 해결하려고 시도하고 있다. '보시라이 재판'은 이러한 시도의 일환으로 보혁(保革) 간에 사전에 정치적으로 협의된 각본을 통해 상호 'win-win'으로 우선 봉합했다는 것이 대체적인 시각이다. 즉, 이번 보시라이의 재판은 시급한 민심 이반과 사회분열을 막기 위해서, 공개적인 재판과정이라는 형식을 통해 당내 분열이 봉합되었다는 점을 간접적으로 대외에 표시한 것이라고 봐야 할 것이다.

그러나 중국의 좌익 이념을 따르는 전통파(傳統派)와 보시라이의 지지자들은 보시라이가 노선투쟁의 희생물이며, 보시라이의 몰락과는 상관없이 충칭모델은 아직도 유효하다는 입장에 서 있다. 이러한 논쟁의 연장선에 보시라이를 비호했다고 지적되는 저우융캉(周永康) 전임 정치국 상무위원의 향후 거취 문제가 있다. 문화대혁명 이후, 최고지도급인 전·현임 정치국 상무위원에 대해서는 사법처리를 목표로 한 부패조사를 하지 않았던 불문율이 '시리체제'에서는 어떻게 할지 여부가 현재 초미의 관심사이다. 이는 보시라이의 재판 결과와는 상관없이 '보혁갈등'과 정치투쟁이 아직도 치열한 내부 진행형임을 예측하게 한다.

귀족 홍위병(紅衛兵) 정치의 잠재된 위험성

전·현직 최고위급 지도층의 물밑 협상을 통해 중요한 사안들이 결정되는 중국 '궁정정치'(宮廷政治)의 정치경쟁에서 밀려나 충칭(重慶)으로 가게 된 보시라이는 마오쩌둥의 대중 선동전략과, 중국의 급속한 경제성장의 여파로 발생된 양극화를 자신의 재도전을 위한 전략적 배경으로 활용하였다.

그는 양극화와 도시화 및 지역발전의 차등화로 발생된 사회의 불만현상들을 이용하여, 대중들의 관심을 유도하고, 이들의 적극적인 지지를 통해 다시 당내의 궁정정치 정치경쟁에서 자신의 존재를 과시하는, 소위 '광장정치'(廣場政治)를 선보인 것이다. 그는 사회주의 이념을 찬양하는 '홍가찬양'(紅歌讚揚)과 '공동부유론'(共富論)을 통해 충칭인민들의 관심을 유발하였고, 폭력조직 소탕을 통해 청렴하고 깨끗한 사회 만들기라는 표면적이고 전술적인 성공을 거두게 되었다.

그러나 보시라이의 충칭모델은 1인에게 집중된 과도권력의 문제점과, 법치가 아닌 인치(人治) 통치의 폐단, 광장정치를 위해 필요로 했던 막대한 재정조달을 위한 집단 부정부패, 개인의 정치 야망을 목적으로 추진된 가시적인 프로젝트로 인해 소진된 충칭시의 재정부실과 이로 인해 발생된 막대한 충칭시의 채무, '가신정치'(家臣政治)로 인한 집단적 권력남용과 부정부패로 발생된 사회질서의 혼란 등, 이렇게 잠재된 문제들은 '후원체제'(胡溫体制) 후반기에 큰 부담으로 존재했고, 체제 말기에 결국 보시라이의 오른팔 격인 충칭시 부시장이자 공안국장인 왕리쥔(王力軍)의 청두(成都) 미국 총영사관 도피 사건을 계기로 보시라이 사건이 시작되게 된 것이었다.

그럼에도 충칭모델로 인해 발생된 부작용과 잠재적인 문제점들은 이번 지난(濟南) 법원의 재판에서 보시라이의 죄목을 경제부문과 랴오닝성 시점으로 제한을 둠에 따라, 충칭모델의 실질적인 문제들은 다시 수면 아래로 잠시 가라앉은 상태가 된 것이고, 이는 안정적인 정권인수와 당내화합 및 사회적 안정을 이루어야 하는 시리체제의 깊은 정치적 고민을 엿볼 수 있게 하는 대목이다.

중국의 정치개혁은 더 이상 회피되는 화두가 아니다

현역 인민해방군 공군 상장(한국의 대장)인 류야저우(刘亚洲)는 그의 '중국정치개혁 신사고'(中国政治改革新思维)라는 비공개 강연에서 중국의 미래 정치개혁의 방향을 네 가지로 제시하였다. 첫째, 반드시 사법부의 독립이 이루어져야 하고 둘째, 언론의 자유가 보장되어야 하며 셋째, 제도권에 반대하는 재야인사들도 경선에 참여하는 지방정부의 직접 선거를 실시해 넷째, 집권당을 감시할 수 있는 경쟁식 다당제의 새로운 정당정치를 이루어야 한다고 주장했다.

이렇게 파격적인 주장에 대한 반응은 제도권 내외와 중국의 사회 전반에서 다양하게 회자되고 있지만, 다른 사례와는 달리, 인터넷에서 류야저우의 문장 검색이 아직도 개방되어 있다는 점은 현 중국사회와 정치체제의 변화를 가늠하는 중요한 부분이다.

즉, 기존 체제를 반대하는 재야세력과 국민당이 체제의 적이 아니라, 만연하는 부정부패가 인민의 적이라는 사회적 공감대는 정곡을 찌른다. 따라서 오히려 공산당 집권을 더욱 강화할 수 있도록 체제를 비판하는 재야세력과 대만의 국민당 세력을 야당(野黨)으로 포용할 수 있어야 하며, 적대적 냉전사고(冷戰思考)를 버리고 헌정 민주제도와 같은 경쟁사고(競爭思考)로, 일당제에서 다당제로의 전환을 추진할 수 있어야 한다고 주장한다.

일견 위험수위를 넘은 듯 보이는 류야저우 주장의 중심에는 공산당이 인민들로부터 선거를 통해 충분히 인정받을 수 있다는 이념에 대한 자신감이 있지 않느냐는 것이 핵심이고, 국민당 집권시절에 야당이었던 공산당이 정치이념으로 부패한 국민당을 이겼듯이, 미래에도 공산당이 인민들에게 집권당으로서의 충분한 신뢰를 줄 수 있다는 자신감으로, 인민의 적인 부패척결과 신사고 정치개혁을 공산당이 주도해야 한다는 것이다.

얼핏 보면 위험해 보이는 류야저우의 주장을 세부적으로 들여다보면, 그의 주장이 공산당의 장기적 집권에 대한 거부감에서 온 것이 아니라, 오히려 공산당 이념에 대한 자신감과, 대만의 국민당을 포용할 수 있는 통일에 대한 해법 제시는 물론, 장래 세계의 패권을 생각하는 중국의 선진정치에 대한 미래의 방향을 제시했다는 긍정적인 측면을 발견할 수 있다. 이러한 함축된 의미가 바로 그의 주장이 공산당 내부와 사회에서 아직도 유용하게 회자되고 논의되는 생명력인 것이다.

시리체제의 '필연적'인 새로운 시도들

'후원체제'의 문제점들을 지켜본 시리체제는 출범에서부터 이전과는 다른 모습을 보이고 있다. 즉, 권력이 과도 분산된 집단체제보다는, 권력과 역할분담이 명확해진 강력한 쌍두체제(雙頭體制)로의 변화를 해법으로 제시한 것이다. 중앙서기처(中央書記處)에 군(軍) 측 대표를 제외하고, 정법위서기(政法委書記)에 상임위원을 배제하거나, 정부의 조직 통폐합과 구조개편을 통해, 막강한 군(軍)과 거대한 권력기구의 영향력을 약화시키고, 시리체제에 권력이 집중되도록 권력구조를 개편하였다.

이러한 권력 재편을 통해 '강한 체제통지'로의 회귀, 즉 분산된 권력의 '시리체제' 집중화로 당내 분열과 대중 선동의 소위 '보시라이식' 공개적 권력투쟁을 막고 '당정분리'(黨政分離), 즉 명확한 체제 역할분담을 통하여 느슨해진 공산당 내부의 단합을 강화하려는 것이다.

이러한 권력의 집중화를 통해 의법치국(依法治国), 의법집정(依法执政), 즉 헌정정치와 법치주의 통치를 통해 보시라이식의 인치정치(人治政治)의 문제점들을 해결하고, 부패척결을 통한 민심안정과, 공산당 1당 통치의 체제안정을 강화하는 등, 이전 체제에서 발생되었던 여러 문제점들을 해결하는 것에 그 목표를 두고 있다.

따라서 '보시라이 사건'의 처리는 이러한 시리체제 10년간의 통지 방향과 이념을 가늠할 수 있는 좋은 사례이다. '보시라이 사건'에는 덩샤오핑 이후의 장주체제(江朱体制)부터 후원체제(胡溫体制)까지 20여 년간의 중국 정치변혁과 권력투쟁, 및 중국사회의 전반적인 문제점과 사회 불만들이 함축적으로 존재하고 있다. 즉, 5세대인 시리체제의 고민을 읽을 수 있고, 보시라이 사건의 해결과정을 통해 미래 중국의 정치변화와 사회변화를 가늠해볼 수 있는 아주 중요한 의미라는 말이다.

민심은 곧 천심이고, 정치의 최종 지향점이다

보시라이를 반대하는 사람들은 보시라이가 재판과정에서 당국의 함정에 제대로 걸렸고, 총명한 자신의 능력을 과신해, 성급하고 포악한 성격을 다 드러내었을 뿐 아니라, 가족과 부하 동료들에게 책임을 전가하는 등, 권력투쟁의 패배는 물론 지혜의 싸움에서도 패배했다고 비꼬았다.

또한 이들은 보시라이가 자신의 변호를 위해 자신의 아내인 구카이라이(谷开来)와 심복인 왕리쥔(王力军)의 불륜설을 스스로 터트린 점에 대해, 당국이 이번 재판을 통해 일부 인민들이 가졌던 보시라이에 대한 영웅의 환영으로부터, 아주 평범한 범인으로 끌어내리는 데 있어서 뜻하지 않은 성공을 이루었다는 반응이다.

세기의 정치적 재판이 세기의 스캔들화로 변질된 현장을 웨이보 생중계로 경험한 중국 인민들의 반응은 놀랍도록 뜨겁다. 역사 이래로 웃음거리를 자초한 절대 권력자에 대한 일반 사람들의 흥미는 언제든지, 얼마든지 지루하지 않은 법이다.

보시라이를 지지하는 사람들의 반응도 위의 내용과 다르지 않으나, 아쉬움이 많다는 것이 다른 점이다. 이들의 아쉬움은 보시라이를 통해 기대했던 공동부유론의 실체가 사라져가는 것에 있고, 이들의 관심은 다시 새로운 보시라이를 찾을 수 있을 것인가에 있을 뿐이다.

이제 이미 대중들의 정치적 관심은 보시라이를 떠났고, 충칭의 별이자 황제였던 보시라이는 그렇게 충칭의 천상에서 땅으로 곤두박질쳤다.

보시라이의 1심 재판에 대한 상소와 최종 2심제의 판결에 대한 의미는 그리 크지 않다는 것이 중론이다. 관례상 1심 재판의 결과가 반전을 이루기가 쉽지 않을 것이며, 2심 재판은 처음부터 설계되었던 시리체제의 법치주의에 대한 공개적 시행이라는 목적의 연장선일 뿐이라는 것이다.

어느 사회나 민심의 변화는 빠르다. 문제는 어느 국가나 정치가 항상 민심의 빠른 변화를 따라가지 못한다는 데 있다. 민심의 변화를 읽고, 이 변화를 맞출 수 있는 국가전략과 대외전략의 수립이 곧 국내정치와 국제정치의 최종 지향점이라는 생각이다.

2 보시라이 재판의 함의:
권력투쟁의 핵심무대가 이동한다

천상에서 지옥으로: 추락하는 충칭의 황제 보시라이

중국의 최고 지도자 그룹인 공산당 정치국 상무위원회(7인) 후보로, 시진핑 총서기의 강력한 경쟁자로까지 거론되던 보시라이는 2012년 2월 6일 자신의 오른팔 격이던 충칭시(重慶市) 부시장이자 공안국장인 왕리쥔(王力軍)의 청두(成都) 미국 총영사관 도피 사건을 계기로 추락에 추락을 거듭하여, 공개 재판을 통해 정치적 사망을 선고받았다.

그는 2012년 3월 15일 충칭시 당서기 면직을 시작으로, 4월 10일에는 17대 중앙정치국 위원직(25인)과 17대 중앙위원회 위원직(198인) 자격정지 및 조사 착수, 공산당 당적(黨籍)과 공직 박탈(9월 28일), 전국인민대표대회 인민대표직무 박탈(10월 26일), 공산당 당적 제명 확정(11월 4일) 등으로 이어졌고, 결국 2013년 1월 9일 보시라이 사건은 사법기관으로 이송되었다.

보시라이 사건은 6개월여의 조사를 거쳐, 2013년 7월 25일에는 뇌물수수, 공금횡령 및 직권남용의 3개 항목으로 기소되었고, 결국 지난 9월 22일 열린 선고공판에서 혐의가 모두 인정돼 무기징역, 정치권리 영구 박탈, 전 재산 몰수 등의 중벌을 선고받았다. 보시라이는 상소 기한 마지막 날인 10월 9일에 상소했지만, 중국의 사법처리 관례상 1심의 결과를 뒤집기는 쉽지 않아 보이며, 중국은 '2심 확정제'인 관계로 더 이상의 반전 기회도 없을뿐더러, 사실상 정치적 생명은 최종 판결의 결과와는 상관없이 이미 끝났다는 중론이다.

고위층에 대한 공개재판과 공정한 재판으로 법치주의(法治主義)의 중요한 사례를 실행했다는 긍정적인 측면도 있지만, 보시라이 기소항목이 랴오닝성(遼寧省) 성장(省長)시절의 일부 경제범죄로 제한되고, 실질적인 의혹과 관심사인 충칭시 재임 시절의 문제들을 덮었다는 점은 파벌 간의 타협이 있었고, 시진핑과 리커창 체제, 즉 시리체제(習李体制)의 고민이 적지 않았음을 암시한다.

중국의 인치통치와 권력투쟁의 진화

중국에는 전통적으로 인치(人治)가 법치(法治) 위에 존재하였다. 1921년 7월 공산당 창당 이후, 1세대 마오쩌둥(毛澤東)과 2세대 덩샤오핑(邓小平)의 위대한 영웅시대를 거쳐, 3세대 장쩌민(江澤民)과 4세대 후진타오(胡錦濤)에 이르기까지 법치가 아닌 인치시대(人治時代)였다. 영웅들의 인치통치(人治統治)에 대한 폐단과 이러한 잔재가 남았던 3세대 장쩌민 시대의 여파로 인하여, 4세대인 후진타오 시대는 이전과는 다른 집단지도체제를 통한 권력의 집중을 견제하고, 상생과 화합의 정치를 시험하는 새로운 정치변화를 모색하였다.

혁명 1세대의 피비린내 나는 유혈투쟁은 2세대 덩샤오핑의 개혁개방 신사고(新思考)의 영향으로 소위 제한된 궁정전투라는 유혈암투로, 3세대에는 협상을 통한 무혈암투의 궁정정치로 진화했다. 권력이 분산된 집단지도체제 시대인 4세대는 어떠했을까? 중국 4세대 권력투쟁의 중심에 바로 충칭(重庆)의 황제, '보시라이 사건'이 있다.

인치통치의 폐단: 보시라이의 충칭, 충칭의 보시라이

　적어도 충칭에서 만큼은 무소불위의 무한 권력을 휘둘렀던 보시라이는 인치통치의 폐단을 적나라하게 보여주었다. 국가 권력기구의 개인화와, 개인의 말이 법을 대신하였고, 권력으로 법을 제압하였을 뿐 아니라, 사법(司法)이 아닌 사법(私法), 즉 법치(法治)가 아닌 인치(人治)로, 개인의 정치적 욕망을 추구했다.

　인터넷과 외국 언론에 회자되는 '쿠데타 책동', '파룬궁 인체 장기적출' 및 '인체장기 판매' 등의 엄청난 사건들에 대한 사실 여부와는 별도로, 보시라이는 충칭모델이라는 홍가찬양(紅歌讚揚)과 공동부유론(共富論)의 정치구호를 통해, 마오쩌둥의 선동정치를 답습했고, 이를 반대하는 개인이나 집단은 무자비한 진압과 폭행으로 선혈이 난무했던 잔혹한 정치쇼를 벌였다는 수많은 의혹들을 받고 있다.

　보시라이 1인에게 집중된 과도권력과 인치통치의 폐단은 심각한 후유증을 남겼다. 정치적 욕망을 달성하기 위해 시도한 홍가찬양은 무려 15만 5천여 차례에 누계 1억 명 이상 참여로, 이 광장정치는 당연히 막대한 재정조달을 필요로 했고, 재정조달은 다시 집단 부정부패는 물론, 충칭시의 재정부실과 막대한 채무를 발생시켰다.

　게다가 재정조달의 주요대상은 국유기업이 아닌 힘없는 민영기업들이었고, 국가권력기구의 가신화(家臣化)로 인한 집단적 권력남용과 가신(家臣)들의 집단적 부정부패로 발생된 사회질서의 혼란은 정상적인 경제활동과 사회활동의 성장을 방해했을 뿐만 아니라, 이민증가와 해외로의 자산도피라는 또 다른 사회문제의 발생을 야기했다. 폭력배 소탕을 통해, 12명을 수용하는 죄수 감방에 6~70여 명을 채우고도 모자라, 여관이나 콘도 심지어 폐기된 요금수납처 건물 등의 열악한 구금 환경은 물론, 억울하게 구금된 증언들이 이어진다.

중국에는 "헌법은 있으나 입헌정치는 없고, 법률은 있으되 법치질서는 없다"는 말과 함께, "절대권력은 절대부패를 낳는다"는 말이 회자된다. 중국의 인치통치에 대한 폐단을 고민하게 하는 대목이다.

인치에서 법치로: 시리체제의 고민

시리체제는 출범 이전부터 보시라이 사건 처리에 대한 고민에 빠졌다. 체제출범의 초기 고민은 당연히 '안정적인 정권 인수'가 최우선 목표이지만, 보시라이의 충칭모델 지지 세력에 대해 어떻게 이데올로기적 영향력을 발휘하여 이들을 포용함과 동시에, 어떻게 당과 정치를 효과적으로 장악할 것인가에 대한 심각한 고민을 하지 않을 수 없었을 것이다.

2013년 2월 23일, 중국공산당 최고 지도자 25명으로 구성된 중앙정치국의 제4차 집단학습이 있었고, 이 자리에서 3월의 양회(兩會)를 통해 시리체제의 출범을 준비하던 시진핑과 리커창은 다음과 같은 해법을 미리 선보였다.

시진핑은 의법집정(依法執政), 즉 법에 따른 정무와 의법치국(依法治國), 즉 법에 따른 통치를 아래와 같이 반복해서 강조하였다.

> 과학적 입법, 엄격한 법집행, 공정한 사법, 전인민의 준법을 전면적으로 추진하고 법에 따른 국가 통치, 법에 따른 정무 집행, 법에 따른 행정의 공동추진을 견지하며 법치국가, 법치정부, 법치사회가 일체가 되도록 견지하여, 법에 따른 국가 통치의 새로운 국면을 부단히 창조하자.

리커창 역시 "법률이 신성한 위치에 놓여야 하며, 어떠한 사람도, 어떠한 일도 법률의 권한을 초월할 수 없다는 법치정부(法治政府)와 법치정신(法治精神)으로 현대 경제와 현대 사회 및 현대 정부를 건설하여야 한다"고 거들었다.

중국 제5세대인 시리체제는 지난 혁명 1세대에서부터 개혁개방의 종결점이라고 할 수 있는 4세대 체제에 이르는 소위 인치통치(人治統治) 시대의 종결을 선언한 것이었다.

즉, 인치시대(人治時代) 모순점의 집합체인 보시라이식 충칭모델과의 확고한 거리두기와, 보시라이 문제의 안정적인 해결방안에 대한 방법으로 법치주의(法治主義)를 제시했으며, 미래의 체제안정과 당내 화합을 유도하기 위하여, 향후 전통파와 개혁파 모두에게 공정한 협상을 기준으로 궁정정치의 무혈경쟁이라는 새로운 법치시대의 시대적 사명을 제시하였다.

보시라이 사건이 남긴 충격: 권력투쟁의 핵심무대가 바뀌고 있다

중국 정치평론가 딩동(丁咚)은 보시라이 안건에 대해 두 가지의 후유증을 제시했다. 첫째, 당내 정치투쟁의 공개화, 확대화 및 상시화의 출현이다. 둘째, 향후 중국의 정치경제 위기나 사회혼란이 발생할 경우, 사회의 동정심을 유발한 보시라이 혹은 충칭모델의 재기는 미래 정치투쟁의 중요한 요소가 될 것이다. 이는 앞으로 정치투쟁의 불예측성과 치열한 경쟁의 출현을 예고한 것이고, 경쟁에서 밀린 비주류파의 보시라이식 '대중주의'의 재시도 가능성이 증가할 수 있다는 것이다.

보시라이는 자신의 정치적 야심을 위해 성공적으로 진행되고 있던 개혁개방의 정상적인 발전이론을 혼란하게 만들었고, 이러한 혼란을 조성한 뒤에는 다시 공개적이고 대중적인 선동정치를 통해 중국 권력투쟁의 판도를 뒤흔들어 놓았다. 만약 왕리쥔(王力軍) 사건이 터지지 않았다면, 그리하여 충칭의 인민들뿐 아니라, 중국의 타지역 인민들의 광범위한 지지를 받았던 보시라이가 중국 최고 지도자 그룹인 7인 정치국 상임위에 성공적으로 진입했더라면, 잠재된 권력투쟁으로 '제2의 문화대혁명' 발생도 가능하였을 것이라는 추측들을 통해 보시라이식 인치정치(人治政治)에 대한 공포감마저 감지된다.

대중들은 이번 보시라이 재판을 통해 중국의 정치 지도자들에 대한 신비감과 영웅적인 환상에서 점차 벗어나는 모습이다. 고위층들이 부정부패와 축첩 등의 부도덕성으로 지탄을 받으며 숙청되는 사건들이 지속적으로 발생하는 과정에서 이미 인민들의 공산당 영도자들에 대한 환상과 존중은 소멸되기 시작했다. 더구나, 충칭의 황제이자 충칭모델로 전국적인 인민들의 관심을 받던 보시라이에 대한 '세기의 재판'이, 보시라이 스스로 자신의 아내인 구카이라이(谷開來)와 심복이었던 왕리쥔(王力軍)의 불륜을 재판과정에서 폭로함으로써 '세기의 스캔들'로 변모되는 순간, 홍가찬양(紅歌讚揚)보다는 공동부유론(共富論)에 대한 관심으로 보시라이를 지지했던 인민들의 실망감은 오랜 후유증으로 남을 것이다.

당내 화합과 체제출범의 안정화를 위해 선택한 시리체제의 법치주의 그리고 이의 연장선에서 중국판 SNS 웨이보(微博)를 통해 공개적인 사법집행을 선보인 보시라이 재판의 가장 큰 후유증은 다른 곳에 있다. 소위 전통 궁정정치의 권력투쟁에서 밀려난 보시라이가 대중들의 인기로 자신의 정치적 목적을 거의 이룰 뻔한 사실에 대한 '두 영역의', '전혀 다른 두 반응'이 그것이다.

첫째, 중국 권력투쟁사에 '대중정치'가 향후 중요한 변수가 될 것이라는 점이다. 즉, 권력투쟁에 참여할 경쟁자들은 이제 경쟁에 대한 방법의 변화를 고민하지 않을 수 없게 되었고, 암묵적이고 비밀스럽게 진행했던, 제도권 내로 제한되었던 '궁정정치 경쟁방식'에서, 이제는 제도권 밖의 인민들에 대한 '대중정치 경쟁방식'의 수용을 심각하게 고민해야 하는 시점에 이른 것이다.

둘째, 인민들의 정치참여 욕구가 자연스럽게 형성되었다는 점이다. 제도권 내에서 경쟁에서 탈락했던 보시라이가 재기할 수 있었던 배경에는 인민들의 광범위한 지지가 그 바탕이었고, 비록 보시라이는 제도권과의 정치투쟁에서 실패하였지만, 이 과정에서 인민들은 자신들에게 잠재되어 있는 정치적 역량에 대한 가치를 자각하게 되었다는 점이다.

인민들은 보시라이의 공동부유론(共富論)을 잃었지만, 잠재되어 있는 자신들의 정치적 역량에 대한 가치를 재발견했다. 즉, 이것은 인민들에게는 실망속의 수확이고, 지도층에게는 보시라이 사건의 무난한 해결속에 숨은 시한폭탄의 발견이다.

정치개혁: 중국 권력투쟁의 새로운 문화가 창조될 것인가?

보시라이 사건과 재판에 숨어있는 시한폭탄을 해체하기 위해서는 이 질문에 답해야 한다.

(공산)당이 우선인가? 인민이 우선인가?

공산당 내부에서, 학자들 사이에 다시 중국의 정치개혁에 대한 보혁논쟁(保革論爭)이 점차 활화산처럼 타오를 것으로 예상된다.

화제를 조금 넓혀서, 만약 이 질문을 지구 전체로 확대한다면, 서로 다른 체제의 모든 국가들에게 동일하게 유효한 이 질문에 대한 답은 각국의 정당들이 체제마다 처한 상황이 다르므로 같을 수 없다고 표현하고 싶어 할 것이나, 각국 국민(인민)들의 답은 대동소이하지 않겠는가?

3　　3중전회 해부 ①
　　공산당 개혁안을 보면 中 미래가 보인다

중국뿐 아니라 세계가 주목했던 2013년 제18기 중국 공산당 제3차 전체회의(이하 3중전회)가 지난 11월 9일부터 12일까지 베이징 징시(京西) 호텔에서 열렸다. 중국 공산당 개혁안이 앞으로 미치게 될 파장은 중국 내부는 물론 아시아를 넘어 지구적 영향력을 발휘할 것으로 예상되고, 특히 한반도를 포함한 동북아에는 직간접적인 영향이 가장 많이 파급될 것이 자명한지라, 이에 대한 심층적인 분석이 필수이다.

중요한 것은 외부의 시각이 아니라, 중국의 내부의 시각에서 이번 중국 공산당 개혁안을 이해하고 분석하려는 노력이 필요하다는 것이다. 서구적인 잣대나 우리의 기준으로 보아서는 중국의 변화와 고민은 물론, 깊은 속내를 간파할 수 없고, 잘못된 기준으로 오도된 판단은 결국 한중관계의 향후 대응에도 부정적이다.

중국의 시각에서 중국이 고민해왔고, 고민하고 있는 현실의 문제들이 이번 개혁안의 배경으로 담겨있고, 이를 중국적인 시각으로 먼저 깊이 이해하는 노력이 이번 개혁안의 범위와 강도 및 향후의 전개에 대한 어느 정도의 예측을 하는 데 있어서 가능한 편차를 최대한 줄일 수 있다.

이를 위해 필자는 이번 중국의 3중전회에 대한 중국식 이해와 분석을 주제별로 분류하여 시리즈로 엮는 작업을 시도하였다. 비단 이 노력이 확실하고 정확한 결과물로 인정되기에 부족한 면이 존재하더라도, 중국식 시각으로 중국을 이해하고 분석하는 노력을 취하는 그 자체에 대한 의의는 오히려 조금도 손상됨이 없을 것이고, 이 노력과 의미를 인정하고 보다 더 많은 사람들이 함께 이러한 노력에 동참할 수 있는 계기가 된다면, 필자의 이러한 노력이 더욱 앞으로 가치 있는 그룹 연구로 발전될 것이라는 기대와 희망을 가진다.

시리즈로 이어질 이번 칼럼에서, 우선 어떻게 중국식으로 이번 중국의 개혁안을 바라볼 것인가? 중국의 개혁안은 중국의 시각으로 보아야 하고, 그러기 위해서는 중국의 시각을 그대로 받아들이는 준비가 우선 필요하다.

중국 공산당 개혁안을 어떻게 볼 것인가?

2013년 3중전회가 지난 12일 폐막되고 며칠이 지난 지금, 이번 회의 결과에 대한 분석들이 서서히 쏟아지고 있다. 긍정적인 인식들은 대부분의 관방매체를 통해서 발표되고 있고, 기대에 못 미친다는 부정적인 시각들은 외국매체나 중국의 SNS인 웨이보(微博) 등에서 찾을 수 있다.

넘쳐나는 자료의 홍수 속에서 평형적인 시각을 유지하기도 힘들지만, 모든 매체들의 특성상, 그리고 매체 자신들이 추구하려는 소위 '특종'이나 '선정적 자극' 혹은 '유인성 표현' 등의 함정(?)을 피해가면서 이번 중국 공산당의 개혁에 대한 의지나 본질을 이해하는 것은 전문가들도 어렵다.

개혁의 전문범위가 광범위하고, 대상의 범위도 중국 내부에만 국한된 것이 아니라 전 세계적이며, 그 영향력 또한 미치는 범위가 중국 국경을 넘어 전 세계적이기 때문이다. 개혁개방 이후, 중국의 발전과 영향력이 커진 것만큼이나, 이번 중국 공산당의 개혁안은 향후 세계적인 역사의 흐름을 바꿀 수도 있는 힘을 가졌다.

특히 이웃에 인접한 우리에게는 중국공산당의 이번 개혁안이 미치는 영향력이 모든 분야에서 직접적일 뿐 아니라 한반도의 미래에도 매우 큰 의미를 갖는다는 점에서, 이번 개혁안으로 변화될 중국의 모습이 엄청난 부담감으로 작용할 것이다.

긍정적인가 혹은 부정적인가에 대한 관점은 결국 보는 이의 기본 시각에 따라 달라질 수 있음으로 인하여, 매체에서 지적하는 그대로를 가지고 판단하는 것은 장님의 코끼리 더듬기와도 같다.

왜 3중전회를 주목해야 하는가?

중국의 3중전회는 처음 시작된 11기(1978.12.18~22)와 13기(1988.9. 26~30) 및 14기(1993.11.11~14) 이외에, 12기(1984.10.20), 15기(1998.10.12~ 14), 16기(2003.10.11~14), 17기(2008.10.9~12)가 10월 초에 연속해서 개최되었음으로 인하여, 18기 역시 10월 초에 개최될 것으로 예상되었으나 11월 9일에서야 개최되었다.

매번 1중전회와 2중전회에서는 새로운 지도자들을 선출하고, 이에 따른 인사조직을 정비하며, 이를 통하여 선출된 중국 공산당 핵심 지도자들이 3중전회를 통해 새로운 중국 공산당 정책방향을 제시하고, 이것이 곧 중국의 국가정책으로 시행되었다.

이 점이 3중전회가 매번 주목받는 이유이기도 하지만, 특히 이번 18기 3중전회가 주목받는 이유는 중국 공산당 개혁안에 있다. 중국 공산당 개혁안은 곧 중국의 국가개혁안을 포함하기 때문이고, 공산당이 국가와 군을 이끄는 중국 정치체제의 체제 특성상, 새로운 3.0시대를 이끌기 위한 이번 3중전회의 개혁방향은 그래서 더욱 중요하다.

중국은 이제 마오쩌둥으로 대변되는 인민해방 혁명의 1.0시대와, 덩샤오핑으로 시작되어 장쩌민과 후진타오로 이어진 개혁개방의 2.0시대를 종료하고, 이제 축적된 대내외 힘을 바탕으로 시진핑의 새로운 3.0시대를 열었다.

패권경쟁을 준비하는 3.0시대: 개혁은 곧 동력이다

시진핑과 리커창의 시리체제는 보시라이 재판을 서둘러 처리하였지만, 결국 최근의 관례를 깨고 3중전회의 10월 개최를 11월로 미룰 수밖에 없었다는 관측이 설득력을 갖는다.

11월로 연기된 속내는 또한 당내 전통파와 개혁파 간의 개혁에 대한 범위와 정도 및 일정에 대한 전반적인 의견 차이를 조정하지 못한 데도 그 원인이 있을 것으로 예상된다. 게다가 이번 개혁안에 대한 긍정적인 평가와 부정적인 평가가 비교적 극명하게 양존하는 이유도 이러한 가설을 뒷받침한다.

결국 시진핑은 덩샤오핑의 말을 인용하여 "개혁을 하지 않으면 죽는다"는 표현으로 개혁의 중요성을 강조하였고, 외부 매체들은 중국의 개혁에 대한 견고한 의지를 확인하였다는 평가를 내렸다.

그러나 강조함이 절실하거나 의지가 너무 강하다면, 결국 그 강조점과 의지가 약점이 된다. 중국의 3.0시대가 '시리체제'에서 열린 것만은 분명하고, 이번 3중전회를 기점으로 전개될 중국의 개혁은 중국의 새로운 시대적 동력이 될 것도 분명하다.

개혁은 그 범위와 대상과 속도 면에서 긍정과 부정적 시각 모두에게 "중국의 개혁은 어쨌든 진행된다"는 공통 인식을 남겼다. 개혁이 대세이나, 급속함과 완만함의 차이 속에 중국의 고민과 내부의 갈등이 보인다.

혁명의 주체에서 개혁의 대상으로: '시리체제'의 고민

인류의 역사 이래 기득권을 스스로 포기했던 기득권층이 과연 있었을까? 기득권층의 기득권은 결국 내부로부터의 변화나 자성에 의해서 스스로 포기된 것이 아니라, 외부로부터의 요구에 의해 강압적으로 변화되었다는 생각에 반기를 들 만한 증거를 찾기가 쉽지 않다.

변화를 위한 가장 강력한 힘은 기존 체제 자체를 부정하고 새로운 체제를 세우는 이른바 '혁명'에 있다. 혁명의 동력은 곧 기존 기득권 체제에 대한 불만들이 외부에서부터 형성되어지고, 형성된 불만 세력들은 결국 기득권 체제의 내부 진입과 체제 전복을 그 목표로 한다. 혁명에 있어서 필수적으로 동원되는 폭력이나 내전 등의 결과로 인하여, 혁명의 성공과 실패 모두 그 결과는 대단히 참혹하고 부정적이다.

이와는 달리, 역시 기득권 체제의 내부보다는 주로 체제 외부에서 체제에 대한 불만이 형성되고, 변화에 대한 요구가 점점 더 강하게 형성됨에 따라, 체제 내부에서 이러한 변화를 감지하고, 체제 유지를 위해 체제 외부의 불만 요소들을 타협과 사회적 협의를 거쳐 수용하는 과정으로 진행되는 개혁은 일종의 갈등 당사자들인 체제 내부와 외부가 합의

점을 찾는 과정이다.

불법의 의미가 강한 혁명과는 반대로, 개혁은 합법적인 방법과 수단을 전제로 한다. 혁명이 주로 피지배 세력에 의해 주도되고, 그 행위의 주된 수단이 '폭력'이라면, 개혁은 지배 세력에 의해 주도되고, 그 행위의 주된 수단이 '사회적 합의'라는 것이 특징이다.

그러나 사회의 불만으로 시작된 개혁의 반복적인 실패나 사회의 불만을 해소하지 못하는 정도에 이르는 것이 반복된다면, 체제 주도세력에 의한 기대를 저버린 피지배 세력들의 반발에 부딪치게 되고, 이러한 갈등과 위기가 제대로 관리되지 못하면, 이것의 최종 단계는 곧 혁명이 될 가능성이 높다.

산업혁명의 부정적 영향으로 사회불만을 갖게 된 산업노동자를 기반으로 일어난 동유럽의 사회주의와는 달리, 국민당의 부정부패와 포악한 지주 및 자본가들의 횡포에 대항하여 일어난 중국 공산당은 산업혁명을 경험하지 못했으나, 대다수의 농민 위주에 일부 도시 노동자들이 참여한 이른바 '농민혁명'의 성공을 경험했다.

소련 연방의 붕괴와 냉전체제의 종식으로 외부로부터의 위협과 내부적 생존의 위협에 직면했던 중국은 덩샤오핑의 '개혁개방'을 필두로 장쩌민의 '계획경제 포기와 시장경제 체제전환', 그리고 이어진 후진타오의 '균형성장 강조'를 통해 놀랄만한 경제성장을 이루었다.

그렇지만 중국은 기적 같은 경제의 눈부신 성장의 후유증으로, 오히려 혁명 초기에 심각한 부정부패와 양극화로 인해 타도의 대상이었던 국민당의 모습을 거울을 통해 보고 있다. 불행하게도, 오늘날 자신을 바라보고 있는 거울 속의 대상은 분명히 국민당이 아니다.

혁명의 주체에서 이제 개혁의 대상이 된 중국 공산당의 개혁에 대한 의지는 체제 외부는 물론 체제 내부에서조차 심각한 위기감을 느끼고 있음이 분명하다.

지주와 자본가들에게 집중된 부의 불균형을 바로 잡고, 부정부패를 일삼는 탐관오리를 타도하기 위해 선혈이 낭자한 혁명의 길을 걸었던 중국 공산당. 냉전 종식과 개혁개방이라는 정치와 경제의 역사적 변환점을 거쳐 기적적으로 정치적 안정과 경제적 부를 이룬 지금, 터트린 샴페인의 축제를 바라보는 수많은 주변인들의 불만에 찬 눈길을 확인했던 것이다.

혁명의 주체가 개혁의 대상으로 인식되고 있다는 위기감과, 급속한 경제성장과 함께 부풀어 오른 사회적 불만의 해소를 어디에서부터 풀기 시작해야 할까? 이것이 바로 3.0시대를 여는 '시리체제'의 고민이다.

시진핑의 해법: 고민을 알면 해법이 보인다

사회주의 혁명의 1.0시대와 개혁개방을 통한 경제성장 위주의 2.0시대에는 공산당이 인민을 위해 봉사하는 혁명의 주체로서 국내외적인 문제점들에 대해 사회적 양해를 구할 수 있는 환경적 여건들이 조성되어 있었다. 어쩌면, 사회적 여건이 갖추어져 있었던 것이 아니라, 경제성장 위주의 흐름에 휩쓸려 사회적 여건들이 성숙되지 못하였다는 표현이 더 정확할 것이다.

이제 중국이 G2가 되고, 동아시아에서 다시 지역 패권을 논하는 지금은 시대적 환경이 바뀌었다. 중국의 양극화는 더 이상 인내의 대상이 아니고, 국유기업에 70% 이상이 집중된 자본 편중과, 인민을 위한 봉사가 아닌 자신을 위한 봉사에 열중인 탐관오리들의 부정부패와 권력남용은 더 이상 양해의 대상이 아니다.

시진핑은 결국 내부의 안정을 위하여 이전과는 다른 두 가지 개혁의 칼을 꺼내 들었다. 하나는 '사회개혁'이고, 또 다른 하나는 '경제개혁', 즉 시장의 자율성을 보장하는 정부와 사회의 권력분배이다.

생존을 보전하기 위한 '혁명의 시대'와, 생활을 유지하기 위한 '개혁개방의 시대'를 거치는 동안, 대다수의 농민과 노동자가 주축이 되는 중국의 사회부문은 철저하게 외면당해왔다. 1세대 지도자 마오쩌둥에서 4세대 지도자 후진타오에 이르기까지 외면당한 사회부문에 대한 불만은 중국 경제성장의 급속한 성공 속도를 따라가고 있다.

국유기업에 70% 이상 편중된 경제자원과 부의 축적은 불공평한 경쟁시스템에 근거하고, 부정부패를 일삼는 탐관오리들의 권력남용 역시 불공정한 법과 제도의 사적인 남용에 근거한다.

3중전회에서 "시장이 자원배분에서 결정적인 작용을 하게 한다"는 개혁의 의지는 곧 시장의 자율적인 원리에 따른 공정한 경쟁체제를 정부가 보장하겠다는 것이고, 이는 국유기업에게 유리하게 적용되었던 경쟁체제의 평형회복을 의미한다.

또 다른 축의 하나인 '사회개혁'은 주로 저소득층인 농민의 소득과 분배에 대한 개혁에 초점이 있다. 우선 급한 정치 경제적 발전을 위해, 기층세력인 이들에게 오랫동안 관심을 보이지 못했던 중국의 새로운 지도층은 비로소 민중의 소리에 관심을 두기 시작한 것이다.

결국 시진핑은 서구나 외부에서 기대했던, 혹은 일부 중국의 시민사회에서 기대했던 '정치개혁'보다는 '경제개혁'과 '사회개혁'을 통한 기층의 불만 해소를 먼저 선택했다.

아직도 인구의 절반을 차지하는 농민과 2억 6,000만 명으로 추산되는 농민공, 그리고 도시 기층 노동자들을 위주로 사회개혁을 통한 불만

해소와, '보이지 않는 손'의 경제원리에 충실하는 실질적인 시장경제 체제를 통해 다수의 불만을 잠재우고, 다수의 지지를 통한 다음 단계의 강도 높은 개혁을 실천하려는 것으로 보인다.

공산당 내부의 개혁이나 소위 '정치개혁'은 상대적으로 쉽지 않기도 하지만, 효과 면에서도 대중성이 떨어진다. 농촌의 대중적 지지를 통해 도시를 포위했던, 대다수 기층의 안정과 지지를 기반으로 핵심을 공략하는 공산당의 전통적인 전략 선술이 유용해 보인다.

불공평하고 불합리한 대우를 받았던 대다수의 인민은 적이 아니다. 또한 타도의 대상과 목표가 같다면, 성공의 경험은 신뢰성과 자신감을 높이고, 그만큼 성공의 확률도 높다.

건너야만 하는 강: 개혁은 대세이고, 답은 거울 속에 있다.

2013년 11월 13일자 런민왕(人民网)은, "결국 전략의 중점, 우선순위, 목표설정, 실행기제, 신사상, 새로운 판단, 일정표, 노선도, 새 비전, 새 목표들이 필요한데, 전면적인 개혁이 쉽지 않은 이유이다. 사회의 바람, 요구, 기대를 응집하는 공동인식과 지혜는 물론, 용기와 믿음이 필요하다"고 개혁의 어려움을 묘사하였고, 이어지는 질문은 더욱 중국의 개혁에 대한 깊은 고민을 엿보게 한다.

"중국 개혁의 구체적인 고민은 개혁의 대상도 많고, 비용도 많아야한다는 것도 문제이지만, 돈으로 해결할 수 없는 개혁들은 어떻게 할 것인가?" 급속한 성장통의 대가는 분명 새로운 시대에 맞는 새로운 개혁을 필요로 하지만, 기적 같은 성장만큼이나 해법도 사실 쉬워 보이지 않는다.

11월 14일자 신징바오(新京报)는, 지난 9월 17일 중난하이(中南海)에서 개최된 '당외인사 좌담회'에서 시진핑은 향후 진행될 중국의 개혁방안에 대한 의견을 나누는 과정에서, "중국의 발전에서 직면한 일련의 모순된 문제 해결과, 경제사회의 지속적인 건강한 발전, 그리고 부단히 인민들의 생활을 개선하기 위해서 전면적인 개혁의 심화는 필요하다"고 개혁의 필요성을 강조하였다고 보도했다.

시진핑은 이어서, "개혁은 문제로부터 출현하고, 끊임없이 해결하는 중에 심화된다. 오래된 문제가 해결되면 다시 새로운 문제가 또 나타나듯이, 제도는 끊임없는 개선이 필요하다. 개혁은 한 번에 이루어지는 것도 아니며, 한 번에 영원히 해결되는 것도 아니다"라고 강조하며, 장기적이고 지속적인 개혁의 추진을 암시하였고, 이번 3중전회에서 2020년까지 중요한 개혁을 이루겠다는 개혁의 시간적 목표와 책임에 대한 의지를 표명했다.

시진핑의 개혁에 대한 생각과 의지는 이번 3중전회에서 발표된 개혁안에 담겨있다. '중앙 전면심화개혁 영도소조(中央全面深化改革領導小組)'를 설립하여 경제, 정치, 문화, 사회, 생태문명, 국방군대, 당 건설 등 7개 분야의 16개 영역, 60개 세부항목으로 구체적이고 전면적으로 진행될 것이다.

지역패권을 추구하는 3.0시대의 중국의 국가개혁은 경제성장 위주의 개혁개방 1.0시대에서, 분배를 고민하는 개혁개방 2.0시대로의 새로운 경제개혁과 함께 변혁의 큰 강을 건너야 한다. 닻은 올려졌고, 출발의 시동이 걸렸으며, 바람도 아직은 순풍인 중국의 개혁은 온실과 같은 부두를 떠났다.

세계 인구의 1/5이 넘는 13억의 인구 대국의 중국이 비록 짧은 30여 년의 시간동안 G2의 경제적 성장을 이루긴 했지만, 1인당 6,000달러를 넘어가는 지금의 시점에서, 중국 공산당의 전면적인 국가개혁은 상상만으로도 버겁다.

이미 진행된 중국의 개혁은 서구의 시각과 기대로 비교하고 분석하면 답이 없다. 지금 중국의 고민 속에 해법이 있고, 그 해법을 풀 수 있는 방법을 선택하는 것도 바로 중국의 고민 속에 있으며, 선택 역시 당연히 중국의 몫이다. 거울 속에 비친 지금의 모습에서 중국은 분명 해법을 찾았다. 중국 공산당은 어떤 해법을 찾았을까?

4 3중전회 해부 ②
공산당 개혁안, 무엇을 개혁하나 (상)

2020년, 시진핑 개혁의 종결 시간표: 무엇을 이룰 것인가?

중국공산당 제18기 중앙위원회 제3차 전체회의(이하 3중전회)는 중국 공산당 중앙정치국이 주최하였고, 중앙위원회 총서기인 시진핑이 '전면 적인 개혁심화의 몇 가지 중대 문제에 관한 중국공산당 중앙의 결정(이 하 결정)'을 발표했다.

이번 3중전회의 '결정' 전문(全文)에는 경제 · 정치 · 문화 · 사회 · 생 태 · 국방 · 공산당 건설의 7개 부문, 16개 항목(15개 개혁내용), 60개 세부 내용이 발표되었다. 이것을 부문별로 정리해보면 아래와 같다.

표 5 전면적 개혁심화의 7대 부문 15개 개혁내용 정리표

항목	개혁 부문	개혁의 핵심 내용	세부내용번호
1	개혁의 목표	전면심화개혁의 중대 의의와 지도 사상	01 - 04
2	경제개혁	1) 기본 경제제도의 고수와 완성	05 - 08
3	경제개혁	2) 현대시장체계의 신속한 완성	09 - 13
4	경제개혁	3) 정부기능의 신속한 전환	14 - 16
5	경제개혁	4) 재정 조세제도 개혁 심화	17 - 19
6	경제개혁	5) 도시-농촌 일체화 체제 기구의 완비	20 - 23
7	경제개혁	6) 개방형 신 경제체제 구성	24 - 26
8	정치개혁	7) 사회주의 민주정치제도 건설 강화	27 - 29

항목	개혁 부문	개혁의 핵심 내용	세부내용번호
9	정치개혁	8) 법치 중국 건설 추진	30 - 34
10	정치개혁	9) 권력 이행 제약과 감시감독 체계 강화	35 - 37
11	문화개혁	10) 문화체제 기구 창조 추진	38 - 41
12	사회개혁	11) 사회사업 개혁 창조 추진	42 - 46
13	사회개혁	12) 사회통치체제 창조	47 - 50
14	환경개혁	13) 생태문명제도 건설 가속	51 - 54
15	국방개혁	14) 국방과 군대개혁 심화	55 - 57
16	공산당개혁	15) 당의 전면심화개혁 지도의 강화와 완성	58 - 60

3중전회는 2020년까지 개혁의 '중요영역'과 '핵심부분'에 있어서 '결정적인 성과'를 내야 한다고 주문했다. 시스템 완비와 과학적 규범 및 운영 효율이 있는 제도체계를 형성하여, 여러 측면의 제도가 더욱 성숙해지고 더욱 정형화되도록 하자는 것이다. 이 항목의 내용들을 순서에 따라 살펴보자.

항목1 전면심화개혁의 중대 의의와 지도사상

1) 개혁의 총목표: 무엇을 개혁하려고 하는가?

3중전회는 개혁의 총 목표에 대해서, "전면적인 개혁심화의 총 목표는 중국 특색 사회주의제도의 완성과 발전이며, '국가운영체제'와 '운영 능력의 현대화'를 추진하는 것"이라고 규정했다.

이러한 총 목표를 위해서는, "반드시 개혁의 체계성 · 총체성 · 협동성을 더욱 중시해야 하며 사회주의 시장경제 · 사회주의 민주정치 · 사회주의 선진문화 · 사회주의 조화사회 · 사회주의 생태문명의 신속한 발전을 이루어야 한다"는 것이다.

특히 노동, 지식, 기술, 관리, 자본 등의 모든 활력이 상호 경쟁을 통해 분출되고, 사회에서 창조되는 모든 부의 원천이 충분하게 솟아 흘러서, 이러한 발전의 결과가 전체 인민들에게 더욱 많이, 더욱 공평하게 돌아가도록 해야 한다고 강조했다.

경제, 정치, 문화, 사회, 환경에 대한 정부(국무원) 부문의 5대 개혁과 군(軍)의 국방과 군대개혁, 공산당의 제도개혁이 개혁의 전체 범위 안에 포함되었다. 즉, 3중전회에서 발표된 개혁의 범위는 바로 당(黨)·정(政)·군(軍)의 종합적이고 전면적인 대개혁(大改革)이다.

2) 공산당 통치에 대한 체제강화: 개혁은 체제강화의 수단인가?

이번 공산당 개혁안에서 출현한 신 개념은 '국가운영체제'에 대한 언급이다. 개혁의 총 목표가 "국가의 운영을 현대화하고, 그 운영 능력을 현대화하겠다"는 것이다. 이를 통해, 사회주의체제를 더욱 발전시키겠다는 선언은 결국 공산당 통치에 대한 체제강화가 개혁의 목표라는 의미이다.

'국가운영의 현대화'는 구체적으로 ① 과학화, ② 민주화(민주집중제), ③ 제도화, ④ 규범화, ⑤ 체제화를 더욱 가속화하겠다고 했다. '운영능력의 현대화'는 ① 과학적인 통치, ② 법에 따른 통치, ③ 민주적(민주집중제)인 통치를 추진하겠다는 것이다.

중국 공산당이 언급하는 '민주'는 우리의 '민주' 개념과는 다르다. 이는 '민주집중제'를 일컫는 말이고, 이것은 ① 소수의 다수에 대한 복종, ② 개인의 집단에 대한 복종, ③ 하부조직의 상부조직에 대한 복종, ④ 전 당(員)의 중앙에 대한 '4대 복종'을 의미한다. 결국 '공산당 통치'에 대한 '복종'이 중국이 이야기하는 '민주', 즉 '민주집중제'라는 개념의 핵심이다.

3) 7대 분야별 전면적 개혁 추진 의미

(1) 경제체제 개혁: 시장 자율성 추진

3중전회는 '경제체제개혁'이 곧 전면적으로 심화시킬 개혁의 중점 부문이라고 선언했다. 핵심문제는 "정부와 시장의 관계를 어떻게 잘 처리하는가"에 있고, '시장이 자원배치에 있어서 결정적인 작용'을 하도록 정부의 기능을 잘 발휘해야 한다는 것이다.

구체적인 내용을 보면, "시장이 자원배치에 결정적 작용을 하는 것에 초점을 맞추어 경제개혁을 심화해야 한다. 기본적인 경제제도를 고수하고 완성해 ① 현대식 시장체계, ② 거시경제 조정체계, ③ 개방형 경제체제 등을 신속하게 완성해야 한다. 또한 경제발전 방식의 신속한 전환과 창조형 국가의 신속한 건설로 경제가 더욱 효율적이고, 더욱 공평하며, 더욱 지속적인 발전을 하도록 추진해야 한다"라는 것이다.

"시장이 자원배치에 있어서 '기초적인 작용'을 발휘하게 한다"라는 제14기와, "시장이 자원배치에 있어서의 '작용'을 진일보 강화시킨다"라는 제15기 및 제16기와 비교해 보면, 이번에는 '시장의 기능'이 달라졌다.

말대로 시행된다면, '시장'이 드디어 중국에서도 본연의 자율성을 갖게 된 것이다. 이로 인해, '시장'은 자율적으로 자원을 배분하고, 자율적으로 가격을 결정할 수 있게 되었다.

이번 경제개혁의 핵심은 곧 '보이지 않는 손'이 작동하는 실질적인 서구형 시장경제체제로의 개방을 의미한다. 결국 정부는 공정한 시장경쟁체제를 거시적으로 관리하고 지원하는 역할로 한걸음 물러서고, "시장에게 경제권력을 돌려준다"는 의미인 것이다.

(2) 정치체제 개혁: 사회주의 민주집중제의 강화

3중전회는 "지속적인 당의 영도와, 인민이 주인이며, 법치통치가 유기적으로 일치되는 것에 초점을 맞추어 정치체제 개혁을 심화해야 한다. 사회주의 민주(집중제)정치의 제도화, 규범화, 단계화를 신속하게 추진하며, 사회주의 법치국가를 건설해야 한다. 더욱 광범위하고 더욱 충분하며 더욱 건전한 인민민주(집중제)를 발전시켜야 한다"라고 강조했다.

이는 사회주의체제를 계속 유지하고 강화하기 위하여, 앞에서 언급한 인민민주(집중제)를 발전시키고, 이를 통해 공산당 1당독재체제를 더욱 강화하겠다는 의미이다. 개혁개방의 성공을 바탕으로 자신감을 얻은 중국이 이번에는 아주 강력한 정치개혁의 드라이브를 걸었다. 그러나 서구의 희망과는 달리, 목표는 사회주의의 지속적인 발전추구이다.

(3) 문화체제 개혁

문화체제 개혁은, "사회주의 핵심 가치체계와 사회주의 문화강국 건설에 초점을 맞추어 문화체제 개혁을 심화하고, 문화관리체제와 문화생산경영기제의 신속한 완성과, 현대공공문화 서비스 체제와 현대문화시장 체제의 건전한 건설, 사회주의 문화의 큰 발전과 큰 번영을 추진한다"고 발표했다.

(4) 사회체제 개혁

사회체제 개혁은, "더 나은 민생의 보장 및 개선과 더 나은 사회공평정의의 촉진에 초점을 두어 사회체제개혁을 심화하고, 수입분배제도의 개혁과, 공동의 부를 촉진하며, 사회영역의 제도적 혁신을 추진하고, 기본 공공서비스의 균등화를 추진하며, 과학적이고 효과적인 사회운영체제를 신속하게 형성하고, 사회에 충만한 활력과 조화로운 질서를 확립한다"는 것이다.

(5) 생태문명체제 개혁

3중전회에서 "아름다운 중국의 건설에 초점을 두어 생태문명체제의 개혁을 심화하고, 생태문명제도, 건전한 국토공간 개발, 자원절약 이용, 생태환경보호의 체제기제를 신속히 건립하고, 사람과 자연이 조화로운 발전을 이룰 수 있는 현대화의 새로운 국면건설을 추진한다"고 선언했다.

급속한 성장을 이어오면서 애써 외면했던 환경파괴 무임승차에 대한 고민이 시작되었고, 도시 스모그를 포함한 환경오염과 생태계 파괴는 모든 면에서 아주 심각해졌다. 특히, 무분별하게 시도된 자원개발로 인한 자원의 고갈은 성장을 멈출 수도 없는 현 중국의 고민을 엿보게 한다.

(6) 국방 및 군대 개혁

중국특색의 현대적 군사능력 체제를 건설하기 위해서 ① 군대체제 편제조정 개혁심화, ② 군대정책 제도조정 개혁추진 ③ 군민융합의 심도있는 발전추진이라는 국방개혁을 발표하였다. (이 내용은 뒷부분에서 집중적으로 다루기로 한다)

(7) 공산당의 제도 개혁

3중전회를 통해 "과학집정(科學執政), 민주집정(民主執政), 의법집정(依

法执政)의 통치수준을 높이는 것에 초점을 두어, 당의 제도개혁 건설을 심화해야 한다. 민주집중제(民主集中制) 건설을 강화하고, 당의 영도체제와 집정방식을 완성해야 한다. 당의 선진성과 순결성을 보존하고, 개혁개방과 사회주의 현대화 건설을 위해 견고한 정치적 보증을 제공해야 한다"고 공산당의 제도개혁을 강조했다.

그런데 이 말은 제도개혁을 통해 공산당 집권의 강화를 추진하겠다는 의미이다. 결국 공산당의 당내 제도적 개혁의 목적은 과학적이고, '민주집중적'이며, 의법적인 통치를 통해 정치체제를 강화하겠다는 의미이다.

서구나 외부에서 바랐던 자유민주주의식의 직접선거제도를 '사악한 길'로 표현한 것과, '민주집중제'를 통한 현 체제유지와 공산당 통치 강화가 정치적 개혁의 목적인 것이다.

4) 아직도 사회주의 초급단계라는 중국: 소련의 실패와는 다르다?

3중전회는 "개혁의 전면적인 심화는 반드시 중국이 '사회주의 초급단계'에 장기적으로 처해있다는 최대의 현실에 근거하여야 한다"라고 강조했다. 이것은 도대체 무슨 뜻일까? 아래의 내용과 연결해 생각해보자.

이어서 '결정'의 전문(全文)은 "발전을 고수하는 것은 여전히 중국의 모든 문제를 해결하는 관건으로서의 중요한 전략적 판단이어야 한다. 경제건설을 중심으로 경제체제 개혁이 견인작용을 발휘할 수 있도록 해야 한다"고 했다.

이어서 "(마르크스와 레닌이 주장했던) 생산관계와 생산력의 상호 적응을 촉진해야 하고, (정치조직, 법률제도, 국가조직 등의) 상부구조와 경제구조의 상호 적응을 촉진해야 한다. ('사회경제'와 대조되는, 협의의 의미로 '경제부문'을 뜻하는) 경제사회의 지속적인 건강한 발전을 촉진해야 한다"라고 주장하고 있다.

중국공산당이 하려는 이야기는 중국과 실패한 소련은 다르다는 점을 강조하는 것이다. 즉, 소련의 사회주의는 실패하였으나, 중국의 사회주의는 지난 35년간의 개혁개방을 통해 아직도 건재하며, G2에 오를 만큼 성공적인 체제라는 것을 증명했다는 것이다.

게다가 지금까지의 성공은 단지 중국식 사회주의의 초급단계에 불과한 것으로 규정함으로써, 앞으로도 사회주의 이데올로기의 고수는 중국의 장기적인 발전에 필수적인 목표라는 점을 대내외에 강조하고 있다. 체제에 자신감을 가지고 중국 특색의 사회주의 노선을 견지하자는 내용은 '결정' 전문의 여러 곳에서 반복된다.

그런데 반복되는 강조와 자신감의 표현이 어딘지 모르게 어색하다. 이미 잘 지켜지고 있다면, 굳이 계속 반복하여 강조할 필요가 없을 것이라는 생각이 드는 것은 왜일까? 아래의 내용은 더욱 선명하게 중국의 고민이 담겨있다.

5) 중국특색의 사회주의 노선 고수를 강조: 자본주의 노선은 사악한 길?

"개혁개방의 성공적인 실천은 개혁의 전면적인 심화를 위해 중요한 경험을 제공하였고, 반드시 이를 장기적으로 지속해야 한다"라고 주장했다. 말처럼, 개혁개방을 계속 지금처럼 지속하는 것은 중요하다. 그런데 아래의 강조는 아무래도 문장의 연결고리를 찾기 쉽지 않다.

가장 중요한 것은 "당의 영도 고수하기, 당의 기본 노선 관철하기, 개혁개방 이전의 패쇄적 길로 되돌아가지 않기(不走封閉僵化的老路), 자본주의의 '사악한 길'로 가지 않기(不走改旗易幟的邪路), 중국특색의 사회주

노선을 고수하기 그리고 개혁의 정확한 방향을 처음부터 끝까지 확보하기"라고 강조한 것이다. 애매모호한 중국특색의 사회주의 시장경제체제는 이제 시장자율화라는 또 다른 특색으로 변하려 한다.

이전과 달리 또 다른 특이점은 '정층설계'(顶层设计, top-level design)와 "돌을 더듬으며 내를 건넌다"(摸着石头过河)라는 서로 다른 방법을 결합하여 개혁을 추진하겠다는 것이다.

이 말은, 이전처럼 기층 부문에서 시험적으로 개혁의 방안을 운영하면서, 그 성과에 따라 중앙이 이를 수정 보완하고 확대 시행하였던 것과는 달리, 지금부터는 중앙당이 지도적인 입장에서 직접 개혁을 설계하고 지휘하고, 각 기층 부문에서 동시에 개혁이 시행되도록 총괄하겠다는 의미이다.

'정층설계'(顶层设计, top-level design)와 '시장자율화', 게다가 좌클릭 사회주의 노선의 발전추구 강화가 한 바구니에 담겼다. '자율화된 시장'이 이 두 모순된 장애를 이겨낼 수 있을까?

중국공산당은 이번 개혁안을 통해서 공산당 일당 통치의 정치적 정당성을 유지하고, 개혁개방과 시장자율 경쟁체제의 경제적 효율성을 강조하며, 이를 중국 특색의 새로운 사회주의 체제라고 '우기고' 싶어 한다는 느낌이다.

"공산당 일당 통치와 개혁개방이라는 새로운 정치경제체제의 시험이 성공했다. 이것이 바로 중국 특색(特色)의 사회주의체제이다. 그러니, '특색'(特色)은 당연히 시장자율화도 하부구조로 둘 수 있다"라고 자신(?)하는 것일까?

특색(特色)을 유별나게 강조해야만 하는 중국 지도층의 입장은, 개혁을 전면에서 이끌어야 하는 현재의 심정만큼이나 복잡하게 보인다.

항목2 기본 경제제도의 고수와 완성

1) 국영기업의 개혁: 보류인가 진행인가?

이번 개혁의 발표 이전에 많은 관심을 보인 것이 '국유기업 개혁'이 이루어질 수 있는가에 있었다. 예상과는 달리 공유제와 비공유제 모두가 중요한 기본 경제제도라는 것이다. 국영기업의 개혁은 보류된 것일까?

> 공유제(公有制, 즉 국영기업)가 경제의 주체로서 여러 종류의 소유제 경제
> 가 공동으로 발전하는 기본적인 경제제도가 바로 중국특색의 사회주의
> 제도의 중요한 기둥이며, 사회주의 시장경제체제의 토대이다. 공유제경
> 제와 비공유제경제 모두 사회주의 시장경제의 중요한 구성부문이며, 중
> 국 경제사회 발전의 중요한 기초이다.

요약된 내용을 얼핏 보아도, 국영기업이 아직도 중국 경제에 미치는 영향력이 상당하므로, 마치 국영기업에게 개혁을 보류하고 '면죄부'를 준 듯한 느낌이 있는 것이 사실이다. 이러한 이유로 인하여, 이번 개혁이 미흡하다는 지적을 하는 이들이 있고, 일견 이러한 주장은 설득력이 있어 보이긴 한다.

그러나 국영기업도 개혁의 범위에 분명 들어갔다. 국영기업은 어떤 방식으로 소용돌이치는 개혁의 회오리 속으로 빨려들어가게 되는가?

2) 공유제(국영기업)와 비공유제(민영기업): 독점에서 평등으로, 게임의 룰이 바뀌다

아래의 내용에서 국영기업의 개혁에 대한 중국의 고민이 엿보인다. 발표는 "재산권 보호제도 완성, 혼합소유제 경제의 적극적인 발전, 국유 기업의 현대적 기업화 완성을 위한 제도 추진, 비공유제(민영기업) 경제의

건강한 발전 지원 등을 하겠다"는 것이다.

첫째, 재산권 보호제도의 완성이란 공유소유제이든 비공유소유제이든 경제재산권은 동등하게 불가침으로 보호받아야 한다는 것이다. 국가는 각종 소유제의 경제 재산권과 합법적인 이익을 보호할 뿐 아니라, 법에 따라 ① 생산요소의 평등한 사용보장, ② 시장경쟁의 공개, 공평, 공정 참여 보장, ③ 동등한 법률보호 보장을 발표했다. 게다가 모든 소유제를 법에 따라 (공평하게) 감시 · 감독하겠다는 것이다.

둘째, 혼합소유제의 적극적인 발전을 지원하겠다는 것이다. 국유자본, 집단자본, 비공유자본(민간자본)이 상호 교차하여 지분을 획득하거나, 상호 융합한 형태인 '혼합소유제' 경제는 상호간의 장단점을 보완하고, 상호 촉진하며, 공동의 발전을 해야 한다는 것이다. 이번 개혁에는 국유자본 투자항목에 비국유자본의 참여를 허용했다. 또한 혼합소유제 경제에 속한 기업의 종업원들이 자사 주식 구매를 허용하여, 자본소유자와 노동자간의 이익공동체 형성을 유도했다. 이 밖에 ① 국유자산관리체제 완성, ② 자본관리 위주의 국유자산 관리감독 강화, ③ 국유자본 위탁경영체제 개혁, ④ 일부 국유자본운영공사 건설, ⑤ 국유기업의 조건부 국유자본투자회사 개편을 지지하겠다고 발표했다.

셋째, 국유기업의 현대적 기업화를 위한 제도 추진의 의미는 얼핏 부드러우나, 실질적인 내용은 국유기업에게 강력한 개혁을 요구한 것이다. 내용을 보면 "국유기업은 전체적으로 이미 시장경제와 서로 융합되었고, 반드시 시장화와 국제화의 새로운 추세에 적응해야만 한다. 경영정책의 규범화, 자산 보존과 증식, 경쟁에 공평한 참여, 기업효율 제고, 기업활력 증강, 기업의 사회적 책임 부담을 중점으로 해, 진일보된 국유기업의 개혁을 심화해야 한다"고 주문했다. 구체적으로 요약해보면 ①

효율적인 법인운영 구조 완비, ② 전문 경영인 제도 수립, ③ 기업 내 인사제도 및 상벌제도 개혁 심화, ④ 국유기업경영의 투자책임 추궁 강화, ⑤ 국유기업 재무예산 등 중요한 정보 공개 추진 검토 등을 제시했다.

넷째, 비공유소유제(민간기업) 경제의 건전한 발전에 대한 지원은 상당히 구체적이다. '결정'의 전문에서는, "비공유소유제 경제는 성장 부양, 창조 촉진, 취업 확대, 세수(稅收) 증대 등에 있어서 구체적으로 중요한 작용을 한다. 권리의 평등, 기회의 평등, 규칙의 평등을 유지하도록 하고, 비공유제 경제에 대한 각종 불합리한 규정의 폐지, 각종 음성적 장벽 제거, 특별 허가가 필요한 경영영역에 있어서 비공유제 기업의 진입을 위한 구체적인 방법 제정, 비공유제 기업의 국유기업 개혁 참여를 장려, 비공유자본이 참여한 혼합소유제 기업의 발전을 장려, 민영기업의 조건부 현대기업제도 건설을 장려할 것이다"라고 발표했다.

이러한 조치들을 살펴보면 기존에 국영기업과 민영기업에 대해 존재하던 특혜와 차별이 대부분 해소된 것으로 보인다. 이번 개혁을 통해 매우 공평하고 평등한 새로운 '게임의 룰'이 대폭 적용됨을 알 수 있다.

항목3 현대시장체계의 신속한 완성: 공평한 경쟁과 반복 강조되는 '시장자율화'

1) 공평한 경쟁이 개혁의 중심에 서야 한다

현대시장체계의 신속한 완성에 대해서는, "전면개방과 경쟁질서의 시장체제를 건설하는 것은 시장이 자원배치에 있어서 결정적 작용을 하는 기초이다. 반드시 기업은 자주경영과 공평한 경쟁이, 소비자는 자유선택과 자주적 소비가, 상품과 (생산)요소는 자유로운 흐름과 평등한 교환이 이루어지는 현대적 시장체제가 신속하게 형성되어야 한다. 시장의 장벽 제거에 힘써야 하고, 자원배치의 효율과 공평성을 높여야 한다"고 강조했다.

이를 위해, "투명한 시장규칙의 공평한 개방, 시장이 가격을 결정하는 기제의 완성, 도시－농촌의 획일적인 건설용지 시장의 수립, 금융시장체제 완성, 과학기술체제 개혁의 심화를 수립해야 한다"고 발표했다.

첫째, 투명한 시장규칙의 공평한 개방에 대한 구체적인 내용은 "① 동일한 시장진입제도 실시, ② 시장 감시·감독체제 개혁, ③ 동일한 시장 감시·감독 시행, ④ 전국의 동일한 시장조건과 공평한 경쟁에 장애가 되는 각종 규정과 행위에 대한 청산과 폐지, ⑤ 적법치 못하게 시행되는 각종 우대정책행위의 금지와 처벌, ⑥ 지방 보호정책 반대, ⑦ 독점 및 불공정 경쟁 반대"라고 발표했다.

둘째, 시장가격결정 기제란, 말 그대로 시장에서 가격이 형성될 수 있는 모든 것들을 시장에게 넘겨주고 정부는 이에 대해 간섭하지 않겠다고 했다. 즉 물, 석유, 천연가스, 전기, 교통, 전신(电信) 등의 영역에 대한 가격개혁을 추진하고, 경쟁적 가격체제로 개방한다는 것이다. "정부가 정하는 가격의 범위는 단지 중요한 공공사업, 공익성 서비스, 네트워크형 자연적인 독점고리에 한정하고 투명성 제고와 사회의 감시·감독을 받을 것이다. 농산품 가격형성 기제를 완성하고, 시장이 가격형성에 발휘할 역할을 중시할 것이다"라고 구체적으로 제시했다.

셋째, 도시－농촌의 획일적인 건설용지 시장의 수립은 규획관리제도와 용도관리제도에 부합한다는 조건하에서, 농촌의 집단경영 건설용지에 대한 양도나 임대 및 지분참여를 허용하겠다는 것이다. 또한 국유토지와 동일하게 시장에 진입하게 하며, 동등한 권한과 동등한 가격제의 시행을 발표했다. 이는 간단히 말하자면, 그동안 지방정부가 행정력을 동원하여 말도 안 되는 가격으로 농민들의 토지를 헐값에 매입하고, 이를 다시 건설업자들에게 시장가격에 되팔아 막대한 차익을 남기는 부당한 관행에 쐐기를 박는 조치이다. 지방정부의 개혁을 통해 방대해진 지방정부의 권한을 축소하고, 중앙이 민심을 얻는 일거양득의 획기적인 개혁조치인 셈이다.

넷째, 금융시장 체제의 완성도 상당히 파격적이고 구체적이다. 우선 ① 금융업의 대내외 개방 확대, ② 감시·감독 강화의 조건하에 조건이 구비된 민간자본의 '중소형 은행' 등 금융기구 설립 허용, ③ 정책성 금융기구 개혁 추진, ④ 다양한 자본시장 체계 완비, ⑤ 주식 발행 등록제 개혁 추진, ⑥ 다각적인 주식융자 추진, ⑦ 채권시장의 발전과 규범화, ⑧ 직접 융자비중 제고, ⑨ 경제보험 보상기제 완성, ⑩ (지진, 태풍, 쓰나미 등의 자연재해에 대비한) 거대재난(巨災) 보험제도 수립, ⑪ 포괄적 금융체계(普惠金融体系, inclusive financial system)의 발전, ⑫ 금융시장의 다각화와 금융 상품 창조 장려 등이 있다.

인민폐의 국제화폐 추진과 관련해서는 ① 인민폐 환율시장화 형성 기제의 완비, ② 이율 시장화의 신속한 추진, ③ 시장의 수요–공급이 반영된 국채 수익율 곡선의 완비, ④ 자본시장의 쌍방향 개방 추진, ⑤ 다국적자본과 금융교역의 태환수준의 순차적 제고, ⑥ 외채와 자본 유동 관리체계 수립, ⑦ 인민폐 자본항목의 태환가능에 대한 신속한 실현 등을 추진하려고 한다.

이 밖에도 금융 감시·감독 협력기제 완성, 중앙과 지방 금융 관리 감독 책임과 위험처분 책임의 선정, 저축보험제도 수립으로 금융기구 시장화 퇴출기제 완성, 금융기초시설 건설 강화, 금융시장 안전에 대한 고효율 운행과 전체안정 보장 등이 있다.

다섯째, 과학기술체제 개혁에는 ① 산·학·연(产·学·研) 협동 창조 기제의 수립, ② 응용기술연구 개발기구의 시장화, 기업화 개혁 추진, ③ 국가 창조체제 건설, ④ 지적 재산권 운용과 보호 강화, ⑤ 기술이전기제 완비, ⑥ 과학기술형 중소기업 융자조건 개선, ⑦ 엔젤 투자 기제 완성, ⑧ 비즈니스 모델을 응용한 과학기술 성과의 자본화와 산업화 촉진 등을 제시했다.

특히 주목할 만한 것은, 행정주도와 부문 간 분할의 관행을 타파해 기술창조 프로젝트, 경비 배분, 성과 평가에 대해 시장이 결정하는 기제를 수립하도록 하겠다는 것이다.

또한 창조조사제도 건설, 창조보고제도 수립, 투명한 국가 과학연구자원관리 기제 구축, 투명한 프로젝트 평가기제 구축을 제시했다. 원사(院士) 선발과 관리체제의 개혁을 통해, 학과배치를 최적화하고, 청장년 인재의 비율을 높이며, 원사(院士) 퇴직과 퇴출제도 실행을 발표했다.

2) 국영기업의 생존: 스스로의 개혁으로 가능할 것인가?

결론적으로 시진핑은 국영기업에 대한 직접적인 개혁의 칼을 들이대기 보다는 우회적이지만 오히려 더욱 냉정한 정글의 법칙에 온실에만 있던 국영기업을 몰아넣은 셈이다.

국영기업에게 면죄부를 주기보다는 오히려 유예기간을 준 것으로 보는 것이 타당하며, 반드시 시장이 결정적 작용을 하는 '보이지 않는 손'의 법칙에서 스스로 공정한 경쟁을 통해 현대식 기업으로 탈바꿈하라는 주문을 한 것이다. 이것은 또한 개혁을 반대하는 기득권 세력과 이익집단에게 우회적인 압력과 경고를 주는 효과를 내포하고 있다.

그동안 국영기업이 받았던 모든 특혜를 박탈하면서, 시장의 냉엄한 경쟁체제에서 살아남으라는 간접적인 개혁의 칼날이 오히려 국영기업에게는 더 무섭지 않을까? 논리의 정당성과 공정성을 무기로 서슬 퍼런 개혁의 칼날을 휘두르는 시진핑의 개혁 전술이 예사롭지 않다는 느낌이다.

항목4 정부 기능의 신속한 전환: 거대 공룡의 슬림화, 난제 중의 난제

1) 정부 기능전환: 행정체제 개혁과 행정관리 혁신으로

정부의 기능전환에 대한 의지를 보인 것도 이번 개혁안의 중요한 요소이다. "과학적인 거시조정과 유효한 정부통치는 사회주의 시장경제체제의 장점을 발휘하는 내재적인 요구이다. 반드시 정부 기능의 확실한 전환, 행정체제 개혁 심화, 행정관리 방식혁, 정부 공신력과 집행력 증강, 법치정부와 서비스형 정부 건설을 이루어야 한다"라는 구체적인 방향과 항목을 제시했다.

또한 이의 실질적인 이행을 위해서는 "거시조정 체계의 완비, 정부 기능의 전면적이고 정확한 이행, 정부조직 구조의 최적화로 과학적 관리 수준을 높여야 한다"는 것이다.

2) 공룡의 다이어트는 가능할까?

구체적인 내용들은 원칙론에 머물렀지만, 비교적 체계를 갖추기 위한 노력이 엿보인다. 문제는 구체적인 실행 계획들이 과연 제대로 완성될 것인가와, 복잡하게 얽힌 거대 공룡 관료집단 간의 조정이 제대로 이루어질 것인가에 있다.

정부의 기능전환에는 거창한 계획만큼이나 구체적인 투자가 병행되어야 한다. 그런데 문제는 막대한 자금이 투자되어도, 실제로 나타나는 효과를 측정하기가 어렵고 지속시킬 동력과 추진력도 만만치 않다는 데 있다. 핵심은 보았으나, 말처럼 쉽지 않은 개혁이 바로 정부직능의 전환이다.

중국 공산당정부의 건국 이래 60여 년간 지속되어온 거대 정부조직의 거미줄같이 얽힌 복잡한 이익관계의 실타래를 푸는 작업은 말처럼 쉽지 않다. 아마도 가장 어려운 개혁의 난관이 바로 이 부분이 아닐까?

항목5 재정 조세제도

3중전회는 "재정은 국가통치의 기초이자 중요한 받침대이다. 과학적인 재정제도와 조세체제는 자원배치, 시장통일 유지와 보호, 사회공평 촉진, 국가의 장기적인 안정을 실현하는 제도보장 등의 최적화를 위한 것이다"라고 하였다.

이를 위해 "반드시 입법 완성, 명확한 공공운영, 조세제도 개혁, 세수(稅收)부담 안정, 투명한 예산, 효율 제고를 이루어 현대적 재정제도를 건설해야 한다"는 것이다.

구체적으로는 "예산관리제도를 개선하고, 조세제도를 완성하며, 공공사업 운영과 지출책임이 서로 상응할 수 있는 제도의 수립"을 제시했다. 실질적인 진행을 지켜보면서 판단하는 것이 필요할 듯하다.

항목6 도시 · 농촌 일체화 체제 기구의 완비

1) 심각해지는 지역 불균형 발전과 양극화

3중전회는 "도시와 농촌의 이원화 구조는 도시 · 농촌 발전의 일체화를 제약하는 주요 장애요소이다. 반드시 체제를 완비해 공업이 농업을 촉진하고(以工促農), 도시가 농촌을 이끌며(以城帶乡), 공업과 농업이 상호 혜택을 나누고(工农互惠), 도시·농촌이 일체가 되는(城乡一体) 신형 도시·농촌관계를 형성해야 한다"고 지적했다.

광범위한 농민들이 평등하게 현대화의 과정에 참여하고, 현대화의 성과를 함께 나누기 위해서는 ① 신형 농업경영체제의 신속한 구축, ② 농민에게 더욱 많은 재산권리 부여, ③ 도시·농촌 평등교환 요소와 공공자원 균형배치 추진, ④ 건전한 도시화 발전체제 기제의 완성 등이 이루어져야 함을 강조했다.

중국의 개혁은 기존의 모든 문제점들을 해결해야 하는 종합적인 개혁의 필요성에 직면했다. 중국이 우선 각 부문별로 대립적인 네 가지 관계를 재정립해야 한다는 것이 현재의 중론이다. 정부와 시장, 중앙과 지방, 도시와 농촌 그리고 국영기업과 민영기업 간의 관계 재정립이 그것이다.

이 중에서 양극화로 인한 발전 불균형과 소득불균형, 수출위주에서 내수위주로의 경제구조 전환 등을 종합적으로 해소하기 위한 필수적인 개혁 대상이 바로 도시·농촌의 일체화 개혁이다.

그러나 광대한 토지와 13억이 넘는 인구에 대한 이익관계의 조절이 쉽지 않을 것이다. 도시·농촌 간의 관계는 당과 정부에서 제시한 계획대로 개혁을 통해서 이루어질 성질의 범위를 초월한다. 이는 시간적 제한을 두지 않는 장기적인 발전 계획이 뒤따라야 하고, 거의 무한대의 유무형 투자가 지속되어야 함을 의미하기 때문이다.

항목7 개방형 신 경제체제 구성

3중전회는 "경제 글로벌화의 새로운 추세에 적응하기 위해서는 반드시 대내외 개방을 상호 촉진하고, 내부로의 진입과 외부로의 출구가 잘 결합되도록 추진해야 한다. 국제와 국내요소들이 질서있게 자유로이 움직이고 자원이 효과적으로 배치되며 시장의 심도있는 융합이 촉진되도록 해야 한다"는 점을 강조했다.

특히 개방으로 개혁을 촉진해야 하며, 이를 위해서 투자진입 확장, 자유무역구의 신속한 건설, 내륙국경지역 개방 확대를 제시했다. 그러나 내륙국경지역의 가공무역 형태의 운영이나 국제운송항로 증설을 통한 다양한 연합운송의 발전, 내륙과 연안의 통관업무 협력 등을 제시하였을 뿐 실질적이고 구체적인 방안들이 아직은 보이지 않는다.

항목8 사회주의 민주정치제도 강조: '민주집중제'와 '인민민주 독재'의 고수

1) 사회주의 민주(집중제)정치: 인민민주 독재

3중전회는 "사회주의 민주정치의 발전은 반드시 인민이 주인임을 보증하는 것이 근본이 되어야 한다. 인민대표대회(全国人民代表大会, 전인대)제도, 중국 공산당이 영도하는 다당 협력과 정치협상(中国人民政治协商会议, 정협) 제도, 민족지역 자치제도(民族区域自治制度), 기층군중 자치제도(基层群众自治制度)를 고수하고 완성해야 한다"라는 입장을 보였다.

이렇게 네 가지 중국특색의 정치제도 고수를 강조하면서, 특히 "(민주집중적인) 민주제도의 완비와 민주형식의 다양성을 더욱 중시해야 하고, 중국 사회주의 정치제도의 우월성이 충분히 발휘되도록 해야 한다"라고 덧붙였다. 사회주의 체제의 유지를 반복해서 강조하고 있는 것이다.

'기층군중 자치제도'는 2007년 10월 15일부터 21일까지 열렸던 제17차 전국대표대회에서 중국 정치제도의 범주에 처음으로 포함된다. 2011년 7월 1일, 중국 공산당 90주년 기념식에서 후진타오는 "전인대

(全人大)는 '근본적인' 중국의 정치제도이고, 정협(政协)과 민족자치제도 및 기층군중자치제도는 '기본적인' 중국의 정치제도이다"라고 언급했다.

이번 3중전회에서도 이 제도가 언급된 의미는, 이미 이 제도가 기본적인 정치제도로 자리를 잡았다는 의미이다. 일부 제한된 지역과 제한된 범위 내에서 직접선거를 통해 촌단위의 책임자를 뽑는 형식이 갖는 의미에 대해 중국 국내외의 관심이 오랫동안 집중되고 있다.

2) 중국 사회주의식 민주주의: 프롤레타리아 인민독재

중국의 민주주의는 직접선거와 간접선거를 일컫는 직접민주제와 간접민주제로 인식되고 있으나, 결국은 인민이 주인인 인민민주 독재체제를 의미한다. 게다가 인민민주를 대표하는 것이 바로 공산당이다. 따라서 공산당 1당독재는 사회주의 인민민주주의의 합법적이고 민주적(집중적)인 제도라는 것이다. 이번 정치개혁과 공산당 제도개혁은 이러한 인민민주 독재의 체제 강화에 있다.

그런데 "전인대 제도는 시대의 흐름을 따르도록 추진되어야 한다. 민주(집중제)협상은 광범위하고 다양한 (협상)제도화 발전을 추진해야 한다. 기층 민주(집중제)를 발전시켜야 한다"라는 표현이 관심을 끌게 한다. 기층 민주의 발전범위를 어디까지 두겠다는 것일까?

협상을 통한 민주(집중)적 제도발전을 강조한 것은 표면적으로 사회적 합의를 중시하는 공산당의 기본 전략이다. 이러한 협상으로 이번에 제시된 것들은 입법협상, 행정협상, 민주(집중제)협상, 정치참여협상, 사회협상 등이 있다. 협상의 구체적인 대상으로는 국가정치권력기구, 정협조직, 8개의 민주당파 등을 일컫는 당파단체(党派团体), 기층조직, 사회조직 등이다.

결국 민주협상의 방향과 목표는 '4대 복종체제'를 위한 과정일 뿐이다. 협상을 통한 다수의 흐름에 따라 '복종'은 강요되는 것이고, 협상의 주체는 간접민주로 이미 선출되어 있는 기존 기득권 세력들이다.

또한 다수의 선택은 인민 개인들의 직접선거나 민중들의 의견이 모아진 것이 아니라, 기존 제도권 내부에서 공산당원과 공산당에 의해 지명된 사람들로 제한된다. 즉, 협상에 참여하는 것 자체가 이미 제한을 받고 있다는 의미이다.

되풀이하여 강조하지만, 우리가 생각하는 자유민주주의의 의미와는 완전히 다른 개념이다. 사회주의가 말하는 민주주의는 인민민주독재, 즉 공산당이 다수 인민의 동의를 얻었다는 공산당 1당독재를 의미한다.

개인의 자유와 권리가 평등한 것은 동일하지만, 일단 결정된 다수의 의견에는 '무조건적'인 '복종'만 존재한다는 점이 확실한 차이점이다. 다수의 의견을 존중하지만, 소수의 의견 역시 동일하게 존중받으며, 소수는 다수에게 복종하지 않고, 동일한 권리와 책임을 누리는 자유민주주의와는 완전히 다른 개념이다.

기층 민주(집중제)의 발전방향은 비교적 직접선거 민주주의의 형식에 가깝다. 촌민들은 기층선거, 공무, 정책공개, 업무보고, 문책 등과 같은 향촌 지역의 운영과 기층 공공사무 및 공익사업에 대해 법에 따른 자아관리, 자아서비스, 자아교육, 자아감독을 발전시킬 수 있다. 즉, 제한된 범위와 제한된 지역에서의 '기층자치제도'가 중국에서 점점 성장하고 있다. 어디까지 발전할 것인가?

5 3중전회 해부 ③
공산당 개혁안, 무엇을 개혁하나 (하)

항목9 법치중국 건설추진 – 사법체계 개혁

1) 사법체계 개혁: '인치주의'와 보시라이 재판의 의미

3중전회는 중국의 법치주의를 위해 사법체제 개혁의 심화를 강조했다. 공정하고 고효율의 권위가 있는 사회주의 사법제도를 신속하게 건설해야 하고, 인민의 권익을 보호해야 한다고 강조했다.

이를 위해서 아래의 다섯 가지 개혁 방향을 제시했다. 즉, ① 헌법법률권위 보호, ② 법집행 행정체제 개혁 심화, ③ 재판권과 검찰권의 법에 따른 독립적이고 공정한 행사의 확실한 보증, ④ 사법권력 운영기제 완비, ⑤ 인권의 사법 보장제도 완성이다.

이 중에서 인권의 사법보장 제도와 연관된 노동교화제도(劳动教养制度)의 폐지가 가장 주목받는 변화이다. 이 제도는 법치주의의 근간을 해치는 '인치주의'의 대표적인 폐단 중의 하나였고, 억울함을 상급기관에 호소할 수 있는 '신방(信访)제도'를 무력하게 만들었다.

각 지방 공산당 조직과 지방정부의 권력 남용에 대한 폐단은 '인치주의'가 모든 문제의 근원이었다. 중국 각지에 만연하는 '인치주의'는 공산당이 군과 정부 및 인민을 영도한다는 기본적인 통치원칙에 대해, "내가 곧 당을 대표하고, 내가 곧 법이다"라는 '인치주의'의 만연을 가져왔다.

가장 대표적인 것이 '보시라이 사건'이다. '충칭의 황제'로까지 불리고, 공개재판을 통해 정치적 생명이 끝난 '보시라이 재판'은 중국의 권력남용과 '인치주의'의 폐단을 가장 선명하게 설명할 수 있는 사례이다. 3중전회를 한 달여 늦추면서까지 '보시라이 사건'을 공개재판으로 몰고 간 시진핑의 의도는 바로 만연했던 권력남용의 근본 문제인 '인치주의'의 공개적인 처단에 있었다.

그리고 그는 이와는 반대되는 '법치주의'를 강조했다. 헌법에 의한, 공정한 사법제도의 운영이 중국의 부정부패와 철저한 개혁에 있어서 가장 중요한 무기이자, 민심을 아우를 수 있는 가장 효과적인 당근으로 판단했던 것이다.

항목10 권력 이행 제약과 감시 · 감독 체계 강화

1) 부정부패 개혁과 청렴한 정치: 중국은 '포청천의 부활'을 필요로 한다

3중전회는 "제도를 통해 '권한'과 '사무'와 '사람'을 관리하여, 인민들이 권력을 감시 · 감독하고, 권력이 투명하게 이행되도록 해야 한다. 권력을 제도라는 새장 속으로 넣자는 근본적인 계책인 것이다"라고 주장했다.

이어서, "반드시 과학적인 정책결정, 단호한 집행, 유력한 감시 · 감독이 되는 권력 운영체계를 수립하여야 한다. 처벌과 예방의 부패시스템을 완비하고, 청렴결백한 정치(문화)를 수립해야 한다. 청렴하고 공정한 간부, 청렴한 정부, 맑고 깨끗한 정치의 실현을 노력해야 한다"고 강조했다.

이를 위해서 세 가지 방향이 제시되었다. "권력에 대해 과학적이고 효력이 있는 제약과 조정기제 구성, 반부패체제구조의 혁신과 제도적 보장 강화, (부정부패로부터) 개선된 품행 정상화제도의 완비를 해야 한다"는 것이다. 이 세 가지에 대해 구체적으로 살펴보자.

첫째, 과학적이고 유효한 권력의 제약과 조정은 각급 당정 간부들의 권한제한, 행정감찰, 회계감독, 업무 매뉴얼 제도화, 사무공개제도 추진으로 구체화하겠다는 것이다. 당과 정부 간부들의 권한축소는 물론 명확하게 직무의 책임과 임무에 대해 규정하고, 행정권력의 제약과 회계의 감시 · 감독을 강화하겠다고 강조했다.

법에 따른 공개적인 권력이행을 위한 업무 매뉴얼화는 당정간부들의 운신의 폭을 더욱 조이는 조치이지만, '사무공개제도'는 그 제약이 아주 명쾌하다. 즉, 정책결정 공개, 사무관리 공개, 사무 서비스 공개, 결과공개가 그것이다.

여기에는 두 가지의 관전 포인트가 있다. 하나는 오랫동안 만연했던 공무원들의 권력남용을 제약하고, 근무기강을 바로 잡기 위한 강력한 개혁안이 떠올랐다는 것이다. 다른 하나는, 당정간부의 권력 제한이 각급 주요 영도와 간부라는 점이다.

이는 공산당 중앙과 정부의 고위층 영도들은 범위 밖이라는 의미이고, 중앙－지방 간의 당정 갈등에 대한 권력의 중앙집중이 요구됨을 읽을 수 있다. 즉, 개혁을 통해 그동안 비대해진 지방 당정권력에 대한 질책과 권력회수를 의미한다는 점이다. (이 부분에 대한 논의는 나중에 종합적으로 다루기로 한다)

둘째, 반부패의 제도적 보장과 관련하여 두 가지의 접근법을 선보였다. 하나는 당정청렴책임제(党风廉政责任制)로서, 당위원회가 주체적인 책임을, 기율위원회가 감독에 대한 책임을 지는 이중영도책임제이다.

이 이중책임제를 구체화하고 시스템화하며 제도화하겠다는 것인데, 이는 기존의 행정단위 관리체계에서 조직단위 관리체제로의 변화를 통해 이중 감시 · 감독을 시행하겠다는 강력한 감독통제를 의미한다.

이전에는 관련된 사안의 보고가 행정단위의 상급기관에 대한 보고로 종료되었다. 지금은 상급 행정단위에 대한 보고와 동시에 기관의 상급단위에까지 사안을 보고해야 한다. 이전처럼 행정단위에서 사안 보고를 받고 사안을 은폐하거나 다시 상급기관에 보고를 누락하는 행위를 근절하겠다는 의미이다.

제대로 이를 시행한다는 가정하에 보자면, 지금부터 발생된 사안은 각급 당정 행정단위의 상부기구로 이전처럼 보고가 되지만, 기율위의 상부기구인 '중앙기율위'에도 자동적으로 보고가 되어야 한다.

결국 각급 행정단위에서도 당의 중앙위, 정부의 국무원까지 보고를 하지 않으면 안 되는 시스템으로 변화한다는 의미이다. 이 역시 중앙의 지방에 대한 권력감시와 권력회수의 일환으로 볼 수 있다.

다른 하나는 반부패 청렴발의법규제도(反腐倡廉法規制度)의 가동이다. 이는 다시 ① 부패 처벌과 예방 완비, ② 청렴정부를 위한 부패발생 위험 예방관리제, ③ (조직과 기구간) 이익충돌 방지, ④ 간부 개인 사무 보고제, ⑤ 직무회피제 등을 완비해야 한다는 것이다.

새로 임명되는 간부는 관련 사항의 공개제도를 시범적으로 추진할 것으로 보인다. 특히 관리감독제도가 강화되는데 민주(집중제) 감독, 법률감독, 여론감독을 완비할 뿐 아니라, 인터넷을 통한 감독체제의 운영과 규범화를 완비하겠다는 발표는 매우 신선한 충격이다. 결국 인터넷을 통한 사회고발에 대해 공산당이 개혁안을 통해 적극적으로 민의에 화답한 것이다.

셋째, 품행정상화 제도는 매우 구체적이다. 형식주의, 관료주의, 향락주의 및 사치와 낭비의 풍조를 근절하고 체제개혁을 하겠다는 것이다. 회의공문제도 개혁을 통해 불필요한 회의와 문서를 대폭 줄이고, 이른바 3공경비(三公經費)인 ① 공무출장(출국) 경비, ② 공무차량 배치 및 운행비, ③ 공무용 접대비 지출에 대해 엄격하게 예산 승인 및 회계제도를 관리하겠다는 것이다.

간부 개인별 진행하는 프로젝트의 업무책임제 시행은 물론, 프로젝트의 간부 친인척 관련 여부, 사회조직과의 관련 여부, 해외거주 여부 등 간부와 주변인과의 사리사욕이나 특혜 부여 여부를 엄중하게 감독하겠다고 발표했다.

가장 눈에 띄는 것은 고급간부의 '관저 제도' 추진을 검토한다는 것이다. 각급 당정 고급간부들은 앞으로 주거 및 사무실의 규모와 수량에 제한을 받으며, 차량과 비서 및 경비원에 있어서도 규정에서 정한 범위를 초과할 수 없도록 했다. 각급 당정 고급간부들이 임기를 마치고 다시 다른 지역으로 발령이 나면, 해당 행정단위에서 신임 고급간부들에게 거주용 호화 주택을 제공하는 것이 지금까지의 관례이다. 해당 고급간부가 다른 지역으로 전출할 경우, 이를 회수하지 않고 저렴한 가격이나 무상으로 제공하여, 고급간부들은 전출 지역마다 고급 호화 주택을 여러 채 보유하게 되는 것이 지금 중국의 현실이다.

과도한 권력남용은 사회적 불만과 지방재정의 부담을 가중시켰고, 결국 '포청천의 제도적 부활'을 불러왔다.

항목11 문화체제 기구 창조 추진

3중전회는 "사회주의 문화강국의 건설과 국가문화 소프트파워(soft-power)의 증강을 위해 반드시 사회주의 선진문화의 전진방향을 고수해야 한다. 중국 특색의 사회주의 문화 발전 노선을 유지해야 하며, 인민중심의 사업방향을 통해 진일보 심화된 문화체제 개혁을 해야만 한다"라고 강조했다.

이를 위해서 ① 문화관리 체제 완성, ② 건전한 현대문화 시장체계 수립, ③ 현대 공공문화 서비스 체계 구축, ④ 문화개방 수준의 제고(提高)를 제시했다. 그러나 구체적인 실행에 있어서의 주목할 만한 특이사항이 보이지 않는다. 구호와 의지만으로 소프트파워나 새로운 문화를 형성한다는 것은 꿈이다.

문화사업이나 창조적인 문화의 발전은 기본적으로 시민사회의 의식 수준, 소비 수준, 참여 수준이 우선적으로 성숙되어야 한다. 이러한 창의적인 콘텐츠의 개발을 위한 기반을 조성한 뒤에는, 이의 상업화를 추진할 수 있는 충분한 시장요소가 형성되어야 한다.

수준 높은 시민의식과 자유롭고 다양한 의사소통이 상품으로 인정받을 수 있는 환경적 요소까지 발전하기 위해서는 다양한 조건들이 뒷받침되어야 한다. 그중에서 가장 중요한 것은 바로 제약받지 않는 다양성을 수용할 수 있는 '시민사회'의 존재다.

"중국에 '시민사회'가 존재하는가?"라는 질문에 대한 대답이 쉽지 않다. "'중국 특색'의 시민사회가 자율성과 다양성을 보장할 수 있는가?"라는 의문에 대한 답을 찾기에도 아직은 허전하다.

항목12 사회사업 개혁 창조 추진

3중전회는 "발전의 성과를 더욱 많이, 더욱 공평하게 전체 인민에게 돌아가도록 하기 위해서는 반드시 사회사업 개혁을 서둘러야 한다. 인민들이 가장 관심이 있고, 가장 직접적이며, 가장 현실적인 이익문제를 해결해야만이 인민들의 요구를 더욱더 만족시킬 수 있다"라고 했다.

이를 위해 ① 교육영역의 종합적인 개혁 심화, ② 취업촉진 창업체제 기제 완비, ③ 합리적이고 순차적인 수입 분배방식 형성, ④ 더욱 공평하고 지속적인 사회보장 제도의 수립, ⑤ 의약 위생 체제개혁 심화를 해야 한다고 제시했다.

이 부분에 대한 구체적인 개혁안들 역시 크게 주목할 만한 항목이 없다. 특이한 점은 부부중의 어느 한쪽이 독생자인 부부에 한하여, 두 명의 자녀를 둘 수 있다고 한 부분이다. 이를 통해 점차적으로 인구정책을 보완하고, 인구의 장기적인 균형발전을 촉진한다는 것이다.

항목13 사회통치체제 창조: 중국국가안전위원회(CNSC) 신설

1) 사회통치체제 창조와 CNSC 신설: CNSC는 국내용인가?

3중전회는 "사회통치의 혁신은 반드시 광범위한 인민들의 기본 이익 보호를 고려하여야 한다. 최대한 (사회가) 조화할 수 있는 있는 요소를 증가시켜야 하고, 사회 발전의 활력을 강화시켜야 하며, 사회통치의 수준을 높여야 한다. 국가 안보를 유지하고, 인민들이 편히 살면서 즐겁게 일할 수 있도록 해야 하며, 사회 질서를 안정시켜야 한다"고 하였다.

이를 위해서 네 가지 방향을 제시하였는데 ① 사회통치방식의 개진, ② 사회조직의 활력 유발, ③ 예방에 유효하고 사회모순을 해결할 체제 창조, ④ 공공안전체계 완비가 그것이다. 이를 하나씩 살펴보자.

첫째, 사회통치방식의 개진이란 사회에 대한 통치시스템 고수, 당위원회의 지도 강화, 정부의 주도적 작용 발휘, 사회 각 부문의 참여에 대한 장려와지지, 정부의 통치와 사회의 자생적 조절 및 주민자치 간의 우량한 상호작용을 실현하는 것이다. 길게 설명되었지만, 실제로 요약하자면 '법치통치 고수'와 '법치보장 강화'를 통해서 사회모순을 해결하겠다는 의미이다. 즉 한마디로 '법치주의 실현'이다.

둘째, 사회조직의 활력 유발이란, 정부와 사회 간의 관계를 정확하게 처리해 정부-사회 간 분리를 신속하게 실시함으로써, 사회조직이 명확한 권한과 책임으로, 법에 따른 자치 및 역할발휘를 추진하겠다는 것이다. 즉, 제한된 기간 내에 산업 및 상업협회와 행정기관과의 연결고리를 실제로 풀어버리고, 공공서비스와 사회적 문제들은 사회조직 스스로 담당하게 하였다. 정부는 교육이나 지원 정책으로 사회조직의 발전을 지원하며, 국내의 사회조직과 해외의 비정부조직(NGO)의 관리를 강화하여, 이들이 법에 따른 활동을 하도록 유도하겠다는 것이다. 요약하면, 사회조직의 활동에 대한 자율성을 부여하고 지원하되, 법에 의한 관리는 강화하겠다는 의미이다.

셋째, 사회모순을 해결할 체제의 창조란, 다시 세 가지의 시스템을 통해서 설명된다. ① 중요한 정책결정이 사회에 안정적인지 위험한지를 평가할 기제를 완비하겠다고 했다. 즉, 질서있는 소통을 통해서 문제에 대한 군중의 의견이 반영되고, 모순이 조정되며, 권익이 보장되도록 한다는 의미이다. ② 행정재심체제 개혁이다. 행정안건 재심심리 기제를 완비하여 위법과 부당한 행정행위를 교정하겠다고 했다. 즉, 모순과 분쟁에 대한 조정과 화합의 종합적인 기제를 만들겠다는 의미이다. ③ 신방업무제도(信访工作制度)의 개혁이다. 신방(信访) 즉 호소문을 서신으로 보내거나 직접 방문하여 문제를 제기하는 제도의 개혁이다. 신방이란, 중국의 헌법 27조와 41조에 의거하여 일반 민중이나 법인 혹은 단체가 억울한 일을 당했으나, 해당 법원 등 당정 기관을 통해 제대로 억울한 사정이 반영되지 않을 경우에 상위 정부 기관에 이를 호소할 수 있는 제도이다.

실제로는 신방(信访)을 시도하는 사람들이 법률적인 과정을 거치지도 않았고, 구금 사실이 공개되지도 않은 상태에서 '노동교화소'에 장기간 강제 구금되는 것이 비일비재하였다. 강제구금의 출옥은 이를 행사한 해당 탐관오리만이 구금의 해제를 결정할 수 있는 치외법권의 사각지대인 셈이었다.

이번 개혁안에서는 이와 관련하여 세 가지의 특별한 개혁안이 눈길을 사로잡는다. 즉 ① 노동교화제도(劳动教养制度)가 폐지되었고, ② 신방(信访)제도는 이제 인터넷으로도 접수가 가능하며, ③ 신방(信访)제도가 '법치주의' 궤도에 정식으로 진입한 것이다.

넷째, 공공안전체계의 완비란, 네 가지 측면에 대한 안전관리이다. 즉 ① 총괄적인 권위를 가진 식품·약품 안전 감시관리 기구 완비, ② 재난에 대한 예방과 감소 및 구호체제 완비, ③ 사회 치안 종합 관리 강화, ④ 인터넷 보안관리 지도체제 완비 등을 통해서 사회와 국가의 안전과 안보를 확립하겠다는 것이다.

주목할 점은, 식품·약품 안전기구에 가장 엄격하고 전면적인 '감독관리제도'의 도입과 '식품원산지 추적가능제도' 그리고 '품질표시제도'를 수립하여 식품·약품 안전을 보장하겠다는 것이다. 13억이 넘는 인구의 먹거리에 대한 안전불감증과 비위생적인 식품안전관리에 대한 사회적 불안감과 불만이 결국 개혁안에 고스란히 반영된 셈이다.

그런데 위에서 제시한 네 가지 방향에서 사회통제체제의 창조를 강조하면서, 3중전회는 슬그머니 여기에 중국국가안전위원회(中国国家安全委员会, China National Security Council, 이하 CNSC)의 설립을 끼워 넣었다. 국가안전체계와 국가안전전략의 완비를 통해 국가의 안보를 확고히 하겠다는 것이다.

별도의 항목으로 특화하지도 않고, 왜 사회통치체제의 창조 마지막 부분에 단 한 줄만 슬그머니 CNSC의 설립을 끼워 넣은 것일까? CNSC의 설립 목적은 중국 국내 사회안정을 위한 것인가?

단 한 줄로 표현되었지만, 언론인들과 전문가들이 이의 중요성을 놓칠 리 없다. CNSC에 대해 좀 더 살펴보자.

2) 시진핑과 CNSC: '체제안전'과 '1인 권력집중화'의 이중 효과

CNSC의 설립 발표가 나자마자 이 기구가 공산당 중앙위원회, 국무원(國務院), 전인대(全人大), 전국인민정치협상회의(全國人民政治協商會議)라는 4대 국가기구에 이어 중국의 5번째 거대 상설 국가기구가 될 것이라고 보도됐다. 다음 날, 이 보도는 일부 삭제되기도 했지만 이미 이에 대한 대중적 인식은 확고하다.

1997년 미국을 방문하고 돌아온 장쩌민(江澤民)에 의해 시도되었다가 권력의 1인 집중에 반대하여 시행되지 못했던 CNSC의 설립이 시진핑 시대에 이루어지는 것은 어떤 의미인가?

필자가 보기에, 중국이 현 체제에 대한 국내외 안보에 관한 두 가지의 정치·사회적 합의를 필요로 한다는 점이다. 첫째, 집단지도체제의 비효율성에 대한 권력집중의 필요성 대두이다. 보시라이 사건을 필두로 분산된 권력을 효율적으로 제어할 수 있는 새로운 통치체제가 필요하게 된 것이다.

둘째, 대내외적으로 국가안보 위협요소들의 폭발적인 증가이다. 발전에 따른 양극화 문제, 중동 이슬람 국가로부터의 테러리즘과 분리주의, 주변국과의 영토분쟁은 물론, 내부의 치열했던 정치투쟁에 대한 위기감이 증폭되었다.

중국이 국내외에서 예상되는 총체적인 국가안보 위기관리를 위한 안보전략 수립과 총괄 집행을 고위층 지도자들이 직접 관장할 필요성이 있다고 인식하게 된 것이다. 중국은 현재 공산당 내부 분열로 인한 '체제의 안정'과, 양극화와 사회불만으로 형성된 '내부개혁의 필요성' 그리고 대내외로부터의 '국가안보 확립'이 모두 시급한 상황이다.

이러한 환경의 변화가 장쩌민과 후진타오 시대와는 달리 사인스럽게 시진핑에게 권력의 쏠림현상을 가져온 것이다. (이에 대한 상세한 분석은 이번 시리즈의 다른 편에서 다룰 것이다)

항목14 생태문명제도 건설 가속

1) 생태문명제도 건설: 성장통과 성장후유증에 대한 힐링(healing)이 필요하다

중국의 지난 35년간 이어져온 개혁개방의 성과는 대단했다. 세계의 역사에서 경제발전분야는 새롭게 쓰여야 할 것이다. 그런데 지금 중국은 생태문명 건설에 대한 필요성을 제기한다. "생태문명건설은 반드시 체계적으로 완성된 생태문명제도 시스템이 세워져야 하며, 제도로 생태환경을 보호해야 한다"라는 3중전회의 외침은 다급하다.

가장 엄격하게 발원지보호제도(源头保护制度), 손해배상제도(损害赔偿制度), 책임규명제도(责任追究制度)를 시행해야 하고, 환경관리와 생태복구제도(生态修复制度)를 완성해야 하며, 제도로 생태환경을 보호해야 한다고 못박았다.

이를 위해서 ① 자연자원 자산재산권 제도 (自然资源资产产权制度)와 용도 통제제도(用途管制制度)의 완비, ② 생태보호 레드라인 확정, ③ 자원유상 사용제도(资源有偿使用制度)와 생태 보상제도(生态补偿制度) 실행, ④ 생태 환경 보호관리체제(生态环境保护管理制度) 개혁을 해야 한다는 네 가지 방안이 제시되었다.

이 중에서 특이한 점들만을 보자. 두 번째의 생태보호 레드라인 확정에는 세 가지의 특이사항이 있다. ① 자원 환경의 수용능력 감시·예측·경보 기제를 설립하는 것이다. 이는 토지와 수자원, 환경용량 및 해양자원이 초과 사용되는 지역에 대한 제한조치의 실행을 포함한다. ② 자연자원 자산부채표(自然资源资产负债表)를 만들어서, 지도급 간부에 대한 실적 평가와 인사에도 반영하는 것을 검토하겠다고 한다. ③ 생태환경 손해책임 종신규명제(生态环境损害责任终身追究制) 수립이다. 급속한 성장에 고무되었던 중국은 분명 생태환경파괴에 대한 심각성을 충분히 인식한 듯하다.

세 번째의 자원 유상 및 생태보상제도는 두 가지 원칙을 의미한다. 하나는, 환경오염이나 생태계를 파괴하면, 이에 대한 비용을 지불해야 한다는 원칙이다. 다른 하나는, 자원의 사용으로 수익이 날 경우에도 생태회복을 위한 보상비용을 내야 한다는 원칙이다.

이와 관련하여 두 가지 주목할 점이 있다. 첫 번째는 자연자원과 그 제품에 대한 가격개혁(价格改革)을 서둘러 시장의 공급요구, 자원 희소 정도, 생태환경에 손해를 끼치는 원가구조, 생태 복구의 효과와 이익을 전면적으로 가격에 반영하겠다는 것이다. 국영기업이 독점하는 에너지 관련 자원의 제품 가격은 국가가 결정한다. 문제는 시장에 공급하는 가격이 에너지제품의 생산 원가보다 더 저렴하게 책정되었다는 데 있다. 즉 국가가 인민들을 위해 국영기업에게 생산을 할수록 적자인 저가격책정을 '명령'하였고, 실제로 그렇게 생산되고 공급되고 있다.

여기에서 발생되는 문제는, 국영기업이 자신의 적자 보전을 위해 생산공정에서 품질을 고려하지 않고, 원가 절감을 위한 생산을 한다는 데 있다. 국영기업은 장부상으로는 국가의 정책대로 적자이지만, 실제는 절약된 생산공정을 통해 숨겨진 이익이 발생된다. 이러한 이익의 배분은 자연스럽게 국영기업 내부에서 비공개로 나누어진다. 그러나 저품질로 생산된 에너지 제품들의 환경오염은 나날이 심각하다. 중국의 환경오염과 도시 스모그 현상은 이제 '체제를 위협할 수 있는 민생불만'의 수준에 이르렀다. 에너지 제품에 대한 가격개혁을 서두르지 않을 수 없는 이유이다. "시장이 자원배분의 결정적인 작용을 하게 한다"라는 개혁의 기본 원칙은 에너지 가격개혁과 불가분의 관계인 것이다.

주목할 점의 두 번째는 환경시장을 발전시켜 에너지절약양(节能量), 탄소배출권, 오염배출권, 물(水)권에 대한 교역제도(交易制度)를 추진하겠다는 것이다. 마구 퍼올린 지하수의 고갈은 날이 갈수록 심각하고, 곳곳에서 발생되는 대형 땅꺼짐 현상은 지진보다 더 공포스럽다.

생태문명제도 건설의 네 번째인 '생태환경보호관리제도'의 개혁에는 구체적인 다섯 가지 사항들이 있다. ① 육지와 해양을 총괄하는 생태시스템 보호복구와 오염방지구역 연동기제 수립, ② 국유림 구역 경영관리체제 완비와 '집단삼림권제도(集体林权制度)' 개혁 완성, ③ 환경정보의 실시간 공개 같은 '통보제도(举报制度)' 완비와 사회감시·감독 강화, ④ 오염물 배출허가제 완성과 단위별 오염물 배출 총량 통제제도 실행, ⑤ 생태환경에 손해를 조성한 자에 대한 엄격한 배상제도와 법에 따른 형사책임 추궁이 그것이다.

오랜 시간을 달려온 눈부신 성장의 성과는 이제 성장의 후유증에 대비된다. 생태환경은 공기처럼 무한대의 무상제공이 아니었고, 지금부터는 생태복원과 보호라는 혹독한 대가와 비용을 치러야 한다. 자연스럽게 기업의 경쟁력은 나빠질 것이고, 성장의 속도 또한 재편될 것이다. 도시의 스모그는 장기적으로는 생명을 위협하고, 고갈된 자원은 중국의 성장을 멈추게 할 수도 있다. 중국의 생태계는 성장 후유증에 대한 힐링(healing)을 요구하고 있다.

항목15 국방과 군대개혁 심화

1) 국방과 군대개혁: 비전투부문의 축소와 첨단무기 증강

3중전회는 중국특색의 현대적 군사능력 체제를 건설하기 위해서 '군대체제 편제조정 개혁심화, 군대정책 제도조정 개혁추진, 군·민(軍·民) 융합의 심도있는 발전추진'이라는 국방개혁을 발표하였다.

(1) 군대체제 편제조정 개혁심화

군대체제의 편제조정은 국방영도 관리체제(国防领导管理体制) 개혁, 연합작전 능력과 제도 개혁, 군대 규모 구조와 편제 최적화, 군사교육 및 인재양성 완비라는 네 가지의 세부 내용으로 구분된다.

첫 번째 세부 내용은 "국방영도 관리체제(国防领导管理体制) 개혁을 추진하고, 군사위원회 총사령부(军委总部)의 영도기관(领导机关) 직능배치와 기구배치를 최적화하며, 각 군의 군별 영도 관리체제를 개선한다"라는 것이다. 이 말은 공산당 중앙군사위 주석이자 국가군사위 주석인 시진핑을 기준으로 최고위층 국방관리체제의 변화를 암시한다. 군사위원회 총사령부는 인민해방군의 총참모부(总参谋部), 총정치부(总政治部), 총후근부(总后勤部), 총장비부(总装备部)의 4대총부에 대한 직능배치와 기구배치도 조정하겠다는 의미이다. 각 군의 군별 영도관리체제의 개선에 대한 향후의 변화도 주목할 만하다.

두 번째 세부 내용은 군사위원회 연합작전 지휘기구(军委联合作战指挥机构) 완비, 전투지구 연합작전 지휘체제(战区联合作战指挥体制) 완비, 연합작전훈련과 체제보장 개혁 추진, 신형 작전능력 지도체제 완성, 정보화 집중관리 구성 강화, 무장경찰부대의 능력구조와 지휘관리체제 최적화라는 구체적인 목표를 제시한 것이다. 이는 1985년 100만여 명 감군으로 재편된 7대군구, 즉 선양군구(沈阳军区), 베이징군구(北京军区), 란지우군구(兰州军区), 지난군구(濟南军区), 난징군구(南京军区), 광저우군구(广州军区), 청두군구(成都军区)에 대한 새로운 재편을 예상한다. 5대군구로의 축소에 대한 예측이 일반적인 의견이다.

세 번째 세부 내용은 군대 규모의 구성에 대한 최적화이다. 이는 다시 군의 병종 간의 비율조정, 장교와 사병의 비율조정, 작전부대와 부속기관의 비율 조정, 비전투 기구와 인원 감축을 제시했다.

네 번째 세부 내용은 군사교육과 인재양성에 관한 것이다. 새로운 작전능력을 신속하게 발전시키려면, 군대의 교육기관 개혁을 심화해야 한다. 군사교육기관 교육, 부대 훈련 실천, 군사 직업 교육이라는 삼위일체의 신형 군사인재 배양체제(军事人才培养体制)를 완비해야 한다는 것이다.

(2) 군대정책 제도조정 개혁추진

군대정책 제도조정 개혁추진에는 군대의 직능과 임무에 필요한 군사 인력자원 정책제도(军事人力资源政策制度)를 개선하는 것이다. 여기에는 ① 장교직업화 제도(军官职业化制度)를 발전시켜 점차 과학적인 규범을 갖춘 군대간부제도체제(军队干部制度体系)로의 유도, ② 군무원제도의 완성, ③ 병역제도, 하사관제도 및 퇴역군인의 취업제도 등에 대한 개혁정책의 완성, ④ 군비관리제도(軍費管理制度)의 완성과 자원배치 기제(资源配置机制)의 수립, ⑤ 경비물자 관리표준제도 체제(经费物资管理标准制度体系) 완성, ⑥ 예산관리와 국고집중지불제도(国库集中收付制度) 및 물자구매제도 개혁의 심화, ⑦ 군인의 의료와 보험 및 주택보장 등의 제도 개혁 심화를 제시했다.

(3) 군민융합의 심도있는 발전추진

군민융합의 심도있는 발전추진에는 ① 국방공업체제(国防工业体系) 완비, ② 국방 과학기술 협동창조 체제(国防科技协同创新体制) 완성, ③ 국방 과학연구 생산관리와 무기장비 구매체제 기제(国防科研生产管理和武器装备采购体制机制) 개혁, ④ 우수한 민영기업의 군수품 과학연구 생산과 유지보수 영역진입 유도, ⑤ 국방교육 개혁 심화, ⑥ 국방 동원체제기제(国防动员体制机制) 완비, ⑦ 평시 소집과 전시 동원 법규제도(平时征用和战时动员法规制度)의 개선, ⑧ 민병 예비역 체제(民兵预备役体制) 개혁 심화, ⑨ 국경 영공·영해방어 관리체제 기제(边海空防管理体制机制)의 순차적 조정 등이 제시되었다.

항목16 당의 전면심화개혁 지도의 강화와 완성

1)중앙전면심화개혁영도소조(中央全面深化改革领导小组)의 신설

3중전회에서 개혁의 전면적인 심화는 반드시 당의 영도를 강화하고 개선해야 하며, 이를 위해 당중앙(党中央)에 전면심화개혁영도소조(全面深化改革领导小组, 이하 개혁영도소조)를 설립한다고 발표하였다.

개혁영도소조는 구체적으로 개혁의 총체적인 설계, 총괄 조정, 전체적인 개혁 추진, 개혁 수행 독촉을 책임진다는 것이다. 또한 각급 당위원

회는 개혁의 지도책임을 철저하게 이행해야 한다고 강조했다.

이러한 전면적인 개혁에 대해 7가지, 즉 간부인사제도 개혁의 심화, 인재모집 제도기제 수립, 인민 군중의 적극성과 능동성 및 창조성을 충분히 발휘하도록 하기, 지방과 기층 및 군중의 대담한 탐구 장려, 노동조합(工会) 공청단(中国共产主义青年团) 부녀연합(中华全国妇女联合会) 등 인민단체의 역할이 충분히 발휘되도록 하기, 개혁경험에 대한 신속한 결산, 선전과 여론 유도 강화 등을 주문했다.

2) 개혁 총괄 최고 지휘부는 누가 지휘하나?

개혁영도소조의 설립에 대한 내용도 한 줄로 요약되어 있다. 이에 대한 구체적인 내용은 위에서 언급한 네 가지 책임범위가 전부이다. 따라서 개혁영도소조의 조장이 누가 될 것인가에 대한 의견이 분분했다.

그러나 점차 시간이 갈수록 '소조'의 조장은 시진핑이 맡을 것이라는 의견들이 다수를 차지한다. 우선, 이번의 전면적인 개혁의 범위가 국무원의 범위를 벗어나 당과 군대의 개혁까지 언급되고 있다는 점이다. 그렇다면 당과 군대의 개혁을 주도할 수 있는 실질적인 지도자가 조장이 되어야 한다. 둘째, '소조'의 정식 명칭에 '중앙', 즉 공산당 중앙위원회의 의미가 담겨 있다는 점이다. 이는 곧 공산당을 실질적으로 대표하는 지도자가 조장이 되어야 한다는 의미이다.

지난 3월의 양회(两会)에서 '중국의 꿈(中国梦)'을 주창하며, 중국의 개혁을 예고했던 시진핑은 이번 11월의 3중전회에서 그 동안 준비했던 2만여 자가 넘는 개혁안을 제시했다. 중국 3.0시대의 개혁에 대한 '결정' 전문(全文)에는 모두 7개 분야의 16개 개혁에 대한 고민들이 담겨있고, 이는 다시 60개의 세부 항목으로 정리되어 있다. 각각의 세부 항목에도 다시 수많은 개혁에 대한 아이디어들이 담겨있다. 물론 그중에는 본문의 분석에서도 거론했듯이 별로 주목할 만한 내용이 없거나, 기존 내용의 답습이 포함되어 있다.

그럼에도 방대한 양을 채우는 개혁안에는 중국의 고민과 비전이 함께 담겨 있다. 중화민족의 위대한 부흥을 꿈꾸는 '중국의 꿈'이 '전면적인 개혁'이라는 함선에 올라 대양을 건너려 한다. 지켜봐야 할 대상과 범위도 그렇지만, 앞으로 진행될 흐름의 변화를 추적하는 방대한 작업이 태산과 같다.

에필로그

이웃인 우리는 지켜만 볼 입장이 아니다. '중국의 꿈'이 어떻게 형성되어 가는지, '전면적인 개혁'이 어떻게 진행되는지를 살펴야 한다. 우리의 시각이 아닌, 최대한 중국의 시각으로 이를 먼저 이해하는 노력을 기울여야 한다.

그렇게 중국식으로 먼저 중국의 생각을 충분히 이해한 뒤에, 우리의 입장에서 우리의 생각을 정리하는 것이 올바른 순서이다. 지피지기, 백전불태(知彼知己, 百戰不殆), 상대와 나를 알고 나면 백번을 싸워도 위태롭지 않다는 의미를 깊이 새겨야 한다.

6   3중전회 해부 ④
중국국가안전위원회(CNSC) 해부와 우리의 대응

중국의 개혁방안을 세계에 알리는 제18기 3중전회가 4일간의 회의를 거쳐 2013년 11월 12일에 폐막되었다. 2013년 3월의 양회에서 '중국의 꿈'을 주창하며 향후 10년간의 개혁을 예고하였던 시진핑은 이번 3중전회를 통해 새로운 시대의 구체적인 개혁방안을 발표했다. 약 2만 자가 넘는 개혁의 전문에는 총 6개 분야, 16개 영역, 60개 세부 항목들이 개혁의 구체적인 내용으로 제시되었다. 그중에서 특히 세계의 주목을 받은 것이 바로 중국 국가안전위원회(中國國家安全委員會, China National Security Council, 이하 CNSC)의 설립이다.

기존의 국가안보 관련 중국 공산당과 정부기구인 중앙 국가안전 영도소조(中央國家安全領導小組), 국가안전부(國家安全部)와는 어떤 차이가 있을까? '중국의 꿈'을 주창하던 시진핑은 왜 이 시점에서 CNSC 설립을 선포한 것일까?

CNSC, 중국 5대 상설 국가기구의 탄생: 사회적 합의와 시대적 흐름

CNSC의 설립 발표가 나자마자 이 기구가 '공산당 중앙위원회, 국무원(國務院), 전인대(全人大), 전국인민정치협상회의(全國人民政治協商會議)'라는 4대 국가기구에 이어, 중국의 5번째 거대 상설 국가기구가 될 것이라고 보도되었다. 다음 날 이 보도는 일부 삭제되기도 했지만, 이미 이에 대한 대중적 인식은 확고하다.

1997년 장쩌민에 의해 시도되었다가 권력의 1인 집중에 반대하여 시행되지 못한 CNSC의 설립이 시진핑 시대에 이루어지는 것은 어떤 의미를 지니는가? 많은 학자들이 오랫동안 주장한 것처럼, 중국은 분명 국가안보를 위한 새로운 기제가 필요한 시점에 와 있다. 중요한 것은, CNSC의 설립 필요성에 대해 오랫동안 중국의 사회적 합의가 이루어진 것으로 보인다는 점이다.

이는 두 가지 정치·사회적 합의를 내포하고 있다. 첫째, 집단지도 체제의 비효율성에 대한 권력집중의 필요성 대두이다. 보시라이 사건을 필두로 분산된 권력을 효율적으로 제어할 수 있는 새로운 통치체제가 필요하게 된 것이다. 둘째, 대내외적으로 국가안보 위협요소들의 폭발적인 증가이다. 발전에 따른 양극화 문제, 중동 이슬람 국가로부터의 테러리즘과 분리주의, 주변국과의 영토분쟁은 물론, 내부의 치열했던 정치투쟁에 대한 위기감이 증폭되었다. 총체적인 국가안보 위기관리를 위한 안보전략 수립과 총괄 집행을 고위층 지도자들이 직접 관장할 필요성이 발생된 것이다.

중국의 대표적인 국가안보 기구들

'대외안보' 임무를 수행하는 중앙 국가안전 영도소조(中央國家安全領導小組)는 2000년 9월에 설립되었다. 주로 외국과의 대외업무와 국가안보 영역의 중대 문제에 대한 정책을 결정한다. 이 소조(小組)는 국가주석과 부주석을 조장과 부조장으로, 대외업무를 관장하는 부총리(혹은 국무위원), 외교부, 국방부, 상무부, 공안부, 국가안전부, 국무원 대만 사무판

공실(國務院臺灣事務辦公室), 국무원 홍콩마카오 판공실(國務院港澳辦公室), 화교협회, 국무원 신문판공실(國務院新聞辦公室), 중앙위원회 선전부(中央委員會宣傳部), 중앙 대외연락부(中央對外聯絡部), 총참모부(總參謀部) 등 공산당과 정부 및 군대계통의 관련 책임자들로 구성되어 있다.

'대내안보' 임무를 수행하는 국가안전부(國家安全部)는 1983년 7월에 중공 중앙조사부(中共中央調查部), 공안부 정치보위국(公安部政治保衛局)과 중공중앙 통일전선 공작부(中共中央統一戰線工作部)의 일부 및 국방과학 기술 공업 위원회(國防科學技術工業委員會)의 일부가 통합되어 국무원 산하 조직으로 설립되었다. 대내안보 임무수행이지만, 실제는 중국 정부에서 가장 최대이자 가장 활발한 대외 및 외교 정보기구로 활동하는 것으로도 추정된다. 국가기밀 누설, 반역 활동, 간첩 색출 등의 정치적 사안과 그 외에도 대내외 안보관련 중요한 업무를 담당한다. 조직의 특수성으로 인하여 홈페이지나 소속 위원들의 명단은 물론, 모든 관련 업무가 비공개로 운영된다.

중국의 국가안보 기구는 이 밖에도 공안부, 외교부, 국방부 등의 관련 부문과, 1980년 1월에 설립된 중공중앙 정법위원회(中共中央政法委員會), 2012년 하반기에 설립된 것으로 추정하는 중앙 해양권익 공작 영도 소조(中央海洋權益工作領導小組), 올해 8월에 설립된 국가 반공포공작 영도 소조(國家反恐怖工作領導小組) 등이 있다.

CNSC 설립의 필요성: 국가안보 중장기 종합전략 수립 및 총괄 지휘

공산당과 국가 조직의 일환으로 이렇게 많은 기존 조직들이 각 부문에서 각기 중첩되는 안보부문의 업무를 진행함에 따라 다음과 같은 문제점들이 존재했다. 첫째, 안보 업무의 저효율성 둘째, 종합적이고 장기적인 국가안보전략 부재 셋째, 중대 사안에 대한 통합적인 대응력 부재이다.

이러한 문제에 대한 해결은 물론, 중국의 안보 관념에 대한 변화도 CNSC의 설립에 기인했다. CNSC는 중장기적인 안보전략 연구, 전략수립, 기존 안보기구 업무조정, 총괄기능으로 고효율과 신속한 위기대응 능력을 발휘할 것으로 보인다. CNSC의 설립 필요성을 아래와 같이 종합할 수 있다.

첫째, 안보의 시대성 반영이다. 외부의 적이 침입함에 대비하는 군사안보의 전통적 안보관에서 환경오염, 사회 불안, 테러리즘, 식품안전, 자연재해(지진, 태풍, 쓰나미 등), 금융위기, 전염병 등의 비전통 안보위기에 대한 대응의 필요성이 점점 더 증가하고 있기 때문이다.

둘째, 안보전략의 투명성 효과이다. 국가안보전략을 제정하고 발표하여 세계가 중국의 장기적인 전략의 의도와 목표를 이해하게 함으로써, 중국에 대한 오해를 해소할 수 있다는 주장이 있다.

셋째, 안보직능의 차별성 추구이다. 기존 안보관련 조직들과는 달리, 새로 설립된 CNSC의 주요 직무는 대내외 국가 안보전략 수립과 관련업무의 총괄에 있다.

넷째, 안보업무의 총괄성 발휘이다. CNSC는 군대, 무장경찰, 공안 및 국가안보기구의 모든 안보관련 기구들을 공산당 중앙의 최고 영도자들이 직접 관장하는 당중앙 직할 관리기구이다. 또한, 이는 각 지방에 지방 상설안보기구를 두어 전국의 안보관련 업무를 총괄할 뿐 아니라, 중국 국내 및 국외의 모든 안보관련 업무를 총괄하는 안보분야의 국가급 최고 상설기구이다.

다섯째, 미래안보의 예방성 대비이다. 급변하는 국제사회의 각종 예측불허의 잠재적이며 불확실한 중대 사건이나 돌발적 위기에 대한 예방적 차원이다.

여섯째, 안보자원의 효율성 제고이다. 안보와 관련된 각 부문과 기구의 효율적인 협력조정을 통해 안보관련 기관의 자원 낭비를 막고 업무 효율을 높이기 위함이다.

CNSC는 어떤 위기를 대비하려 하는가?

항모, 핵잠수함, 스텔스 기능을 갖춘 5세대 전투기 등 중국이 국가안보를 위한 하드웨어를 갖추었으니, 이제 CNSC와 같은 소프트웨어를 갖출 때라는 인민일보의 기사는 중국의 자신감을 그대로 드러낸다. 냉전이 끝나면서 소련 연방의 해체와 동구 공산권의 몰락으로 새로운 변화가 생겼지만, 중국은 끝내 무너지지도 않았고, 분열되지도 않았다는 것이다. 오히려 중국이 이제 세계 2대 경제대국으로 성장했으며, 미국과 신형 대국관계(新型大國關係)를 논하는 위치에 있다고 자랑한다. 최근 중국에서 유행하는 자신감을 나타내는 표현법들이다.

중국은 한족을 필두로 만주족, 몽고족, 위그루족 그리고 티벳족 등 5대 민족으로 구성된 '중화민족'의 단결을 주장한다. 중국 특색의 사회주의 시장경제체제로 세계 2대 경제대국으로 성장한 중국은 이제 내부 결집을 위해 '위대한 중화민족의 부흥'과 '중국의 꿈'을 강렬하게 주창(主唱)하고 있다.

그러나 자신감을 나타내는 중국의 표현법과 미래를 꿈꾸는 강렬한 주창 속에는 긴장하는 중국의 고민이 엿보인다. 아래의 다섯 가지 측면이 바로 중국이 맞이할 것으로 예상되는 예측불허의 불확실한 미래 국가안보 위기요소들이다.

첫째, 급속하게 증가하는 중국 국내사회의 불안정이다. 경제발전에 따른 내부의 양극화 현상은 의외로 심각하다. 도시와 농촌의 소득격차, 해안도시와 내륙도시의 발전 불균형, 도시 내부에도 존재하는 양극화의 해법 찾기가 쉽지 않다. 수출주도형에서 내수위주로의 경제구조 변화는 물론이고, 국영기업과 민영기업 간의 구조적 불균형 조정에도 향후 많은 체력소모가 예상된다. 기업 내부에서의 경영진과 실질적인 노동자 세력 사이의 갈등과 대립 또한 점점 증가되고 누적되는 추세이다. 게다가 급속한 산업화로 인한 환경오염 문제의 심각성은 민생 자체를 위협한다.

둘째, 3고세력(三股勢力)으로부터의 안보 위협이다. 소위 3고세력으로 불리는 종교극단 세력, 민족분열 세력, 국제테러 세력에 대한 중국의 종합적인 위기관리이다. 티벳과 위그루 지역에 대한 중국의 긴장감은 아직도 현재진행형이고, 2013년 10월 28일에 발생한 천안문 차량 폭발 사건은 위그루족의 준비된 테러이다.

셋째, 외부로부터의 영토분쟁이다. 중일간의 댜오위다오(센카쿠열도) 분쟁은 물론, 남중국해에서의 필리핀, 베트남과의 해양영토 분쟁은 중미관계에도 중요한 요소이다. 일본이나 베트남은 중국과의 단기전이나 국지전 발생 가능성에 대해서도 물러서지 않는다. 이들 국가와의 해양영토분쟁은 양보할 수 없는 딜레마이다. 인도와의 내륙 영토분쟁도 아직 완결이 아니다. 긴 국경선으로 인해 여러 국가들과의 국경 영토분쟁은 언제든 발생 가능한 잠재적인 위기이다.

넷째, 주변국으로부터의 안보위기이다. 중국이 원하지 않아도 불필요하게 말려들 수밖에 없는 북한문제, 북핵문제가 가장 대표적이고 위험한 사례이다. 이슬람 국가들이 티벳과 위그루 지역에 미치는 종교적인 영향력과, 이로 인한 안보위기도 중요한 문제이다. 미얀마 내전과 같이 주변국들의 내전으로 인한 난민문제나 분쟁에 피동적으로 휘말리게 되는 경우에 대한 대비 역시 필요하다.

다섯째, 비전통 안보위기이다. 글로벌 시대에는 새로운 비전통 안보위기에 대비해야 한다. 경제금융위기, 과학기술 보호, 인터넷과 정보통신 안전, 에너지 위기, 해상통로 확보, 해외교민 안전 등에 대한 종합적인 대책이 필요하다. 특히 아프리카에서 빈번히 발생하는 중국인 안전문제는 중국 정부에게 심각한 고민을 안기고 있다.

CNSC가 우리에게 주는 의미: 통일한국 이후의 국가 대전략을 준비하자

한중관계가 20년을 넘어 새로운 20년을 준비하고 있다. 지난 20년은 중국이 경제적인 G2 대국으로 굴기하는 시기였다면, 앞으로의 20년은 중국이 정치·안보분야에서 G2를 확립하는 시기이다. 이미 미국과 신형 대국관계를 논하는 중국이 향후 20년 뒤에는 패권균형론(覇權均衡論)으로 미국을 압박할 것이고, 지금보다도 더욱 좁아질 미국의 선택은 예상하기 어렵지 않다.

CNSC의 설립은 곧 중국이 중장기 국가 대전략을 설계하고 연구하여 미래를 준비한다는 의미이다. 즉, 지정학적 위치로 인해 영원한 이웃인 우리가 중국의 국가 대전략 수립과 이의 실행을 그냥 지켜만 볼 수는 없다는 의미이다.

한중수교의 시점에서 우리를 부러운 눈으로 바라보던 인민복 차림의 중국은 스마트한 신사복을 입은 거인의 모습으로 우리를 내려다보고 있다. 이들의 어눌하던 영어 발음은 어휘의 문법 구조가 같다는 이치를 깨닫는 순간부터 이미 우리를 훨씬 앞질렀다. 중국의 우수한 학생들은 미래를 위해 미국으로 떼를 지어 달려간다. 그들은 미국을 배우기 위해서가 아니라, 미국을 넘어서기 위해 달려가고 있다.

통일한국을 기대하는 우리에게 필요한 국가 대전략은 과연 무엇일까? G2가 아닌 G1을 이웃으로 두게 될 우리의 미래 국가 대전략은 어떻게 준비해야 할까? 동일한 시점에서 기회를 선점한 일본 근대사의 성공과 실패로부터 우리는 무엇을 얻을 수 있는가? 우리와 유사한 실패를 경험한 중국의 대국굴기에서는, 우리의 실패한 근대사로부터 우리는 무엇을 얻을 것인가?

분단의 통합이 끝이 아니다. 한반도에 존재하는 남북의 냉전과 남남 갈등의 이중 모순을 함께 털어내야 한다. 민족분열과 이분법, 삼분법의 소아적 사고를 과감히 버리고, 융합적인 사고와 포용적 사고로 미래를 준비해야 한다.

통일한국의 미래 국가 대전략은 지금부터 준비해야 한다. 통일은 역사의 흐름 속에 자연스럽게 다가오는 과정으로 설계되어야 하고, 우리도 통일한국 이후의 중장기 국가 대전략을 지금부터 수립하자.

7 3중전회 해부 ⑤
시진핑 '1인천하' 완성과 '개혁영도소조'

중국 3중전회 개혁안에서 가장 중대한 변화는 두 가지 기구의 등장이다. 중앙 전면심화개혁 영도소조(中央全面深化改革領導小组, Central leading group for overall reform, CLGOR, 이하 개혁영도소조)와 국가안전위원회(国家安全委员会, China National Security Council, 이하 CNSC)가 그것이다. 드디어 베일 속에 가려있던 개혁영도소조(CLGOR)가 소집되었고, 필자의 예상대로 시진핑이 조장의 역할을 맡았다. 개혁영도소조는 어떻게 구성되었는지 살펴보자.

시진핑 1인체제의 완성: 'CLGOR'과 'CNSC'를 장악하다

2014년 1월 22일, 시진핑은 개혁영도소조(CLGOR) 조장의 자격으로 제1차 회의를 소집하였다. 리커창 국무원 총리와 류윈산(刘云山) 중앙서기처 서기, 장가오리(张高丽) 국무원 부총리가 부조장을 맡았다는 보도이다. 명목상 서열 1, 2, 5, 7위의 최고위층 4명이 소조를 이끌게 된 것이다.

이틀 뒤인 24일, 중국 공산당 중앙정치국 회의가 열렸다. 이 회의에서 시진핑은 중국 국가안전위원회(国家安全委员会, CNSC) 주석에 선임되었다. 부주석엔 국무원 총리인 리커창과 전국인민대표대회(全国人民代表大会) 위원장인 장더장(张德江)이 선출되었다. 명목상 서열 1~3위가 중국의 국가안보를 책임지는 3인방 체제를 구축한 것이다. 이 기구의 특성과 관례상, 구체적인 명단과 세부 조직은 설명되지 않았다. 상무위원과 위원 약간 명을 두기로 했다는 것이 보도의 전부이다. 분산된 중국 국내외 안보에 관한 업무를 총괄하는 최고 컨트롤 타워의 가동이 시작된 것이다.

이틀 사이에 시진핑이 진두지휘할 개혁의 양대 조직구성이 발표되었다. 필자의 예측대로, 양대 조직은 결국 시진핑이 모두 직접 지휘하게 되었다. 이로써 "시진핑은 2013년 초기 출범 시의 '2+5체제'에서 11월 3중전회 개혁추진을 통해 '1+6'체제로의 전환을 완성했다"는 필자의 주장이 확실한 근거를 얻게 된 셈이다.

개혁영도소조는 어떻게 구성되었나?: 6개 하부 소조와 5대 개혁 추진

이번 개혁영도소조(CLGOR) 1차 회의에서는 3개의 시행 규칙과 6개의 하부 소조가 발표되었다. 우선 이들을 살펴보자.

1) 3가지 시행 규칙

- 개혁영도소조 업무규칙(中央全面深化改革領導小組工作規則)
- 개혁영도소조 전문소조 업무규칙(中央全面深化改革領導小組专项小组工作規則)
- 개혁영도소조 판공실 업무세칙(中央全面深化改革領導小組办公室工作細則)

2) 6대 개혁영도소조 하부 전문 소조

- 경제체제와 생태문명체제 개혁소조(经济体制和生态文明体制改革小组)
- 민주법제영역 개혁소조(民主法制领域改革小组)

- 문화체제 개혁소조(文化体制改革小組)
- 사회체제 개혁소조(社会体制改革小組)
- 공산당 제도건설 개혁소조(党的建设制度改革小組)
- 기율검사체제 개혁소조(纪律检查体制改革小組)

상기 6개의 개혁영도소조 전문소조의 구성을 보면 네 가지 부문의 개혁이 추진되고 있음을 알 수 있다. 이것은 '경제개혁', '문화개혁', '사회개혁' 그리고 '정치개혁'이다. 상기 6대 개혁소조 중에서 민주법제영역 개혁소조, 공산당 제도건설 개혁소조, 기율검사체제 개혁소조는 '정치개혁'의 범주로 보는 것이 일반적인 시각이기 때문이다.

3중전회에서 발표했던 7대 개혁, 즉 경제, 정치, 문화, 사회, 생태, 국방, 공산당 제도건설의 7개 부문은 위의 네 가지로 재정리되었다. 그리고 민감한 '국방개혁'은 CNSC의 업무로 이관되었을 것으로 추측된다. 결국 표면적으로는 '경제개혁', '문화개혁', '사회개혁', '정치개혁'이지만, '국방개혁'의 5대 개혁이 진행되는 셈이다.

개혁영도소조에는 누가 참가하나?: 총 '23+20'명의 최고위급 참여

이번 '개혁영도소조' 제1차 '원탁회의'에는 제1열에만 총 23명의 중국 고위층 인사들이 참석했다. 장관급으로 구성된 제2열에는 총 20명이 참석했는데, 이들의 엄청난 구성을 살펴보면 다음과 같다.

시진핑 조장과 3명의 부조장을 포함하여 중앙정치국 7인 상임위원회에서 4명, 중앙정치국 25인 위원 중 14명이 소속되었다. 국무원에서는 리커창 총리를 비롯하여, 4인의 국무원 부총리가 전부 소속되었다. 국무위원 5인 중 1명, 중앙군사위 2명의 부주석 중 1명이 포함되었고,

류윈산(刘云山) 중앙서기처 서기를 포함 중앙서기처는 7명 중 6명이 소속되었다.

2014년 1월 23일 중국CCTV는 원탁회의로 진행된 이번 개혁영도소조의 명단을 원탁회의 화면을 기준으로 보도했다. 우선 제1열 원탁에 참석한 23명의 명단은 다음과 같다.

시진핑 개혁영도소조 조장, 리커창(李克强 中央政治局委员, 国务院总理), 류윈산(刘云山 中央政治局委员, 中央书记处书记, 中央党校校长), 장가오리(张高丽 中央政治局委员, 国务院副总理), 마카이(马凯 中央政治局委员, 国务院副总理), 류옌동(刘延东 中央政治局委员, 国务院副总理), 왕양(汪洋 中央政治局委员, 国务院副总理), 쉬치량(许其亮 中央政治局委员, 中央军委副主席), 자오러지(赵乐际 中央政治局委员, 中组部部长), 왕후닝(王沪宁 中央政治局委员, 中央政策研究室主任), 류치바오(刘奇葆 中央政治局委员, 中宣部部长), 리젠궈(李建国 中央政治局委员, 全国人大常委会副委员长), 멍젠주(孟建柱 中央政治局委员, 中央政法委书记), 리잔슈(栗战书 中央政治局委员, 中央办公厅主任), 궈성쿤(郭声琨 国务委员, 公安部部长), 두칭린(杜青林 中央书记处书记, 全国政协副主席), 자오훙주(赵洪祝 中央书记处书记, 中央纪委副书记), 저우창(周强 最高人民法院院长), 자오젠밍(曹建明 最高人民检察院检察长), 왕전(王晨 全国人大常委会副委员长兼秘书长), 장칭리(张庆黎 全国政协副主席兼秘书长), 왕정웨이(王正伟 全国政协副主席, 国家民委主任), 저우샤오촨(周小川 全国政协副主席, 人民银行行长)

이들을 다시 소속으로 보자면, 시진핑 공산당 총서기 겸 국가주석을 기점으로 전국인민대표대회(全国人民代表大会), 국무원(国务院), 인민정치협상회의전국위원회(人民政治协商会议全国委员会), 중앙군사위원회(中央军事委员会), 최고인민법원(最高人民法院), 최고인민검찰원(最高人民检察院), 중앙서기처(中央书记处), 중앙기율위원회(中央纪律检查委员会) 등 최고 핵심 조직의 고위급 인사들이 포진된 것이다. 이러한 각 부문 고위층들이 소속된 사례는 없었다고 한다. 이른바, 전대미문의 강력한 최고위층 개혁추진 그룹이 탄생한 것이다.

원탁 제2열로 참가한 인사들도 국무원 장관급이 대부분이다. 주요 기관을 보면 다음과 같다. 국가발전 개혁위원회(国家发展和改革委员会), 교육부(教育部), 과학 기술부(科学技术部), 공업 정보회부(工业和信息化部), 재정부(财政部), 인력자원 사회보장부(人力资源和社会保障部), 농업부(农业部), 환경보호부(环境保护部), 상무부(商务部), 국가위생 가족계획 위원회(国家卫生和计划生育委员会), 국유자산 감독관리 위원회(国有资产监督管理委员会) 등이다.

배석한 20명의 명단을 구체적으로 보면 다음과 같다.

쉬샤오스(徐绍史 发改委主任), 위엔꿰이런(袁贵仁教育部部长), 왕즈강(王志刚 科技部党组书记, 副部长), 먀오웨이(苗圩 工信部部长), 루지웨이(楼继伟 财政部部长), 인웨이민(尹蔚民 人社部部长), 한창푸(韩长赋 农业部部长), 저우성셴(周生贤 环保部部长), 가오후청(高虎城 商务部部长), 리빈(李斌 卫计委主任), 황수셴(黄树贤 监察部部长), 리위푸(李玉赋 中纪委副书记), 장쥔(张军 中纪委副书记), 천원칭(陈文清 中纪委副书记), 뤄수강(雒树刚 中宣部常务副部长), 류허(刘鹤 中央财办主任, 发改委副主任), 천시원(陈锡文 中央财办副主任, 中央农办主任), 장이(张毅 国资委主任), 무훙(穆虹 发改委副主任), 판성저우(潘盛洲 中央政策研究室副主任)

중국 개혁영도소조의 권위와 위력이 어떠한가는 국무원 장관급이 2선 배열로 참석한 것으로도 증명되었다.

시진핑의 세 가지 강조점 요약: 인민의 불만을 듣고 이를 해소하자

시진핑의 강조점 중에서 중요한 세 가지만 요약해 보자.

첫째, 개혁은 '위에서부터 아래로' 그리고 '아래서부터 위로'의 상호 결합이 이루어져야 한다는 점이다. 즉, 기층의 소리를 많이 듣고, 이를 개혁에 반영해야 한다는 것을 강조했다.

둘째, 전문가와 학자들이 각 부문의 개혁에 대해 깊이 연구하여, 과학적이고 민주적인 자문 역할을 발휘해줄 것을 강조했다. 기층의 소리에 이어, 전문가들의 의견을 귀담아 듣고, 이를 개혁에 반영하겠다는 의미이다.

셋째, 개혁은 사회와 인민들이 불만으로 삼고 있는 실질적인 문제 해결을 실현해야 한다고 강조했다. 시진핑은 구체적인 사안으로 행정심사제도(行政審批制度) 개혁, 공상등록제도(工商注冊制度) 개혁, 사회주의 핵심 가치체계 건설 추진, 독생자 두 자녀 정책 실시, 노동교양제도(勞動教養制度) 폐지, 간부 고과평가제도 개혁 및 완성, 간부 선발 임용 기제 개선, 근검절약 고수, 정풍운동 및 반부패 투쟁 등 사회에서 높은 관심을 가진 부분에 대해 철저하게 개혁하겠다는 것을 이번 회의에서 강조했다.

관전 포인트: 특이점을 살펴라

이번 개혁영도소조의 1차 원탁회의에는 몇 가지 특징이 있다.

첫째, '기율검사체제 개혁소조'가 단독으로 설립된 점이다. 왜 '민주법제영역 개혁소조'나 '공산당 제도건설 개혁소조'로 포함되지 않았던 것일까? 필자가 보기에, 이것은 그만큼 공산당 내부의 '정풍운동'과 '부정부패 척결'에 대한 사회의 기대를 반영하기 위한 것이다. 그만큼 사회의 불만과 불신이 위험 수위에 있다는 것을 감지하고, 이에 대한 대대적인 개혁을 시도하겠다는 강력한 의지이다.

둘째, 환경개혁을 '경제개혁'에 포함시킨 것이다. 환경파괴와 생태환경 문제는 중국 경제성장에 있어서 이미 심각한 문제점으로 대두되었다. 지도부는 경제성장의 새로운 틀을 짜야 하는 성장계획의 조정이 필요한 시점임을 인정하지 않을 수 없었을 것이다. 생태환경 보호가 경제성장의 원가로 반영되어야 함을 알았고, 생태환경 문제의 해결을 늦출수록 더 많은 문제와 해결 비용이 발생된다는 것을 지도부가 심각하게 인식한 것이다.

셋째, '정치개혁'은 3대 소조로 더욱 강화된다는 점이다. 앞에서도 잠시 설명한 민주법제영역, 공산당 제도건설, 기율검사체제에 관한 3대 개혁소조는 결국 '법치주의' 확립, 당내 '정풍운동', 공무원 '부정부패 척결'의 3대 핵심 과제를 통해 사회와 인민들의 불만을 해소하자는 '정치개혁'이다. 시진핑의 마음과 눈은 사회와 인민들의 민생과 불만을 살피고 있다. 그리고 오랫동안 쌓인 그 불만의 근원에 대해 강도 높은 개혁을 하려는 것이다.

넷째, '기율검사체제 개혁소조'에 중앙기율위원회 왕치산(王岐山) 서기는 왜 빠졌을까? 중앙기율위의 5명의 부서기가 참석한 이번 회의에 왕치산은 왜 빠진 것일까? 이 부분에 대한 설명은 아직 찾을 수 없다. 덧붙여서 명목상 서열 4위인 위정성(俞正声)도 빠졌다. 결국 7인 중앙정치국 상임위에서 명목상 서열 4위와 6위만 이번 '개혁영도소조'와 'CNSC' 조직에서 역할이 없는 셈이다.

다섯째, 중국은 이번 개혁을 통해 "공산당이 중국을 이끌고, 인민이 주인인, 법치주의 국가를 건설하겠다"는 것이다. 이것이 이번 개혁의 목표라고 다시 강조했다. 공산당이 의지를 보였고, 이제 인민들은 기대의 눈으로 시진핑을 지켜보고 있다.

결국은 공정한 분배와 공정한 권력배분을 어떻게 조정하고 유지할 것인가가 시진핑의 고민으로 남게 된 것이다. 만연했던 권력남용의 단맛을 본 간부들의 권력을 어떻게 회수하고, 어떻게 사회에 분배하며, 어떻게 조화로운 균형을 이룰 것인가? 필자가 보기에, 이것이 시진핑 시대의 고민이자, 개혁의 핵심이다.

권력의 공정한 재조정, 어떻게 하나?: 회수와 배분, 그리고 균형의 3박자

필자는 3중전회 해부 시리즈 6부에서 중국개혁안 핵심 분석의 핵심이 '공정(公正)', 이 두 글자로 함축된다고 설명하였다. 그리고 이 '공정'에 대한 구체적인 두 가지 목표가 '분배문제'와 '권력문제'라고 설명하였다.

이번 시진핑 개혁의 양대 축의 하나인 '공정한 권력'에는 3박자의 구도가 숨어있다. ① 권력의 '회수', ② 권력의 '배분' 그리고 ③ 권력의 '균형'이다. 즉, 정치적 권력은 회수하고, 경제적 권력은 배분하며, 사회적 권력은 균형을 추구한다는 의미이다.

집단지도체제의 무력감과 권력 남용의 사회적 혼란은 보시라이식 인치정치의 한계를 보여주었다. 가중된 사회의 혼란에 대한 개혁은 곧 남용된 권력의 '회수'에 있다. CNSC와 개혁영도소조의 설립은 그런 의미에서 시진핑 '1인체제'와 1인통치방식에 대한 확고한 신념을 보여주었다. 시진핑은 확실하게 분산된 정치권력을 회수하였다.

반면에, 시장이 자원배분의 결정적 작용을 하도록 한 점은 경제적 권력에 대한 '배분'을 의미한다. 시장이 자원배분과 가격을 결정하는 순간, 국영기업의 개혁은 2020년이라는 시한에 맞추어 스스로 개혁을 이루어야 한다. 상대적으로 불리한 조건이었던 민영기업들은 이제 무한경쟁의 호기를 맞았다. 정부와 시장은 경제적 권력을 나누게 되었고, 시장은 실질적인 자율경쟁 체제에 돌입하게 되었다.

사회적 권력의 '균형'은 매우 중요하다. 이것은 시진핑 시대에 있어서의 새로운 통치 정당성을 떠받치는 또 다른 원천이다. 즉, 시진핑은 사회적 불만이 가득한 노동교화제도의 폐지, 인터넷 상소제도 신설, 강력한 부정부패 척결, 방만한 지방공무원 권력의 감시체계 확립 등으로 기층 인민들의 광범위한 지지를 얻었다.

이것은 대중 인민들의 불만을 먼저 어루만지면서 사회적 이슈를 선점한 시진핑의 전술적 승리이다. 또한 이는 시진핑 1인 체제의 강화와 반대파들을 견제하는 효과를 예상대로 발휘했다. 경쟁자들이나 반대파들은 시진핑의 계획된 전략전술과 다양한 이슈 선점에 속수무책이다.

시진핑 1인체제의 완성, 그 의미는?

이것은 아래와 같은 몇 가지 의미를 내포한다.

첫째, 지난 1년 동안 보시라이 재판을 포함한 공산당 제도권 내부에서의 보수파와 개혁파 간의 갈등이 일정한 수준에서 봉합되었다.

둘째, 중앙의 정치권력이 집단체제에서 단독체제로, 분산에서 시진핑 1인 집중으로의 변화가 완성되었다.

셋째, 시진핑의 개혁이 강력한 드라이브를 걸 수 있는 구조적 변화를 갖추었다.

넷째, 전면심화 개혁에 대하여 제도권에서 내부적 합의를 이루었다.

결국 시진핑 1인체제의 개혁추진이 상당 기간 동안 강력하게 추진

될 것으로 예상된다. 지역패권에 도전할 만한 충분한 힘을 갖추었다고 생각하는 인민들의 외부 지향적 요구와, 동시에 이제는 경제성장의 이익을 내부적으로 나눌 때가 되었다는 인민들의 내부적 요구에 대해 중국 지도부는 답해야 한다.

보시라이가 인민 대중들의 분배에 대한 욕구를 자극하여 소위 '선동정치'로 인기몰이를 한 결과는 시진핑에게도 무시하지 못할 경험과 교훈을 주었다. 시진핑은 개혁을 통해 인민들의 불만을 해소하고, 지나치게 방만해진 관료들의 부정부패와 권력남용을 바로 잡으려 한다.

지역패권의 도전은 우선 내부적 단결을 필요로 한다. 내부적 단결의 핵심으로 시진핑은 '사법주의'와 '부정부패 척결'에 집중할 것으로 보인다. 즉, '공정'한 사회를 만드는 것이 내부단결의 핵심으로 판단한 것이다. 이슈를 선점한 것이다.

시진핑은 이 모든 과정을 위해 분산된 권력보다는 집중된 '1인체제'의 완성이 우선이라고 판단한 것은 아닐까? 아무도 예상하지 못한 빠른 시일 내에, 시진핑은 아주 자연스럽게 '1인체제'의 완성에 성공했다. 사회의 이슈를 선점하고, 자연스러우면서도 강력한 리더십을 보이는 시진핑의 개혁은 그래서 더욱 강력해 보인다.

2020년의 중국은 어떤 모습으로 다가올 것인가? 시진핑 체제는 어떤 변화를 보여줄 것인가? 중국의 개혁 진행이 점점 더 점입가경으로 다가오고 있다. 동시에, 한반도와 미래의 강력한 중국과의 관계에 대한 고민도 깊어진다. 어떻게 한반도 통일과 지역패권에 도전하는 중국과의 사이에서 '접점'을 찾을 것인가?

8   3중전회 해부 ⑥ 공산당 개혁안 총평: 관전 포인트와 한중협력 4대 방안

중국공산당 개혁안 관전 포인트: 무엇을 보야아 하나?

이번 3중전회를 통한 중국의 개혁에는 향후 중국의 미래를 가늠할 수 있는 중대한 청사진이 있다. 이 청사진을 들여다 보기 이전에 종합적인 개혁안의 큰 틀을 먼저 살펴보면, 필자가 제시하는 중국 개혁안의 관전 포인트가 쉽게 이해된다.

① 개혁의 총 목표: '중국특색의 사회주의제도'의 완성과 발전
② 개혁의 세부목표: '분배문제'와 '권력문제'의 '공정'한 해결
③ 개혁의 추진개념: '국가운영체제'와 '국가운영능력'의 현대화
④ 개혁 추진개념의 핵심: '민주집중제' 강화(공산당 통치에 대한 체제강화)
⑤ 개혁의 범위: 당·정·군의 종합적·전면적인 7대 개혁 16개 항목 60개 세부항목(7대 개혁부문: 정치·경제·사회·문화·환경·국방·공산당)
⑥ 개혁의 완성시한: 2020년
⑦ 개혁의 미래비전: '위대한 중화민족의 부흥'과 '중국의 꿈'

관전 포인트1 '분배문제'와 '권력문제'에 대한 '공정성' 확보 여부는?

이번 개혁안의 핵심은 '공정(公正)', 이 두 글자로 함축된다. 즉 이 '공

정'이 개혁의 목표를 향하여 날아가는 모든 출발점이자 기준이라는 점이다. 일종의 몸통인 셈인데, 그럼 양 날개는 무엇일까?

'공정'에 대한 구체적인 목표는 '분배문제'와 '권력문제'에 있다. 분배의 문제와 권력의 문제는 중국이 글로벌 시장경제체제에 편입되고, 고도의 글로벌 정보화 사회에 흡수되는 순간, 더 이상 국내 문제의 범주에 머물 수 없게 되었다. 중국 외부의 모든 소식들이 무한대로 열려진 가상 공간을 통해서 쏟아져 들어왔다. 세계의 모든 문제는 결국 '분배'와 '권력'에 대한 '공정성'을 요구하고, 중국의 사회는 이제 간접 학습을 끝낸 것이다.

중국은 개혁개방으로 문명의 전환기를 맞이하였다. 개혁개방의 성공은 자연스럽게 부를 축적한 사회로부터 사회적 전환기에 직면하게 했다. 한 가지 예를 통해 현존하는 중국의 문명적 전환기와 사회적 전환기를 이해할 수 있다.

관료와 공안들의 인민에 대한 막강한 권한과 폭력행사는 오랫동안 지속되어왔다. 심지어는 도시감독관인 청관(城管)들의 노점상 폭행 단속은 지난 2013년 이전까지는 일방적인 '갑의 횡포'의 대표적 사례이다.

그러나 2013년부터 차츰 변화가 보이기 시작했다. 일방적인 폭행을 당하던 노점상들이 이제는 청관(城管)들의 무자비한 폭력에 개인 혹은 집단으로 맞서기 시작했다. 급기야는 청관(城管)의 횡포에 맞서서 오히려 청관을 폭행하거나 보복 살해하는 사건이 발생되는 단계에 이른 것이다.

이러한 변화의 가장 중심에는 바로 중국의 SNS인 웨이보(微薄) 등을 활용한 시민들의 현장 중계가 있다. 청관의 폭력행위는 바로 길 가던 주변 시민들에 의해서 삽시간에 중국 전역으로 퍼졌다. 당연히 여론은 들끓었고, '청관'들의 관행은 곳곳에서 시민들 사이에 화제가 되었다.

인민들은 공산당 간부들과 관료들의 부정부패 및 '공정하지 못한' 사회제도에 오랜 불만이 쌓여 있었다. 시민들을 통한 웨이보(微博)의 '폭로전'은 중국을 삽시간에 들끓게 했고, 폭로의 형태와 내용은 갈수록 다양해졌다. 인민들은 불만의 탈출구를 찾았던 것이다.

지난 2013년 한해는 이러한 인민들의 폭로로 지방에서는 하늘같던 고위층 공무원들이 줄줄이 망신을 당했다. 결국 공산당의 소위 쌍규(双规)에 걸려 낙마하거나, 심지어 정도가 심할 경우 철창신세로 전락했다.

시진핑은 이번 개혁에서 '공정한' 기준으로 그동안의 분배문제와 권력문제들을 개혁하겠다고 발표했다. 이는 문명과 사회의 전환기에서 사회 대중들의 불만을 잠재우고, 과도하게 편중된 관료와 이익집단의 '특혜'에 대한 '공정한' 평형을 선포한 것이다.

고위층에서부터 임시직인 말단 '청관'에까지 과도하게 집중된 권한과 힘의 인식에 대한 교정요구가 점점 사회에 팽배해진 것을 감지한 것이다. 가장 힘없는 대중들이 서서히 집단 반발을 보이는 것에 대한 위기감을 느꼈을 것이다.

공산당은 국민당과 다르다는 것을 보여준 혁명의 성공이 이제는 다를 것이 없다는 인식으로 다가서는 현실에 대한 위기감은 이번 개혁 방안의 곳곳에서 느껴진다. 거울 속에 서 있는 모습은 공산당일까? 타도의 대상이었던 국민당일까? 필자가 이번 집중해부 시리즈를 시작하는 1부에서 이미 던졌던 이 화두는 중국 사회의 현실이다.

위기감을 느낀 시진핑은 개혁을 통해 일종의 '초심으로의 회귀'를 선언했다. 아직 초급단계인 중국특색의 사회주의는 갈 길이 멀며, 새로운 개혁으로 '중화민족의 부흥'과 '중국의 꿈'을 이루자고 강조했다.

덩샤오핑의 개혁개방은 '보편적 빈곤 해결'을 위한 '선택적'이고 '편 중적'인 경제발전을 시도했다. 연안지역 위주의 개발특구 선정을 통한 편중된 시범적 경제발전으로 새로운 노선에 대한 위험도를 낮추면서 점 차적인 전체로의 확산을 유도했다. 이 실험은 대단히 기적적인 결과로 나타났고, 이제 중국은 개혁개방 30여 년 만에 잃어버린 300년의 꿈을 회복하는 자리에 섰다.

그러나 성장이 우선이었던 이 과정에서 축적된 내부 모순과 사회적 편중에 대한 불만은 이제 곳곳에서 상호 충돌 중이다. 이러한 모순들을 해결하면서, 체제를 유지하고, 발전을 지속시키기 위해서는 새로운 개 혁이 필요한 시점이었다.

시진핑은 이에 따라 '보편적 빈곤해결'에서 벗어나 '공정한 분배'와 '공정한 권력'이라는 새로운 개혁을 시작했다. 이의 실질적인 실행은 '시 장 자율화'와 '사법주의'에 있다. 그리고 그는 공정(公正)을 몸통(기준)으 로 '분배'와 '권력'의 문제를 해결하기 위하여 개혁의 칼을 뽑았다.

관전 포인트 2 '4+2 대립관계'의 재정립 여부는?

중국의 개혁은 기존의 대립적인 네 가지 관계를 재정립해야 하는 종 합적인 개혁이 되어야 한다. '정부와 시장', '중앙정부와 지방정부', '도시 와 농촌' 그리고 '국영기업과 민영기업' 간의 관계 재정립은 그동안 쌓인 고질적인 갈등이다. 이번 개혁안 곳곳에는 중국의 대표적인 '내부 4대 갈등'의 해결을 위한 노력들이 있다.

그러나 여기에 필자는 두 가지 또 다른 숨어있는 관계 재정립을 이 야기하고자 한다. 사실 이 관계는 상호 주고받는 상관적 보완관계이기 도 하다. '정부와 사회', '공산당과 인민'의 관계가 그것이다. 구체적으로 설명하자면 아래와 같다.

첫째, '정부와 사회' 간의 관계 재정립이 필요하다. 위에서 먼저 언급된 '정부와 시장'은 경제분야의 관계이다. 그러나 정부와 사회와의 관계, 즉 정부와 사회의 제도분야와 민생분야에 대한 관계 재정립은 이번 개혁에도 필수적이어야 한다. 이에 대한 시진핑의 답은 '민주집중제 강조'와 '사법체제 개혁'이었다. 즉, 법치주의로 통치의 기반을 삼되, 그 통치의 책임은 역시 인민을 대표하여 혁명과 개혁개방을 성공적으로 완수한 공산당이 계속 맡아야 한다는 것이다. 이 말은 현존하는 문제는 체제의 문제가 아니라, 체제를 운용했던 일부 당원과 간부들의 잘못된 운용방식과 지나친 권력남용에 있었다는 점을 강조한 것이다. 이를 바로 잡는 것이 '사법체제 개혁'의 핵심이다.

둘째, '공산당과 인민'의 관계 재정립이 필요하다. 인민을 대표하는 공산당은 인민에게 대표성을 부여받으면서, 인민들에게 무엇을 해줄 것인가를 다시 고민해야 한다. '부정부패'와 '권력남용' 및 '특권주의'의 병폐에 빠진 공산당 간부들과 당원들에 대한 '정풍운동'으로 인민들의 존경을 다시 회복해야 한다는 의미이다.

이번 시진핑의 개혁안에는 이러한 개혁안이 숨어있다. 권력 이행 제약과 감시·감독 체계의 강화가 그것인데, 부정부패 개혁과 청렴한 정치를 하겠다는 이번 개혁안은 그래서 인민들의 기대를 받는 것이다. 중국 인민들은 '포청천의 부활'을 기대했고, 시진핑은 이번 개혁안에 이를 과감하고 강력하게 포함시킨 것이다. 시진핑은 그리고 공산당 내부를 향해 강도 높은 반성을 촉구했다. 물론 반성의 부족에 대한 대가가 상상 외로 엄중할 것이라는 강조를 빼놓지 않았다.

관전 포인트 3 내부 갈등 4대 요소의 해결 여부는?

중국에는 공식적으로 표현되지는 않지만, 내부적 갈등의 구체적인 모습들의 다른 형태가 존재한다. 필자는 이를 내부갈등 4대 요소로 재정리했다. 이 요소들은 '전통파 vs 개혁파', '인치주의 vs 법치주의', '특권의식 vs 사회정의', '권력분산 vs 권력집중'으로 구분된다.

첫째, '전통파 vs 개혁파'의 갈등이다. 이것은 경제노선의 선택에 대한 정치적 갈등과 투쟁이다. 중국에서 전통파와 개혁파의 구분은 경제 분야에서만 존재한다. 공산당이 이끄는 사회주의 국가인 중국은 정치분야에서는 모두 공산주의와 사회주의를 추구한다. 따라서 중국의 국내정치는 정치적인 분류는 존재하지 않고, 유일하게 공산당과 공산주의만이 존재할 뿐이다.

경제노선에서 구분되는 전통파는 중국이 공산사회주의 국가인 만큼, 인민을 위한 공평한 '선 분배'가 우선이다. 우리와는 달리 '분배'가 전통파, 즉 보수파이자 우파이다. 따라서 '성장'을 통한 '후 분배'의 개념으로 '성장'을 강조하는 중국의 개혁파는 우리와는 달리 진보파, 즉 좌파인 셈이다. 간단하게 말해, 우리와는 반대이다.

표 6 중국 내부 전통파와 개혁파 비교

No	구분	전통파	개혁파
1	정치 노선	공산당 독재의 사회주의체제	
2	경제 이념	분배 우선	성장 우선
3	경제 노선	국가의 기획경제	시장경제
4	경제 주도	국가	시장
5	경제 주체	국가주도와 국영기업	시장자율의 혼합제(국영기업 + 민영기업)
6	대표적 인물	보시라이, 저우용캉 등	시진핑, 리커창등
7	출신 파벌	태자당, 상하이방, 공청단	

둘째, '인치주의 vs 법치주의'의 갈등이다. 이것은 일종의 제도적 갈등이다. 인민을 대표하는 공산당 독재의 중국 사회주의에서도 당연히 '헌법'과 '사법제도'가 존재한다. 그러나 지난 30여년 간의 덩샤오핑 개혁개방 1기 기간에 중국은 '보편적 빈곤해결'에 몰두하였다. 이에 따라 공산당과 지방 간부들의 정부운용 방식은 '법치'보다는 전통적인 '꽌시'(关系) 문화로 운용되었다. '법치'를 앞선 '꽌시'(关系)는 곧 '인치주의'이고, 이 인치주의는 무소불위의 권력남용을 불러왔다. 만연한 부정부패는 따라서 자연스러운 결과물이 되었다.

중국에서 유행하는 말 중에, "절대권력에는 절대부패가 따른다"는 말이 있다. '인치주의'의 대표적인 사례는 충칭의 황제로 불리던 보시라이가 있다. 그러나 문제는 만연한 인치주의의 폐단이 한 두 사람으로 대표되지 않고, 중국 전체에 만연해 있다는 데 있다. 이들은 오랜 시간동안 일종의 느슨한 집단이기주의 문화의 형태로 연결되어 있다. 이들의 느슨한 집단이기주의 문화를 깨는 것이 개혁 성패의 관건이다.

만연한 부정부패와 권력남용의 '인치주의 문화'를 어떻게 개혁할 것인가? 시진핑의 답은 '법치주의'이다.

셋째, '특권의식 vs 사회정의'의 갈등이 있다. 이것은 일종의 정당성 투쟁이다. 시진핑은 이에 대해서도 법치주의의 선택과도 동일한 맥락에서 해결하려고 한다. 특히 사회 기층을 이루는 농민과 농민공, 농촌과 도시의 양극화 등의 해결에 있어서 대다수를 차지하는 이들을 위한 개혁의 방안들이 이번 개혁안에 풍부하다.

넷째, '권력분산 vs 권력집중'의 갈등이다. 이것은 권력투쟁으로 볼수 있다. 중국은 마오쩌둥과 덩샤오핑의 1인 체제에서 많은 문제점을 보았다. 이에 따라 중국 공산당은 장쩌민과 후진타오의 시대에는 '집단지도체제'를 통해 이에 대한 모순을 해결하려고 하였다. 그러나 집단지도체제는 새로운 모순을 생산했다. 소위 중앙정부의 힘의 분산을 틈탄 지방정부의 권력남용과 만연해진 인치주의의 폐단을 발생시킨 것이다.

시진핑은 이러한 폐단에 대한 수정이 필요함을 발견했고, 이번 개혁안에는 이에 대한 수정이 대폭 취해졌다. 이는 아래에서 거론할 두 가지 관전 포인트, 즉 '중앙체제 강화' 조치와 '시진핑 1인체제 구축'의 실질적인 시행으로 이어졌다.

관전 포인트4 중앙체제 강화 성패 여부는?

이번 개혁안에는 중앙정부의 정부운용체계를 강화하는 조치들이 보인다. 이를 위하여 이번 개혁 전문에서는 모두 다섯 개 부문의 통치기준을 준비하는 것으로 필자는 분석했다.

이 다섯 가지 '통치기준'의 '강화' 혹은 '변화'는 바로 '중앙정부체제의 강화'를 의미한다. 그동안 유행했던 "중앙에 정책이 있으면, 지방에는 대책이 있다"는 중국식 유머는 더 이상 통하지 않게 되었다. 이 유머는 지방정부의 비대해진 권력과 방만하고 오만불손한 태도와 다름없었다. 중국 전체의 국익보다 지방정부 자체의 이익을 우선시해왔던 폐단을 바로 잡겠다는 구체적인 정부의 예외 없는 지방정부 '길들이기'가 시작된 것이다.

첫째, 통치 기준의 '법제화'이다. 헌법주의를 기반으로 모든 법을 시대에 맞게 검토하는 '법제화'이다. 통치의 기준이 '인치주의'에서 '법치주의'로 변화한다는 의미이다. 지방정부의 만연했던 인치주의식 통치와 운영은 이제 중앙정부의 감독 대상이 되었다. 즉, 중앙정부는 '헌법'과 '법치주의'로 지방정부에서 만연했던 '인치주의'와 '개인주의'의 폐단을 바로 잡겠다는 것이다. 대표적인 인치주의의 폐단을 우회적이고 중국식 방법으로 처리한 것이 바로 '보시라이 재판'이다.

둘째, 통치제도의 '규범화'이다. 행정체제를 핵심으로 모든 행정제도와 관례를 유기적인 시스템으로 운용하기 위한 '규범화' 추진이다. '법제화'와 '헌법주의'를 기반으로 '규범적'인 시스템 운용을 추구하겠다는 의미이다.

노동교화제 폐지, 부정부패 척결, 공무와 환경관리의 책임제, 관리평가제, 보고체계의 이중책임제 실시 등은 구체적인 관료들의 행정행위를 구속하게 되었다. 특히 관리평가를 통한 책임제는 임기가 끝나도 유효하다는 대목에서 이번 중앙정부의 지방정부에 대한 강력한 개혁 의지를 볼 수 있다. 중앙정부는 이를 통해 대중적 지지를 획득하고, 공산당 통치에 대한 합법성을 유지하려는 것이다. 지금까지의 지방정부의 잘못과 중앙정부와는 연관성이 미약함을 강조한 것이다. 그리고 이제부터 중앙이 지방의 못된 관행과 관습을 '헌법주의'와 '사법주의'로 '규범화' 시키겠다고 선언한 것이다. 자연스럽게 지방정부의 권력은 중앙으로 회수될 것이다.

셋째, 정부조직 '효율화'이다. 이미 2013년 3월의 양회(兩會)에서부터 시작된 정부조직 개편안은 이번 개혁안을 통해 보다 구체화되었다. 특히 정부기구의 통폐합 위주였던 양회와는 달리, 정부기구의 실질적인 운용에 대한 시스템 구축과 '효율화'에 집중하는 모습이다. 2013년 3월, 양회의 정부조직개편이 하드웨어적인 구조조정이라면, 11월의 3중전회의 개혁안은 소프트웨어 업그레이드 혹은 교체인 셈이다. 중앙정부의 조직 효율화의 여파는 지방정부에게도 직접적인 영향을 준다.

넷째, 경제원칙의 '자율화'이다. 지속적인 경제성장을 위해 '시장(市

場)이 자원배치에 결정적 작용'을 하는 것에 초점을 맞추었다. 이는 정부가 주도하던 '자원배치'와 '가격결정'을 '시장'(市場) 스스로 하게하고, 이러한 '시장'의 '자율화' 뒤에서 정부는 정책적인 지원에 머무르겠다는 것이다. 즉, 중앙정부가 '시장' 뒤로 물러나면서, 모든 권한을 '시장'에 넘겨준 것이다. 지방정부도 예외가 아니다. 지방정부는 이제 중앙정부의 뒤에 서서 따라야 한다. 경제원칙의 주도권은 중앙도 아닌 '시장' 즉 사회로 넘어갔고, 지방정부는 이제부터 '시장'과 '중앙'의 눈치를 봐야 하는 것이다.

다섯째, 안보 위기관리 '상시화'이다. CNSC는 중장기적인 안보전략 연구, 전략수립, 기존 안보기구 업무조정, 총괄기능으로 고효율과 신속한 위기대응 능력을 발휘할 것으로 보인다. 필자는 특히, CNSC의 설립 필요성에는 6가지가 있다고 설명했다. 안보의 시대성 반영, 안보전략의 투명성 효과, 안보직능의 차별성 추구, 안보업무의 총괄성 발휘, 미래안보의 예방성 대비, 안보자원의 효율성 제고 등이 그것이다.

CNSC를 통해 중국은 5가지 구체적인 위기에 대비하려고 한다. ① 급속하게 증가하는 중국 국내사회의 불안정, ② (종교극단 세력, 민족분열 세력, 국제테러 세력) 3고세력(三股勢力)으로부터의 안보 위협, ③ 외부로부터의 영토분쟁, ④ 주변국으로부터의 안보위기, ⑤ 비전통 안보위기이다. 이러한 안보위기 관리는 자연스레 지방정부의 권한과 권력을 직 · 간접적으로 축소시킨다.

관전 포인트 5 '2+5'의 '시리체제'에서 '1+6'의 '시진핑 체제'로?

관전 포인트에 대한 필자의 종합은 이렇다. 시진핑은 결국 위의 4가지 구체적인 관전 포인트의 배경과 시행과정을 통해서 1인체제의 구축에 성공했다는 것이다. 마오쩌둥의 1.0 혁명의 시대, 덩샤오핑의 2.0 개혁개방의 시대에 이어서 시진핑을 3.0 패권추구의 시대로 구분할 수 있는 근거는 바로 이 강력한 '1인체제'의 구축 가능성에도 무게가 있다.

게다가 이번 개혁의 중심은 역시 덩샤오핑에 이어서 '경제개혁'이고, '시장 자율성 보장'이 핵심이다. 즉 덩샤오핑이 개혁개방 1기라고 한다면, 시진핑은 개혁개방 2기로 볼 수 있다는 의미이다. '혁명의 1.0시대', '개혁개방 1기의 2.0시대', 그리고 '개혁개방 2기이자 지역패권 추구의 3.0시대'가 열린 것이다.

1.0시대가 혁명을 위한 시대라면, 2.0시대는 개혁개방을 통한 경제발전의 기초를 닦는 시대이다. 이제 시진핑 3.0시대는 '위대한 중화민족의 부흥'과 '중국의 꿈'을 위해서는 내부구조조정이 필요하다고 강조한다.

이번 개혁안은 따라서 두 가지 개혁이 사실상 핵심이다.

첫째는 '경제개혁'으로 '시장자율 보장'이다. 여기에는 국영기업과 기득권 세력 등의 이익집단에 대한 '공정성' 잣대를 들이댄다. 즉 앞으로 특혜는 없고, 시장의 자율적 법칙에 따라 알아서 살아남으라는 것이다. 국영기업은 '보이지 않는 손'이 작용을 하는 '시장'의 '정글의 법칙'에서 스스로 살아남아야 한다.

둘째는 '사회개혁'으로 '부정부패 척결'과 '이익집단에 대한 경고'이다. 이제 더 이상 인민의 위에 군림하는 관리는 없다는 것이다. 오직 공산당만이 인민을 대표하여, 인민을 이끌고, 국가를 이끌 수 있다는 것이다. 즉, 공산당만이 모든 것에 유일하게 군림한다는 것이다. 그리고 그 최상위에 시진핑이 올라서서 아래를 내려다보고 호령하고 있다.

이 두 가지 개혁은 결국 시진핑의 '정치개혁'의 수단으로 통합되었다. 나머지 사회개혁, 문화개혁, 국방개혁, 공산당 개혁은 모두 이 정치개혁 아래의 부수적인 부분일 뿐이다.

결국 공산당 1당 통치의 강화가 이번 개혁의 핵심이다. 즉, 서구 언론이나 한국 언론에서 보도한 것처럼, 정치개혁의 후퇴가 아니라는 말이다. 서구나 한국의 언론에서 기대했던 중국의 소위 '서구식' 정치변화는 '정치개혁'이 아니라, 체제를 바꾸어야 하는 '정치혁명'이다. 판단의 기준이 처음부터 잘못되었다는 말이다. 잘못된 판단의 기준으로 보면, 모든 것은 자기가 쓴 안경의 색깔처럼 보일 뿐이다.

이번 정치개혁은 체제의 강화, 즉 좌클릭 '정치개혁'이다. 그리고 그 핵심 수단으로 '시장자율성 보장'이라는 '경제개혁'과 '부정부패 척결 및 이익집단 구조조정'이라는 사회개혁이 있다. 이의 시행 기준은 바로 '헌법주의'와 '사법주의'이다.

시진핑의 '1인체제'로 볼 수 있는 몇 가지 요소들을 살펴보자. '전면 심화개혁영도소조' 조장, CNSC 의장, 국방개혁 총지휘자, 법치주의의 사법개혁, 당의 정풍운동 지휘자, 2020년의 개혁 시한 감독관, 국영기업 개혁 자율화의 평가자 등이 있다. 이 요소들은 상호 보완적이거나 간접적인 효과로 중앙정부의 지방정부에 대한 권력 강화를 진행할 수 있다. 그리고 당 · 정 · 군의 정점에 있는 시진핑은 7인체제 안에서도 독보적인 권력의 집중에 성공한 것이다.

당 내부의 태자당과 상하이방 그리고 공청단 간의 복잡한 내부 권력 암투는 개혁의 시기적 적절성에 속수무책이다. 시진핑이 공산당 통치의 '정당성'과 개혁의 '합법성' 그리고 인민의 개혁에 대한 '열렬한 지지'를 바탕으로 3.0 지역패권추구의 시대를 대내외에 천명하였기 때문이다. 시진핑의 무장된 이론과 정당성 확보 및 합법성에 대항할 마땅한 논리적 근거가 부족하다는 말이다. 왜 그런 것일까?

당·정·군을 대표하는 '시진핑 1인 체제'와 '공산당 통치의 정당성'은 아래에서 논의될 8대 강조점 중에서 4가지 강조점에 근거한다. 즉, 중국특색사회주의, 사회주의 '초급단계', 사회주의 '노선견지', '민주집중제'를 더욱 강화한다는 것이다. 개혁의 합법성과 인민의 개혁에 대한 열렬한 지지는 법치주의, 시장자율화, 정풍운동으로 대변된다. 따라서 시진핑의 개혁 추신에 대한 반대파들의 저항은 이상적인 논리와 현실적인 면에서 약점이 너무도 많다. 이러한 배경을 바탕으로, 시진핑은 강력한 개혁의 실행 도구인 CNSC와 중앙전면심화개혁영도소조(中央全面深化改革領導小組)를 설립했고, 두 조직을 직접 장악했다. 개혁개방 2기라는 천리마를 탄 시진핑이 양 손에 막강한 지휘봉과 보검을 함께 쥐고 '중국의 꿈'을 지휘하게 된 것이다.

무엇이 주요 개혁 대상인가?: 7대 개혁 대상

중국은 이번 개혁안을 통해 고질적인 사회적 문제의 해결을 일거에 해결하기 위해 고심 중이다. 필자가 보기에, 이번 개혁안에는 대표적인 7가지 개혁 대상이 자리 잡고 있다.

대표적인 7가지 개혁 대상을 보자. '인치주의 척결'과 '법치주의화', 국영기업의 독점적 지위 박탈과 '시장자율성 보장', 노동교화제 폐지로 대표되는 '사법주의' 복귀와 강화, '3고세력'과 일부 '사회불만 세력'의 사회불안 조성에 대비하기 위한 '중국국가안전위원회(CNSC)' 설립(국내외 사회/국방안보 강화), 개혁반대 이익집단 구조조정을 통한 '전면적 개혁 심화'(전면심화개혁영도소조 설립), 지방정부의 권력남용을 통제하는 '정부개혁', 도농 양극화로 대표되는 '사회 불균형해소'가 그것이다.

무엇이 강조되었나?: 8대 강조점

3중전회의 결정 전문에 나타난 공산당의 개혁에 대한 의지와 욕구는 다음의 8가지 강조점으로 느낄 수 있다. 중국특색사회주의, 사회주의 '초급단계', 사회주의 '노선견지', '민주집중제', '시장자율 보장', '중화민족의 부흥'과 '중국의 꿈', 중국국가안전위원회(CNSC) 신설, '중앙전면심화영도소조'의 개혁총괄로 이어지는 일련의 8가지 강조점들은 하나의 체인망으로 연결되어 있다. 그런데 이어지는 체인망에서 '시장자율 보장'은 전체 연결고리에서 무언가 어색하다는 생각이 든다.

제한된 강력한 통제체제에서 과연 '시장자율'의 특성과 제 기능이 발휘될 수 있을 것인가? 시장의 자율성과 사회의 창의력은 핵심적인 전략적 동반자 관계이다. 둘 다 자율적인 자유 공간이 필수라는 말이다.

게다가 여기에 소위 '관리'나 '계획' 심지어 '통제'라는 체제적이고 구조적인 틀이 올라타면, 마치 거북이 등에 덩치 큰 '사자개'가 올라탄 격이 된다. 어떻게 중국은 중국특색의 사회주의 체제를 유지하면서 이 '자율성'을 보장하여, 거북이가 토끼로 변하게 할 것인가? 이것이 시진핑의 고민이자, 중국의 고민이다.

여기에는 두 가지 문제점이 떠오른다.

첫째, 시장 자율성은 결국 시장이 모든 것을 결정하게 한다는 것이고, 이것은 경제적 범위를 벗어나 사회적 범위로 확산될 것이라는 점이다. 사회적 범위에서의 자율성이 보장되었을 때, 중국특색의 사회주의 체제가 체제유지와 리더십 유지를 위해 과연 사회에 무엇을 제시할 것인가? 이것이 첫 번째 문제의 핵심이다.

또 하나의 문제는 '부정부패 척결'과 '기득권 이익집단의 구조조정'의 완성은 기본 조건일 뿐이라는 것이다. 그 다음에 제시할 버전이 무엇인가? 이것이 두 번째 문제이다. '중화민족의 부흥'과 '중국의 꿈'은 단지 구호일 뿐이고, 실천적이고 제도적인 무엇인가를 제시해야 한다.

시진핑은 무엇을 제시할 수 있는가? 이것을 지켜보는 것이 사실 관전 포인트의 핵심이다. 아니면, 거꾸로 이 문제에 대한 해법으로 시진핑에게 누군가는 무엇을 제안할 수 있는가? 이것을 고민해보는 것은 의미 있지 않겠는가?

8대 강조점과 세계평화를 위한 '책사'들의 의무

상기 8가지 강조점의 절반은 곧 공산당이 영도하는 사회주의 체제 유지와 발전이라는 한마디로 요약이 가능하다. 나머지 4가지는 이를 위한 일종의 수단과 방법 및 비전 제시일 뿐이다.

시진핑의 해법을 지켜만 볼 것이 아니라, 문제에 대한 해법을 제시할 수 있어야 한다. 이것은 비단 중국의 '책사'만이 아니라, 세계의 모든 '책사'들의 훌륭한 연구과제이다. 이 문제들은 비단 중국만의 문제가 아니라, 모든 나라가 상황만 다르게 갖고 있는 문제와 고민들이기 때문이다. 또한 이것은 세계 평화를 위한 '책사'들의 의무이자 사명이기도 하다.

거대한 중국이 덩샤오핑의 말대로, 검은 고양이이든 하얀 고양이이든, 세계 평화와 인류의 공존에 이바지할 수 있도록 하는 점진적인 방안의 제시는 어쩌면 필자를 포함한 평범한 우리 세계인 모두의 시대적 사명일 수도 있다. 결국 '분배'와 '성장'에 대한 고민은 세계의 모든 사람들에게 필요하고, 모든 나라의 공통된 고민이기 때문이다.

중국이 중국만의 꿈을 꾸는 것이 아니라, '세계인의 꿈'을 꾸어야 한다는 충언은 이념을 초월한 인류의 공통 목표이다. 시장의 자율성은 곧 인류가 공존할 수 있는 직접적인 수단이다. 그런데 문제는 그 방식을 관리하는 체제를 어떻게 할 것인가에 있다.

공산주의식 경제체제는 실패하였으나, 분배를 강조하는 사회주의식 정치체제는 시험의 의미가 있다고 주장하는 것이 중국의 고민이다. 안정적인 성장을 강조하지만, 시장자율의 잘못 인식된 자율성이 만연하여 개인주의로 전체를 흐리는 서구 자유주의도 고민은 있다.

결국 우선되어야 할 방법은 모두가 협력적이고 공정한 방식으로 경제적 성장을 이루는 것이다. 그리고 그 다음에 자유주의와 사회주의의 미래 융합형 '인류구원 제도'를 연구해야 한다. 물론 이 과정은 무조건 '평화공존'의 '평등한 토론' 방식으로 점차적으로 진행되어야 한다.

세계정부의 측면에서 보자면, 중국특색의 사회주의는 일정 정도 미국의 민주당 역할이라고 볼 수 있다. 즉 일반 민중과 대다수 약자들을 위한 '분배'가 정치목적의 핵심인 체제라는 의미이다. 누구도 '성장'과 '분배'를 동시에 이룰 수 없고, 순환적인 선택이 필요한 과정의 일부로 볼 때, 지금 이 말은 인류행복과 평화공존의 훌륭한 개념제시가 될 수 있다.

시야를 넓히면, 미국식 자유주의는 '안정적 성장'을 대표하는 '우파적' 성격이고, 중국특색의 사회주의는 '공정한 분배'를 대표하는 '좌파적' 성격이라는 것이 필자의 주장이다. 이의 융합을 위한 공동의 노력이 가치를 발하는 순간, 세계의 평화적 발전과 인류의 행복이 공존할 수 있지 않겠는가?

현존하는 북한식 극좌파 경향과 일본식 극우파 경향의 지속적인 존재는 모두에게 부담이고 불행이다. G1과 G2의 정치적 역할이 평형적 발전을 이루는 것은 세계 평화의 가장 기본적인 조건이라는 생각은 필자의 우매함을 광고하는 것일까?

3중전회 개혁과 한중관계

중국의 3중전회가 끝나던 2013년 11월 12일 중국의 미래를 위한 개혁안이 발표되었다. 중국의 개혁안에 대해 필자가 '집중 해부'를 시작한다고 하자, 지인들이 이렇게 반문했다. "왜 하는가?" 혹은 "어떤 의미가 있는가?"라는 것이었다. 무엇 때문에 혼자서 사서 고생을 하는가라는 말과도 같은 이 말에 이렇게 대답했다. "중국의 향후 9년이 이 개혁안에 담겼고, 이는 반드시 대한민국이 알아야 한다." 이 말에 그들이 반문했다. "중국의 개혁안이 우리와 무슨 관련이 있다는 말인가?"

이 두 가지 질문에 대한 대답이 필자가 중국 개혁안을 집중 분석하는 이유이다. 그리고 지금 이 질문에 구체적으로 대답하려 한다. 집중해부 1부에서부터 5부를 거쳐, 그리고 지금 6부의 마지막에 대한민국과 중국에게 함께 던지고 싶은 화두가 바로 아래에 있다.

2013년 11월의 3중전회를 통해서 중국 개혁안이 던진 화두에는 한중관계와 관련된 4가지 협력 방안이 있다는 것이 필자의 주장이다. 중국의 ① CNSC 설립: 한중 정치 · 외교 · 안보 협력 기회로 추진, ② 시장자율화: 한중 경제협력 강화 활용, ③ 환경생태개혁: 에너지 · 환경오염 · 생태환경보호 협력 강화 추진, ④ 문화 개혁: 한중 문화협력 강화 추진 등이 그것이다.

1) 한중 정치 · 외교 · 안보 협력의 기회로 추진하자

중국의 'CNSC 설립'을 한중 정치 · 외교 · 안보의 상호 협력 기회로 추진하자는 것이다. 이것은 두 가지 큰 방향의 문제들을 해결하거나 완화하는 방향으로 한중이 협력할 수 있다.

첫째, '한중일 공동 문제'에 대한 대응이다. 즉, 일본의 과거사 부정과 우경화 추진이 계속된다는 전제하에, 이 기간 동안 한중이 공동으로 협력할 수 있는 사안들은 ① 한중일 방공식별구역 위기관리 추진, ② 한중일 대륙붕 협정의 대일 공동 대응, ③ 일제 과거사 문제(위안부, 징용배상, 민간인 학살, 731부대 만행 등을 포함한)에 대한 공동 대응, ④ 일본 우경화 안보 불안에 대한 공동 협력, ⑤ 일본의 상임이사국 진출 시도 등에 대한 공동 대응 등이 있다.

둘째, '한반도 문제'에 대한 대응이다. 즉, 북핵과 북한문제에 대한 한중 공동 대응을 추진해야 한다. 이것은 당연히 해야 하는 중요한 문제이다. 또한 미약하지만, 중요한 한국의 역할이 하나 더 있다. 바로 '미중 갈등'에 대한 한국의 '조정자' 혹은 '중재자'로서의 '미약한 역할'도 어쩌면 가능할 수 있다. 이 역할은 동북아 평화유지와 발전에 있어서도 아주 중요하다. 예를 들면, 2013년에 시도되었던 '제주 한 · 미 · 중 전략대화'를 연속하여, '3+3 제주 한 · 미 · 중 평화협력기구'(혹은 '3+3 제주 한 · 미 · 중 동북아 평화포럼')를 정례화하는 것이다. 이는 다시 '정부 고위급 전략회담'과 학자들이 포함되는 '1.5트랙 전략회담'의 소위 '투트랙' 방식으로 상호 보완할 수 있다. (이에 대해서는 필자가 「시진핑 시대의 미중 정상회담과 우리의 대응전략」과 「'미중빅딜 vs 대한민국 주권'의 딜레마…, 창의적 극복 전략은?」이라는 두 편의 칼럼을 통해서 이미 작년에 연속해서 제안한 바가 있다)

2) 한중 경제협력 강화와 국제적 확대의 기회로 활용하자

중국의 '시장자율화'는 한중 경제협력 강화와 국제적 확대의 기회로 활용할 수 있다. 한중 양국 국내시장의 '단일 국내 시장화' 가속, R&D를 포함한 한중 경제 기술 협력 강화, 외환위기 관리를 포함한 한중 금융협력 강화, 위엔화와 원화의 국제화폐화 공동 협력 추진, 개성 공단의 국제화 및 제2 개성 '국제' 공단 설립과 같은 한중 대북 경협 공동 추진이 가능하다.

이 밖에, 한중이 공동 주도하에 동북아 4대 경제협력을 추진할 수 있다. 즉 동북아 물류 공동협력, 동북아 에너지 공동협력, 동북아 경제무역 공동협력, 동북아 R&D 기술 공동 협력을 통해 한·중·러를 기본으로 미국과 일본은 물론, 최종적으로 북한의 참여를 유도할 수 있다. 이는 당연히 동북아 평화협력과 연결되며, 필자가 앞에서 언급한 '3+3 제주 한·미·중 평화협력기구'의 확대를 의미한다.

3) 한중 생태환경협력을 강화하자

중국의 '환경생태개혁'은 에너지·환경오염·생태환경보호 측면에서의 협력을 강화할 수 있다. 예를 들면, 모두가 피해갈 수 없는 사막화 공동 대응, 에너지 산업 공동 투자와 생산품질 개선 협력, 환경오염 방지 공동 투자 및 대응, 기후협약 공동 대응 등이 있다.

4) 한중 문화협력을 강화하자

중국의 '문화 개혁'은 한중 문화협력을 강화할 수 있다. 여기에는 크게 두 가지 방향이 있다. 첫 번째 방향은 한국의 '한류'(韓流)와 중국의 '한풍'(汉风)을 '동북아 문화협력'으로 하여, 공동으로 세계시장을 개척하자는 것이다. 이는 한중이 기술과 자본, 자체 시장과 마케팅을 기반으로 세계 시장의 진출을 협력하자는 의미이다.

두 번째 방향은 한중 미래비전을 공동으로 연구하자는 것이다. 한중 양국의 학술재단과 학계의 각종 연구소들의 '허브 역할'을 할 '한중 공동 미래전략 연구소'를 설립하자는 것이 필자의 주장이다. 이는 다시 '서울'

과 '베이징'에 각각 설치하고, 두 군데 연구소에는 모두 양국 학자들이 상주하여, 매일매일 일상생활처럼 한중 양국의 미래비전에 대한 연구를 하자는 것이다.

이렇게 일상처럼 양국의 학자들이 양국의 공동 문제와 동북아 문제를 연구할 경우, 웬만한 갈등들은 이 '공동 연구소'에서 대부분 해소된다. 당연히 연구의 결과는 양국 정부에 자동으로 보고되기 때문이다. 이는 양국이 '1.5트랙 포럼'이나 '정부 간 대화'를 진행하기 이전에 상대에 대한 이해를 위한 '사전 학습 효과'와 '사전 갈등해소 효과'가 있다. 즉, 한중 양국의 '정부 간 대화'는 바로 깊이 있는 실질적인 문제의 협력이 수월하고 효과적이라는 의미이다.

중국이 30여 년을 달려온 개혁개방 1기가 끝나고, 이제 지역패권을 논하고 싶은 개혁개방 2기와 시진핑 3.0시대를 맞이했다. '보편적 빈곤 해결'을 위해 그동안 성장을 향해 달려왔던 중국은 이제 미뤄두었던 내부 문제로 고민하고 있다. 이것은 우리가 중국보다 앞서서 경험했던 일들이기도 하지만, 일부는 우리에게도 현재진행형이다.

지역 패권을 논하고 싶을 만큼 성장한 중국은 이제 필요한 개혁으로 고민하고 있다. 중국의 개혁은 이웃에 접한 한반도에게 위기가 아니라 기회가 되도록 할 수 있다. 오랜 전통의 이웃인 한반도가 이제 중국의 고민을 살펴봐야 한다. 우리의 경험을 전하고, 그들의 고민 속에 우리가 배울 수 있는 새로운 창조적 개혁의 방법을 우리도 배워야 한다.

중국의 고민을 나눌 때, 한중의 실질적인 협력의 기회가 확대된다. 마음을 서로 나누는 것이 진정한 친구라는 말이다.

9 중국공산당의 부패사냥: 호랑이와 파리 동시에 때려잡기

중국공산당 9,000만 당원 시대가 오다

2013년 7월 1일자 징화스바오(京华时报)에 따르면, 2012년 말 기준 중국공산당 당원 수는 약 8,512만 7,000명이라고 한다. 이들을 직업별로 보면, 노동자가 약 725만 명(8.5%), 농수산목축업이 2,534만 8,000명(29.8%), 기업/전문부문 종사자가 2,019만 6,000명(23.7%), 퇴직자가 1,553만 8,000명(18.3%), 학생이 290만 5,000명(3.4%), 당정기관 근무자가 715만 7,000명(8.4%), 기타 종사자가 673만 3,000명(7.9%)으로 구분된다. 구성을 좀 더 살펴보면, 여성 당원이 약 2,026만 9,000명(23.8%), 소수민족 당원이 약 580만 2,000명(6.8%), 전문대 이상 학력자가 약 3,408만 1,000명(40%), 35세 이하 당원은 약 2,180만 1,000명(25.6%)이다.

1921년 57명으로 시작한 중국공산당은 1949년 중화인민공화국의 건국 시 448만 명이 되었고, 2012년 말 기준으로 약 8,513만 명에 도달했다. 이는 중국 인구 약 13억 5,592만 명의 약 6.28%에 해당한다. (참고로 중국 국가공무원국에서 발표한 2012년 말 기준 중국의 공무원 수는 약 708만 9,000명이다)

세계에서 인구 순위 15위의 이집트가 약 8,690만 명이고, 16위인

터키가 8,162만 명이니, 중국공산당 당원수가 가히 얼마나 방대한 규모 인지를 상상할 수 있다. 게다가 2012년 일년동안 약 253만 명의 당원이 늘었다고 하니, 이런 추세라면 올해 말이나 2015년에 중국은 공산당원 9,000만 시대가 예상된다.

중국공산당의 당내 개혁: '당원 퇴출제도'가 가능할까?

9,000만 공산당 당원시대는 중국의 체제유지와 장기적인 발전에 유리할 것인가, 아니면 장애가 될 것인가? 산동대학 정치학/공공관리학의 장시언(张锡恩) 교수는 세계에서 최대의 정당이 된 중국공산당이 이제 과도한 규모를 해결할 시점이라고 주장한다. 장 교수는 "1982년 이전까지 공산당의 당규에는 당원자격에 맞지 않는 경우 출당을 권고하는 규정이 있었을 뿐이었고, 1982년에 열린 공산당 12차 전국대표대회에서 비로소 당원의 '탈당 자유'를 규정하였다. '당원퇴출제도'를 수립하는 것은 새로운 시기의 공산당 발전에 중요한 문제가 되었다"라고 주장했다.

장 교수는 '당원 퇴출제도'에 대해 구체적으로 새로운 개념의 '명예당원'과 '예비당원'의 신설을 주장했다. "명예당원의 신설을 통해 기존 당원의 20%인 약 1,600만 명 이상을 명예당원으로 전환할 수 있고, 예비당원의 정식당원 유예기간을 1년에서 5년으로 연장하면 약 600만 명의 정식당원 증가 속도를 늦출 수 있다. 여기에 불이익을 주지 않는다는 조건으로 탈당신청을 받으면 전체의 10%인 약 800만 명 정도가 감축될 수 있으므로, 이 조치를 통해 약 3,000만 명 이상을 줄일 수 있다"는 것이 장 교수의 계산이다. 그러나 그래도 중국공산당의 당원 수는 5,000만 명이 넘는다.

2000년 1월 14일, 중국공산당 중앙기율검사위원회(이하 중앙기율위)

4차회의에서 장쩌민 총서기는 "공산당의 능력과 역할은 당원의 수에 있는 것이 아니라, 당원의 소질에 있다. 당원 수가 지나치게 많을 경우, 일치된 수준을 유지할 수 없고, 관리의 어려움을 가중시킨다"라고 발언했다. 공산당원의 과도한 수에 대한 장쩌민의 고민을 엿볼 수 있다.

문제의 핵심은 당내 부정부패 척결에

중국공산당의 고민은 당원의 비중이 전체 인구에서 얼마까지가 타당한가에 대한 비교 대상이나 참고할 만한 근거가 부족하다는 것에 있다. 실패한 소련이나, 탈냉전 이후의 다른 사회주의 국가, 혹은 선진국에 미약하게 존재하고 있는 공산당 조직의 사례는 참고에 도움이 되지 않는다. 결국 중국은 스스로 해답을 찾아야 한다.

재미있는 장 교수의 해법은 두 가지, 즉 '당원퇴출제도 수립'과 '당원 입당유예기간 확대'로 요약된다. 일견 일리가 있어 보이긴 하지만, 필자가 보기에는 일시적인 미봉책에 불과하다는 생각이다. 장 교수의 주장대로 실행하여 9,000만에서 5,000만 당원시대로 잠시 축소시킬 수 있겠지만, 이는 근본적인 대안이 아니다. 당원들이 모두 사명감과 도덕심으로 제 역할을 제대로 한다면, 당원의 수를 늘리는 것이 더 효과적이지 않겠는가? 반대로 만약 당원들의 부정부패가 근절되지 않는다면 당원 5,000만 시대도 다시 고민해야 한다.

결국 공산당 당원의 '자격 재심사'와 '입당/퇴출 제도'의 강화가 핵심이지 않을까? 공산당 당원을 '명예당원', '정식당원', '예비당원'으로 구분하는 것이 문제의 핵심이 아니라, 당원의 역할과 자격에 대한 심사를 통해 '당원 자격의 기준'을 보다 엄격하게 선정하고, 이를 통해 '당원의 퇴출제도'를 시행하는 것이 중요하다는 생각이다. 당원자격 유지의 가장 핵심은 당연히 '부정부패 유무'일 것이다.

중국공산당, 내부 '호랑이와 파리' 때려잡기 91년의 여정

1921년 7월 23일, 중국 전역의 50여명을 대표하여 13명이 참가한 공산당 제1차 전국대표대회가 상해의 프랑스 조계지에서 개최되었다. 이들은 회의기간 중 프랑스 조계지의 순경들을 피해, 7월 31일 저장성(浙江省)의 자싱(嘉興)으로 이동하여, 난후(南湖)의 유람선에서 첫 공산당 강령을 통과시켰다. 국민당의 부정부패와 자본가계급을 타파하고 무산계급 통치를 주장한 중국공산당이 정식으로 출범한 것이다.

1923년, 안웬루(安源路) 광산노동자회관의 주임(主任)이었던 류샤오치(刘少奇)는 회관 내부의 심각한 부정부패 문제를 조사했다. 이 조사 결과 부패한 회관 운영을 바로잡기 위하여 「소비합작사 사무공약(消费合作社办事公约)」을 제정하였는데, 이 문건이 바로 중국 공산당 부정부패 척결의 첫 문서가 되었다. 이로부터 시작된 중국 공산당의 부패척결은 2014년의 오늘까지 91년 동안 진행 중이다.

1949년 3월, 마오쩌둥은 제7기 2중전회에서 당·정·군 내부에 만연해 있는 부패와 낭비 및 관료주의에 대해 경고하고, 이의 해소를 위해 반부패, 반낭비, 반관료주의의 '3반운동(三反运动)'을 결정했다. 이 운동은 공산당이 집권한 이후 처음으로 공산당 스스로를 향한 반부패척결 운동이다. 이 운동은 실제로는 1951년 12월 8일에서야 전국적으로 시작하였고, 1952년 10월 25일에 종료되었다. 이 운동의 결과 유기징역 9,942명, 무기징역 67명, 사형집행유예 9명 그리고 42명의 사형이 집행되었다.

문화대혁명(1966~1976)이 한창이던 1970년 1월 30일에는 반혁명분자 타도, 탐관오리 반대, 매점매석 투기 반대, 낭비반대라는 '1타도 · 3반대 운동(一打三反运动)'이 진행되었다. 문화대혁명의 격동적인 당시 상황으로 주로 반혁명분자의 타도에 초점이 맞추어져 184만 명이 반혁명분자로 비판을 받았다. 그중에 28만 4,800여 명이 체포되어 9,000여명이 사형에 처해졌고, 무고한 사람들을 포함하여 사형을 언도받은 사람들 중에서 많은 사람들이 자살했다.

2013년 9월 27일자 신민저우칸(新民周刊)은 "개혁개방 초기 10년 간 성부급(省部級, 장차관급) 인사의 낙마는 단지 2명이었으나, 다음 10년에는 15명이 낙마하였다. 2003년부터 2012년의 최근 10년간은 80여명으로, 년 평균 8명 이상 낙마하였다. 개혁개방 이래 '호랑이 잡기(打虎)'의 35년 역사상, 총 150여 명의 장차관급 인사가 부패행위로 처벌되었다"고 보도했다.

낙마한 인사 중 가장 높은 지위로는 중앙정치국 위원(25명)에 속했던 천시동(陳希同) 베이징시 당서기, 천량위(陳良宇) 상하이시 당서기, 그리고 다롄시장과 다롄시 당서기, 랴오닝성장, 상무부 부장(部長, 장관) 및 충칭시 당서기를 역임했던 보시라이가 있다.

새천년이 시작되는 2000년 1월 14일, 중앙기율위 4차회의에서 장쩌민은 "당의 관리가 엄격하지 않고, 기율이 해이해지고 조직이 느슨해진다면, 곧 당과 국가가 망하는 위험으로 발전되지 말라는 법이 없지 않겠는가!"라며 공산당의 기율과 부패문제에 대해 강력하게 경고했다.

후진타오 시대인 2008년 6월 26일, 중앙기율위 감찰부는 전국 기율감찰기구에 '12388' 신고전화를 설치하였고, 2009년 10월 28일부터 인터넷 신고 홈페이지(http://www.12388.gov.cn/)를 개설하였다.

시진핑 시대가 열린 2012년 말 이후, 중국은 시진핑 총서기의 주도하에 강력한 당내 개혁을 추진 중이다. 2013년 1월 22일, 시진핑 총서기는 제18기 제2차 공산당 전국대표대회의 연설에서, "(부패 척결을 위해) 호랑이와 파리를 계속해서 함께 때려잡아야 한다"라고 강조했다. 2014년 5월 12일자 런민왕(人民网)은 "2012년 11월 이후, 11명의 장차관급 인사가 사법기관에 이송되었다"고 보도했다. 그리고 시진핑의 당내 개혁에 대한 강력한 의지는 '현재진행형'이다.

공직자의 공금접대도 중요한 업무로

"혁명은 손님을 초청하여 연회를 하는 것이 아니다. 그러나 어떤 관리들을 볼 때, 연회가 마치 근무의 일부인 것처럼 보인다." 5월 14일자 신징바오(新京报)의 평론 내용이다. 베이징사범대학 주광밍(朱光明) 교수는 "어떤 간부들은 70%의 정력을 연회 테이블에 쏟고 있다. 공무접대는 부패를 만드는 온상이자, 정부와 민간의 모순을 발생시키는 중요한 요소이다. 반드시 빨리 멈추어야 한다"고 주장했다.

2014년 3월, 국가통계국 재무사(财务司) 장중량(张仲梁) 사장(司长)의 조사발표가 중국의 여론을 자극했다. 2012년, 중앙정부 국장급 간부들의 접대는 주 1.1회, 성정부 국장급 간부들의 접대는 주 1.3회에 이르며, 시장급은 주 15.1회, 현장(县长, 군수)급은 주 18.2회에 이른다고 발표했다. 현장급의 경우 주 5일 근무로 따지자면, 매일 3.6회에 이르고, 심지어는 매번 접대 장소에 가기도 촉박하다는 것이다. 이 발표는 "쉬어야 할 주말에도 공금으로 접대를 하지 않았을까"라는 의구심마저 들게 한다.

또한, 중국 민주당파의 하나인 구삼학사(九三学社)는 2012년 양회기간에서 '공금회식 억제에 관한 건의'를 제출하였는데 2012년의 전국 공금접대 비용이 3,000억 위안(약 51조원, 1:170 기준)에 이른다고 한다. 한번 접대의 비용을 1,000위안(약 17만원)으로 본다면, 매년 3억 회에 달하고, 이는 매일 82만 2,000회에 가까운 공무원의 접대가 중국에서 있다는 계산이다.

한편 장중량(張仲梁)은 이어진 발표에서, 공직자 근무기강을 규정한 이른바 '8항규정'이 실행된 2013년에는 중앙정부의 국장급은 주 0.2회, 성정부 국장급은 주 0.5회, 시장급은 10.2회, 현장(군수)급은 12.2회로 공금 접대회수가 현저하게 내려갔다고 했다. 그러나 신징바오(新京報)의 결론은 비관적이다. "공금으로 먹고 마시는 것을 억제하려는 생각은 아직도 먼 길을 가야 할 것으로 보인다"라는 것이다.

국가의 발전은 국민을 위함에 있어야

국민당의 부정부패, 자본가와 지주들의 횡포에서 인민들의 권리를 찾기 위해 일어선 무산계급 혁명의 주체는 내부 '부정부패'와의 오랜 전쟁에서 고전하고 있다. 개혁의 주체에서 개혁의 대상이 되어있는 공산당의 위기감은 시진핑 시대에도 진행형이다. 급속한 경제성장만큼 팽창된 사회 불만, SNS를 통한 국민여론의 신속한 반응, 당원 9,000만 시대를 맞이하는 공산당 내부의 모순, 주변 국제사회와의 심각한 갈등, 이 모든 것들이 공산당 체제를 위협하는 내/외부의 위기요소들이다. 어디에서부터 풀기 시작해야 할까?

중국이 당면한 문제 중에는 우리도 생각해야 할 우리들의 문제점들이 있다. 문제가 복잡할 때에는 가장 단순하게 생각하는 것도 방법이지 않을까? 문제의 해법을 찾기 위해 초심으로 되돌아갈 때 변질된 본질을 발견할 수 있다. 국가발전의 목표는 곧 '국민을 위하는 것'이다. 그렇다면, '국민이 원하는 것'을 먼저 해결하는 것이 순서이지 않겠는가?

나오는 말

통일은 미래의 희망을 준비하는 것

중국언론의 시진핑 방한 평가와 통일외교의 실천준비

지난 7월 3일 시진핑 중국 국가주석이 1박 2일의 일정으로 한국을 국빈방문했다. 이는 박근혜 대통령이 작년 6월 중국을 국빈방문한 심신지려(心信之旅)의 답례이지만, 파격적 방문이라는 공통점이 있다. 박대통령은 취임이후 일본보다 중국을 먼저 방문했고, 시 주석도 국가주석에 취임한 이후 일본은 물론 북한보다도 한국을 먼저 방문했다.

한중 정상이 건국이후 양국의 전통적 외교관례와는 다른 행보를 보일만큼 한중관계는 발전한 것일까? 23년차의 한중관계가 전통적인 한일관계와 북중관계를 넘어선 것인가? 중국의 한반도전략에 변화가 있는 것일까? 이러한 변화를 한반도통일에 대한 중국의 전략적 변화로도 볼 수 있는 것인가?

분단으로 70년간 한반도의 절반에 갇혀있는 한국의 국지적 시각은 변혁을 필요로 한다. 오랫동안 관습처럼 형성된 한국적 시각으로 이번 시 주석 방한을 보는 국내의 일부 반응은 차분한 절제가 요구된다. 통일한국의 민족적 희망은 크게 가져야 하나, 목표달성을 위한 전략전술은 현실직시가 우선이다. 이번 시 주석의 파격적 방한은 분명 놀라운 변화이나, 과장된 거품과 기대는 냉정하게 걷어야 하지 않겠는가?

1) 북중의 순망치한(脣亡齒寒) vs 한중의 순치상의(脣齒相依)

북중관계와 '순망치한'. "입술이 없으면 이가 시리다"는 이 말은 떨어질 수 없는 밀접한 관계라는 뜻이자, 북중혈맹의 상징적 표현이다. 그런데 최근의 북중관계는 혈맹과는 거리가 멀고, 중국은 북한을 '부담'이라고도 표현한다.

시 주석 방한에 즈음하여, 6월 28일자 인민일보는 한중관계를 "순치상의(脣齒相依), 일의대수(一衣帶水)"로 표현했다. "서로 의지하고 돕는 밀접한 관계이자, 매우 가까운 이웃이다"라는 것이다. 이어서, "중국의 강물과 한국의 강물이 같은 바다에서 만나듯, '중국의 꿈(中國夢)'과 '한국의 꿈(韓國夢)'도 이와 같이 만난다"는 것이다. 중국공산당 중앙위원회 기관지인 인민일보의 이 기사는 한중관계와 북중관계의 위상변화를 의미한다. 그리고 시 주석은 7월 4일의 서울대 강연에서 한중관계를 '이익공동체'로 표현했다.

북중혈맹은 정상국가로 격하되었고, 한중관계는 이번 시 주석 방한에서 '성숙한 전략적 협력동반자관계'로 격상되었다. 전통적 혈맹에서 '정상화'되는 북중관계와 이익공동체로 '경제동맹화'하는 한중관계는 그러나 이제야 비로소 시소의 평형을 잡은 것에 불과하다.

2) 중국이 보는 시주석 방한의 4대 관점과 3대 함의, 그리고 4대 성과

중국이 보는 시 주석 방한의 의미와 성과는 무엇일까? 중국은 어떤 전략적 목표와 전술적 변화를 고민하는 것일까?

시주석 방한을 통해 중국이 보는 미래지향적인 한중관계의 4대 관점을 보자. 첫째, 정층설계(頂层设计, top-level design)로, "양국 정상이 한중관계를 어떻게 설계할 것인가"이다. 특히 시주석의 단일국가 방문은 취임 이래 한국이 유일하다고 중국 언론은 강조한다. 둘째, 한중 경제협력으로, 신속한 한중 FTA 체결이다. 셋째, 인문교류의 상득익창(相得益彰)으로, '한류(韓流)'와 '한풍(漢風)'이 상부상조하여 서로의 장점을 더욱 살리자는 것이다. 넷째, 동북아 안정장치(穩定器, stabilizer)의 역할로, "동북아 안정을 위해 한중 양국이 어떤 역할을 할 것인가"를 강조한다.

시 주석은 한국언론 기고문에서 4대 제안으로 ① 목린우호(睦隣友好) 고수를 통한 상호신임 증대, ② 상호협력(互利合作) 고수를 통한 이익융합 강화, ③ 평화안정(和平穩定) 고수를 통한 공동터전 수호, ④ 인문교류(人文交流) 고수를 통한 우정의 다리 건설을 제시했다.

중국언론은 이번 시 주석의 방한결과에 세 가지 의미를 부여했다. ① 한중 정상의 정층설계(顶层设计, top-level design) 강화, ② 초유의 대규모 경제사절단 방한과 눈부신 한중경제협력의 성과, ③ 한중 문화교류의 새로운 계기 마련이 그것이다.

또한, 4대 성과로는 ① 한 단계 상승한 한중 정치안보협력, ② 눈부신 한중 경제협력 결과, ③ 확대될 한중 인문·문화교류, ④ 동북아 지역 평화와 안정을 위한 한중 공동협력을 꼽았다. 분명 중국은 한국에 상당한 공을 들이고 있다.

3) 중국의 한반도 전략변화의 의미: 지역패권 회복의 전술에 불과

시 주석 방한에는 두 가지 명확한 변화가 있다. 첫째, 전통 중북관계의 패러다임 변화이다. 둘째, 한중관계는 '성숙한' 전략적관계로 다가섰다.

그러나 미래지향적 한중관계를 위해 두 가지를 고려해야 한다. 첫째, 자아중심적 해석을 버리자. 시 주석의 파격적 방한으로 중국이 북한

보다 한국을 우선할 것이라는 아전인수(我田引水)식 해석은 지나치다. 중국외교의 전략이 바뀐 것이 아니라, 일시적 전술변화의 의미로 축소해야 한다.

둘째, 국지적 시각을 버리자. 거시적으로 보면 중국이 추구하는 전략적 목표는 오히려 강화되었다. 강화된 중국의 전략목표는 한반도 전략변화라는 지역전술의 변화를 통해 구체화되었다. 무엇이 강화되고 구체화되었을까?

4) 구체화된 중국의 동아시아 지역패권 전략: 시 주석의 방한은 그 출발점

시 주석은 이번 방한으로 중국의 한반도 전략변화를 대외에 알렸다. 좀처럼 속내를 드러내지 않는 중국의 이러한 변화는 무엇을 의미하는가?

중국의 대외정책에 대한 전략목표의 우선순위는 동아시아 지역패권 회복이고, 다음은 중미 신형 대국관계의 현실화이다. 중국의 한반도 전략변화는 이 두 가지 목표를 이루기 위한 전술에 불과하다. 전술은 전략에 종속되고 목표달성을 위해 전술이 수시로 변한다는 것은 기본 상식이다.

중국은 이번 방한을 통해 북한과 한국에게 각각 경고와 협력의 서로 다른 메시지를 전달했고, 그 목적은 '한반도의 현상유지'이다. 한반도 현상유지는 중국이 중일관계와 중미관계의 두 가지 전략목표를 추구하기 위한 전술적 가치를 지닌다. 현상유지를 통한 제한적인 한반도 안정은 중국이 중일과의 지역패권에 집중할 수 있는 중요한 자산이기 때문이다. 그리고 중국은 지역패권 회복 과정에서 미국에게 G2 신형 대국관계의 현실화를 요구할 수 있다.

중일관계나 중미관계에 있어 중국의 전략목표가 달성되거나 수정될 경우, 전술적 가치에 불과한 중국의 한반도전략은 변할 수 있다. 오늘 중국의 북한에 대한 엄숙한 경고와 한국에 대한 미소는 중국의 전술변화에 따라 내일은 반전될 수도 있다는 의미이다.

5) 동북아 3대 딜레마 vs 통일준비를 위한 남북관계 개선의 필요성

일본 우경화와 초법적 헌법수정의 일본 재무장은 잃어버린 20년에 대한 탈피와 중국의 대국굴기에 대한 초조감의 결과이다. 조급해진 아베는 한미일 공조의 전술적 손상을 무시하고 독자적인 북한 접촉에 적극적이다. 아베의 궁극적인 목표는 결국 중국이다. 중일 간의 지역패권 전쟁이 시작된 것이다.

지역패권을 회복하려는 중국은 한반도의 현상유지가 필요하고, 미약해지는 지역패권을 지키려는 일본은 한반도의 긴장악화가 필요하다. 중일의 서로 다른 한반도전략의 최종 목표는 이미 시작된 중일 지역패권 전쟁의 유리한 고지 선점에 있다. 한반도와 남북관계는 종속변수로서 중일 지역패권 전쟁에 휘둘리고 이용될 뿐이며, 중미관계에 있어서도 그러하다.

한국과 미국은 이미 중일 지역패권 갈등에 끌려들지 않기 위한 각자의 고민에 빠져있다. 중일 지역패권 전쟁은 한국과 미국의 동일한 고민이지만, 한미의 해법은 국력과 입장의 차이만큼이나 다르고 제한적이다. 결국 중일 지역패권의 갈등이 심화될수록 한미동맹의 협력범위는 좁아질 것이고, 한국과 미국은 자국의 국가이익에 맞는 각자의 해법도 찾아야 할 것이다.

동북아에는 북핵과 북한문제의 한반도 딜레마, 일본 재무장과 중국

위협론으로 대표되는 중일 지역패권 딜레마, 이 둘의 최상위인 중미 신형 대국관계 딜레마라는 3대 딜레마가 존재한다.

이 3대 딜레마는 모두 상호 간 쌍방향 종속의 특성이 있고, 이것은 단일 딜레마의 해법 찾기를 어렵게 한다. 이들은 하나의 접점으로 연결되는데, 유감스럽게도 공유되는 연결점이 바로 남북한이다. 남북한은 단지 3대 딜레마의 전술적 가치로 각각 평가되고, 각기 이용될 뿐이다. 한민족은 또다시 중요한 역사적 전환점에 서 있다. 남북은 주변 강대국에게 이용당하지 않기 위한 공동 대응전략을 준비해야 한다.

6) 통일외교의 실천준비: 어떻게 강대국 딜레마를 풀 것인가?

첫째, 주변 강대국의 전략목표와 전술변화를 주시하여, '통일외교 실천전략'을 준비하자. 강대국 외교전략의 본질을 제대로 읽어야 올바른 대응 준비가 가능하다. 그리고 이렇게 준비된 실천전략은 한반도 통일의 튼튼한 기초가 될 것이다.

둘째, '실사구시(實事求是) 외교전략'이 필요하다. 한국적 시각으로 거론되는 중견국의 중재자 역할은 비현실적이다. 국력을 초과하는 중미관계와 중일관계의 중재자 역할은 통일한국 이후가 효과적이다. 우선 남북관계 개선과 통일준비에 집중함과 동시에, 주변 강대국이 북핵문제와 북한문제에 집중할 수 있도록 해야 한다. "어떻게 강대국의 이목을 한반도에 고정시킬 것인가?"에 대한 남북의 합의된 현명한 해법이 필요한 시점이다.

셋째, '창조적 통일외교 해법'을 구상하자. 강대국의 무리한 요구에 대해 다양한 맞교환 교차 빅딜카드를 미리 준비하는 것이 하나의 구체적인 사례이다. 이를테면, 미국은 우리에게 MD체제 참여와 사드

(THAAD)의 한국배치를 줄곧 요구하고 있다. 시 주석은 이번 방한에서 아시아인프라투자은행(AIIB)과 아시아·태평양자유무역지대(FTAAP)의 참여를 요구했다.

미중의 요구에 해법이 쉽지 않다. G2의 요구를 거절할 수도 없다면, 조건부 빅딜로 맞교환 수용 방식을 미중에게 역제안 하는 것도 현실적인 대안이지 않겠는가? '미중'의 요구를 '중미'에게 역제안하고, 고민도 떠넘기자는 말이다. G2의 무리한 강요는 우리의 교차된 역제안에 약해질 것이고, 결국 우리가 G2의 요구에서 일부를 수용해야 하거나 모두를 수용해야 하는 어떤 결과도 우리에게 유리하다.

일본의 우경화와 역사문제 및 한중일 대륙붕 협약 체결을 위한 중국의 '중한공조' 요구에 대해, 북핵과 북한문제에 대한 '한중공조'를 우리도 중국에게 맞교환 빅딜로 요구하는 것도 같은 사례가 될 것이다.

시 주석의 방한 결과는 대한민국의 외교적 가치를 높였다. '한미정치군사동맹'과 '한중경제이익공동체'의 장점을 모두 갖춘 국가는 극소수에 불과하다. 힘에 넘치는 중재자 역할을 고민하는 것보다, G2의 요구에 대한 조건부 빅딜을 역제안하는 것과 같은 새로운 외교 전략과 전술을 고민해야 한다. 강대국 외교 전략의 변화와 본질을 제대로 읽고, 높아진 국격과 외교적 가치를 적기에 활용할 수 있는 '창조적 통일외교전략' 구상이 필요하다. 강대국에 대한 실질적인 통일외교의 준비와 실천이 긴요한 시점이기 때문이다.

통일은 미래의 희망을 준비하는 것이다

이 책을 시작하는 담론인 '시진핑 시대의 동북아안보와 한중관계'를 준비한 것은 2012년 12월이었다. 그로부터 2014년 9월의 오늘까지 오랜 시간 고민하고 내린 필자의 통일에 대한 정의는 "통일은 불확실한 미래의 위험을 예방하는 것이며, 미래의 희망을 준비하는 것이다"이다.

통일에 대한 막연한 꿈으로부터, 통일연구를 본격적으로 시작하고, 다시 구체적으로 통일실천운동을 구상하며, 이 책을 완성하는 단계에 이르러서야 비로소 필자의 정리된 '통일관'을 갖게 된 것이다. 민주평통 베이징협의회 해외 자문위원과, 베이징협의회 통일연구팀장, 통일부 해외통일교육위원, 그리고 통일 100인 클럽 회원에 이르기까지 칼럼을 시작한 지난 1년 8개월간의 시간은 "통일한국과 한중관계"라는 큰 틀에서 고민하고 사색하며 통일한국의 희망을 키워온 시간이었다.

통일준비를 연구해야 한다는 생각으로 민주평통 베이징협의회에 통일연구팀 신설을 필자가 주장한 것이 2012년 11월이었고, 몇 번의 프레젠테이션과 논의를 거쳐 2013년 3월에 민주평통 베이징협의회에 통일연구팀이 신설되어 2014년 9월의 현재에 이르고 있다. 이러한 필자에게 정부에서 통일준비위원회 신설을 통해 전방위적인 통일준비 연구를 시행한다는 발표는 오아시스와도 같은 미래의 희망이 현실화된 기쁨이었다.

박근혜 대통령은 '통일준비위원회'를 발족하여 통일준비에 관한 연구를 전담하게 하고, '민주평통'은 국민 여론수렴과 정부 통일정책의 홍보를, '통일부'는 통일정책 수행을 분담하는 통일 삼각체제를 구축하였다. 통일은 준비되어야 하고, 폭넓은 분야를 세분화하여 상세하게 체계적으로 연구되어야 한다. 그런 측면에서 필자는 '통일준비위원회'의 신설과 각계 전문가들이 모여 통일을 준비하는 연구기능의 수행이라는 기구운영의 목적에 대찬성이다. 이러한 필자의 생각은 기존의 운영방식에 대해, 「통일준비위에 '3 · 4 · 6 국제협력 통일준비전략' 제안」이라는 칼럼을 통해 통일준비위원회에 국제적인 전문가들의 영입을 주장했다. 이 칼럼에서 한반도통일은 당위성과 유용론으로는 국내외의 지지를 받을 수 없고, 특히 국제적인 협력과 지지를 받기 위해서는 자아적이고 이기적인 틀을 깨야 한다는 것이 필자의 주장이다.

한반도 통일은 분명히 준비되어야 하고, 준비는 세분화되어 연구되어야 한다. 그러나 한반도 통일은 결국 자주적인 통일의 최선책을 선택할 수 없는 현 상황에 비추어, 차선책을 선택할 수밖에 없고, 이 차선책은 결국 주변 4강 특히 미중의 협력이 필요하다. 그렇다면, 우리의 통일정책에 국제적인 시각이 접목되어야 하는 것은 당연하지 않겠는가? 미중의 협력을 이끌어내려면, 그들의 입장과 시각을 이해하고 이를 한반도 통일정책에 반영하는 것이 중요하다.

한반도 통일은 '위험예방론'과 '미래희망론'으로 국내의 단합과 국제적인 공조를 유도해야 한다. 북핵위기와 북한 돌발사태로 인한 주변국의 위험부담은 상상을 초월한 부담이 될 것이며, 이러한 위험부담은 한반도 전체의 재앙이 될 것이다. '당위성'과 '유용론'으로는 개별 이익의 손익계산으로 인한 국론분열이나 국제사회의 분열을 초래할 뿐이지만, '위험예방론'은 국내외에 모두 유용하다. 그리고 예방된 위험을 통한 통일한국의 결과물은 '미래희망론'으로 보상받을 수 있다는 미래비전이 있다. 그리고 이를 실현하기 위한 준비와 연구가 병행되어야 한다.

한반도 통일은 분명 미래의 희망을 준비하는 것이 되어야 한다. 그리고 이 희망은 준비 여부에 따라 현실로 다가오는 시간을 조절할 수 있다. 통일한국에 대한 주변 4강의 시각이 바뀌고 있다. 러시아와 중국이 오히려 조건부적인 긍정적 태도를 보이고 있고, 냉전시대와 다름없이 미국과 일본은 통일한국에 대한 거부감을 숨기고 있다. 그리고 일본은 통일한국의 분위기를 교묘하게 부정적인 분위기로 조정하거나 방해하고 있다. 아베의 우경화와 재무장에 대한 시도는 사실 주변 강대국과 남북한이 한반도 통일문제에 집중하지 못하도록 하기 위한 기만전술의 의미도 포함되어 있다. 미국의 북미대화에 대한 거부감과 조건부 대화제의를 통한 지연전술 역시 한반도 통일에 대한 지연과 현상유지가 미국의 국익에 보다 유리하기 때문이라는 것은 국제정치를 이해하는 초보적 수준으로도 이미 충분히 읽을 수 있는 전략일 뿐이다.

냉전시대에 자국의 이익과 국제정세의 흐름에 따라 한반도 주변 4강이 모두 한반도 통일보다는 남북대립의 긴장과 현상유지의 반복을 공동의 목표로 삼았다면, 2014년의 지금은 중국과 러시아가 통일한국에 대한 긍정적이고 전향적인 태도를 보인다는 것에 주의해야 한다. 결국 한반도 통일을 원하는 남북한과 중러의 4개국이 새로운 한반도통일을 준비하는 핵심적인 역할을 할 수 있다는 의미이기도 하다. 그렇다면 이제 한반도 통일에 대한 미국의 긍정적 협력을 준비한다면 통일은 더욱 가까워지는 것이 아닐까? 한미일 공조의 강화가 아니라, 한미중러의 연성적 협력기제를 만들 수 있는 묘수는 무엇일까? 무엇이 이들의 공감대를 이끌 수 있을까? 어떤 변화와 사건들이 한반도 통일에 유리한 영향을 끼칠 것인가?

이제는 한반도 통일 준비에도 선택과 집중이 필요하다. 그리고 과거의 틀에서 벗어난 창조적인 사고가 필요하다. 냉전이후 이념갈등은 남북한 관계를 제외하고는 이미 존재하지 않는다. 그렇다면 한중러의 협력도 충분히 가능하고 강화시켜야 한다. 그리고 한미중의 협력도 어렵지만 지속적으로 시도해야 한다. 통일한국이 일본에게 줄 충격은 상상

이상일 것이고, 그렇다면 한미일 공조를 꿈꾸는 미국의 전략에 대해 한국은 다른 대안을 제시해야 한다.

어떻게 해야 한미중러의 협력을 이끌어 낼 수 있을까? 차선책은 무엇일까? 무엇을 준비해야 하는가? 이러한 문제들에 대한 담론은 이제부터가 시작이다. 분명한 것은 "통일은 불확실한 미래의 위험을 예방하는 것이고, 미래의 희망을 준비하는 것이다"라는 것이다. 필자가 1년 8개월을 고민하여 이 책에 선별하여 실은 27개의 칼럼과 통일관은 이제 부족한 부분을 메우기 위해 동지들과의 소통을 선택했다. 그리고 이 선택의 결과는 필자에게 새로운 동력으로 작용할 것이다. 통일한국과 통일한국 이후의 국가 대전략에 대한 준비는 이제부터가 시작이다.

저자후기

이 책이 있기까지 도움을 주신 분들께 감사의 말씀을 전합니다.

이 책의 출판은 오로지 선학사&북코리아 이찬규 대표의 국제정치적인 결단의 산물이다. 통일한국과 한중관계에 대한 필자의 어설프지만, 확고한 필요성에 대해 이찬규 대표는 독자들과의 소통을 과감하게 선택했다. 경제적 측면을 전혀 순간적으로도 고려하지 않고 신속하고도 과감하게 이 책의 출판을 내린 이찬규 대표의 결단에 필자는 깊은 존경과 경의를 표한다. 필자가 이찬규 대표를 설득하기 위해 준비한 시나리오를 펼치기도 전에 도입부에서 이미 출판은 결판이 났다. 존경과 경의로움이 생기지 않을 수 없는 이찬규 대표의 출판 정신은 필자가 앞으로도 영원히 잊을 수 없다. "이찬규 대표님! 정말 감사드립니다!" 그리고 부족한 원고를 잘 다듬어 멋진 책으로 탄생시켜주신 출판사 관계자 여러분들께도 깊은 감사의 말씀을 전한다.

"독자에게 필요하다고 생각하는 순간, 그 책은 출판되어야 합니다." 이찬규 대표의 이 말의 의미는 깊은 인상으로 필자에게 남아있다. 그리고 막상 이 책의 후기를 쓰는 지금은 이 대표를 대신하여 경제적인 측면을 생각하며, 고민에 잠긴다. 최소한 손익분기점은 넘겨야 할 텐데, 과연 이 책이 독자들에게 어떤 반응일지 벌써부터 필자의 가슴이 두근거린다. 손익분기점이 넘기를 간절히 바랄 뿐이다.

이 자리를 빌려, 좋은 평가로 이찬규 대표에게 필자를 소개해주신 중앙대학교 공공행정학 김동환 교수께는 학문적으로도 깊은 감사를 다시 한번 드린다. 시스템사고와 시스템 다이내믹스의 학문적 스승이자, 정책평론과 정책제안에 대한 학술적 고민을 함께 나눌 수 있는 공동 영역이 있기에 김동환 교수와의 담론은 학술적 재미가 있고, 비슷한 시대의 비슷한 고민을 다른 영역에서 발전시켜온 서로 다른 경험은 담론의 맛을 더한다. 김동환 교수에 대한 이찬규 대표의 평가는 필자가 경험한 바 그대로이다. 이찬규 대표의 김동환 교수에 대한 평가 역시 다르지 않다. 이 두 분의 10여 년의 우정이 이 책의 과감한 출판에도 중요한 영향을 주었고, 필자는 뜻하지 않은 행운을 얻었다. 두 분의 우정에도 깊은 경의와 존경을 표하지 않을 수 없다. "김동환 교수님! 정말 감사합니다!"

무명인 필자를 칼럼니스트로 데뷔시킨 (사)충호안보연합 충호안보연구소의 이덕기 연구소장께는 이미 서로 마음을 열어 보인 사이로까지 발전했다. 2012년 말 당시 주중 경제2공사로 베이징에 부임한 서울대학교 국제대학원 정영록 교수의 소개로 칼럼 원고를 보냈고, 이덕기 소장은 부족한 칼럼 원고를 미래의 가능성을 보고 채택했다. 2013년 1월호를 시작으로 약 두 달에 한 번씩 발간되는 월간《충호》에 〈북경통신〉 코너에서 고정 칼럼을 쓰기 시작한 것이 이 책의 태동인 셈이다. 그렇게 시작된 월간《충호》의 칼럼은 2014년 8월호까지 9편을 발표했고, 이 책에 모두 실렸다. 이 소장께서는 이 책의 추천사를 통해 부족한 필자를 또다시 격려했다. 소중한 인연에 감사하고, 칼럼을 인연으로 동지이자 친형과도 같은 우정을 부족한 아우에게 나누어주는 인생의 선배에게 감사의 마음과 기쁨을 전하고 싶다.

월간《충호》에 실린 칼럼을 보시고 과분하게도 뉴데일리 1면 톱으로 게재해주시고, 전용 칼럼 공간을 열어주신 뉴데일리 인보길 사장님께도 깊은 감사의 인사를 올린다.

2013년 여름이 한창이던 7월 어느 날, 온바오닷컴의 김병묵 대표를 베이징의 한 커피숍에서 만났다. 카카오스토리에 매 주마다 올린 중국 관련 글들을 보고 김 대표가 만남을 요청하여 만났을 때만 해도, 김 대표가 언론사 대표인지 몰랐다. 김 대표가 가진 언론에 대한 역할과 한중관계에 대한 열정은 동지를 만난 듯한 기쁨이었고, 특히 통일에 대한 그의 열정과 실천적 활동에 대해 깊은 감명을 받았다. 칼럼을 제안받고 부족한 필력과 내공에 잠시 고민하였지만, 이를 실력을 쌓는 학습의 기회로 삼고, 통일을 준비하는 실천운동의 하나로 여기자는 생각이 들었다. 김 대표와의 만남 이후, 2013년 7월부터 기존에 써 놓았던 글들을 시작으로 월간《충호》에 발표한 글의 일부를 포함하여 지금까지 총 29편의 글을 발표했고, 이 글의 일부를 선별하여 이 책에 실었다. 김병묵 대표는 통일실천운동의 동지이자, 한중관계를 연구하는 '중국 지식인 네트워크'의 동지이다. 그리고 이 책의 원고가 모이도록 필자를 격려하고 건전한 비평을 아낌없이 언제나 제시하는 필자의 훌륭한 칼럼 매니저이기도 하다. 그의 날카로운 지적은 언제나 신선하고, 필자의 내공을 지금도 훈련시킨다.

부족한 필력과 내공에 대해서 진심어린 찬사와 격려를 아끼지 않으시고 추천사를 써주신 분들께 깊은 감사의 말씀을 드린다. 이분들은 추천사를 통해 다시 한번 필자를 격려하고 포장하여 독자들에게 필자의 부족함을 메워주셨다.

필자를 정신적으로 후원해주시고, 한중우호협회와 한중수교의 경험으로 통일한국과 한중관계에 대한 조언을 아끼지 않으시는 한중우호협회 하민중 전사무총장님, 필자를 칼럼에 데뷔하도록 추천해주신 서울대학교 국제대학원 정영록 교수님, 베이징대학교 CEO-EMBA 동기이자, 칭화대학교 CEO-EMBA 선배이시며, 필자를 국제관계학을 연구하는 학자로 이끌어주신 그리고 학문과 인생의 멘토이신 국방대학교 성영민 교수님, 중국에서는 여러 측면에서 매우 유명한 인사이자 필자의 열렬한 후원자이신 중국연달그룹(中国燕达集团) 조평규 수석부회장님, 한중관계의 전문가로서 한중학술포럼과 한중학술 외교의 대표적 학자인 아주대학교 정치외교학의 김흥규 교수님, 민주평통 해외자문위원이자, 통일연구팀에서 동료로 함께 활동하는 인민대학교 경제학과의 우진훈 교수님, 한참 부족한 필자를 가능성을 보고 논설위원으로 발탁하신 로컬파워뉴스 홍준용 대표님, 통일연구팀원이자 경남대 극동문제연구소의 국제정치학 정재흥 교수님 등 추천사를 통해 부족한 필자를 감싸주시고 격려해주신 분들께 깊이 머리 숙여 감사의 말씀을 전한다.

민주평통 베이징협의회 자문위원님들, 통일연구팀 팀원, 통일부 제19기 해외통일교육위원 베이징위원님들, 베이징대학 국제관계학원 대학원생 동문들, 그리고, 칼럼을 쓰면서부터 관심을 보인 형제와도 같은 서울고 문예반 동기생 이종현, 최승인, 한근수 군에게도 이 기쁜 소식을 전한다.

끝으로, 이 책이 출판되는 기쁨은 가족들의 몫이다. 부모님과 형제들, 아내와 아이들, 친인척 모두와 이 기쁨을 나누고 싶다. 모든 분들께 다시 한번 감사드린다.

이메일   ssoonkim2012@naver.com
블로그   http://blog.naver.com/ssoonkim2012
페이스북 www.facebook.com/SangsoonKim0215
트위터   twitter.com/ssoonkim301